航空运输类专业系列教材
基于民航行业标准系列教材

民航国内国际客票销售实务

綦 琦　王双武　主　编
张 昭　许夏鑫　副主编

电子工业出版社
Publishing House of Electronics Industry
北京·BEIJING

内 容 简 介

本书依据《民航售票员国家职业技能标准》，提炼出民航国内客票销售、民航国际客票销售、民航客票销售系统等的工作内容和技能要求，并从全新的视角展现相关内容。本书共六章：第一章介绍民航行业标准解析，第二章介绍民航国内客票销售业务，第三章介绍民航国际客票销售业务，第四章介绍民航客票销售系统，第五章介绍职业技能综合训练，第六章介绍解析真情服务理论和弘扬当代民航精神。本书的特色是紧跟行业最新发展趋势，力求阐述系统、全面的民航客票销售知识。

本书可作为各层次院校民航运输、空中乘务、航空服务等专业相关课程的教材，也可作为航空公司、民航机场、销售代理、电商营销等民航相关单位的培训教材。

未经许可，不得以任何方式复制或抄袭本书之部分或全部内容。
版权所有，侵权必究。

图书在版编目（CIP）数据

民航国内国际客票销售实务／綦琦，王双武主编. —北京：电子工业出版社，2020.6（2024.3 重印）
ISBN 978-7-121-38995-5

Ⅰ. ①民… Ⅱ. ①綦… ②王… Ⅲ. ①民用航空–旅客运输–售票–中国–高等学校–教材 Ⅳ. ①F562.5

中国版本图书馆 CIP 数据核字（2020）第 073489 号

责任编辑：李　静　　　　特约编辑：田学清
印　　刷：北京七彩京通数码快印有限公司
装　　订：北京七彩京通数码快印有限公司
出版发行：电子工业出版社
　　　　　北京市海淀区万寿路 173 信箱　　邮编：100036
开　　本：787×1092　1/16　　印张：14.25　　字数：364 千字
版　　次：2020 年 6 月第 1 版
印　　次：2024 年 3 月第 7 次印刷
定　　价：43.00 元

凡所购买电子工业出版社图书有缺损问题，请向购买书店调换。若书店售缺，请与本社发行部联系，联系及邮购电话：（010）88254888，88258888。

质量投诉请发邮件至 zlts@phei.com.cn，盗版侵权举报请发邮件至 dbqq@phei.com.cn。
本书咨询联系方式：（010）88254604，lijing@phei.com.cn。

航空运输类专业系列教材
建设委员会

主任委员

马广岭（海航集团）
马　剑（北京临空国际技术研究院）
杨涵涛（三亚航空旅游职业学院）
李宗凌（奥凯航空有限公司）
李爱青（中国航空运输协会）
李殿春（香港航空有限公司）
吴三民（郑州中原国际航空控股发展有限公司）
李　赛（国际航空运输协会）
迟　焰（北京航空航天大学）
张武安（春秋航空股份有限公司）
张宝林（西安交通大学）
陈　燕（中国航空运输协会）
郑　越（长沙航空职业技术学院）
耿进友（北京外航服务有限责任公司）
黄　伟（重庆机场集团有限公司）
綦　琦（广州民航职业技术学院）

副主任委员

| 王帅 | 江洪湖 | 汤黎 | 陈卓 | 陈晓燕 | 何梅 | 何蕾 |
| 罗良翌 | 赵晓硕 | 赵淑桐 | 廖正非 | 熊盛新 | | |

委　员

马晓虹	马爱聪	王东	王春	王珺	王蓓	王冉冉	王仙萌	王若竹
王远梅	王慧然	方凤玲	邓娟娟	孔庆棠	石月红	白冰如	宁红	邢蕾
先梦瑜	刘科	刘琴	刘舒	刘连勋	刘晓婷	许赟	许夏鑫	江群
范晔	杜鹤	杨敏	杨青云	杨祖高	杨振秋	李广春	吴甜甜	吴啸骅
汪小玲	张进	张琳	张敬	张桂兰	陆蓉	陈李静	陈晓燕	金恒
金良奎	周科慧	庞荣	郑菲菲	赵艳	郝建萍	胡元群	胡成富	冒耀祺
鸥志鹏	钟波兰	姜兰	拜明星	姚虹华	姚慧敏	夏爽	党杰	徐竹
徐月芳	徐婷婷	高文霞	郭凤	郭宇	郭沙	郭婕	郭珍梅	郭素婷
郭雅荫	郭慧卿	唐红光	曹义莲	曹建华	崔学民	黄山	黄华	黄华勇
章健	韩奋畴	韩海云	程秀全	傅志红	焦红卫	湛明	温俊	谢芳
谢苏	路荣	谭卫娟	熊忠	潘长宏	霍连才	魏亚波		

总策划　江洪湖

协助建设单位

国际航空运输协会	长沙南方职业学院	武汉东湖光电学校
春秋航空股份有限公司	长沙商贸旅游职业技术学院	闽西职业技术学院
奥凯航空有限公司	长沙民政职业技术学院	黄冈职业技术学院
香港快运航空公司	南京航空航天大学	衡水职业技术学院
重庆机场集团有限公司	浙江旅游职业学院	山东海事职业学院
北京外航服务责任有限公司	潍坊工程职业学院	安徽建工技师学院
北京临空国际技术研究院	江苏工程职业技术学院	安徽国防科技职业学院
郑州中原国际航空控股发展有限公司	江苏安全技术职业学院	惠州市财经职业技术学校
	湖南生物机电职业技术学院	黑龙江能源职业学院
杭州开元书局有限公司	河南交通职业技术学院	北京经济管理职业学院
三亚航空旅游职业学院	浙江交通职业技术学院	四川文化传媒职业学院
广州民航职业技术学院	新疆天山职业技术大学	济宁职业技术学院
浙江育英职业技术学院	正德职业技术学院	泉州海洋职业学院
西安航空职业技术学院	山东外贸职业学院	辽源职业技术学院
武汉职业技术学院	山东轻工职业学院	江海职业技术学院
武汉城市职业学院	三峡旅游职业技术学院	云南经济管理学院
江西青年职业学院	郑州大学	江苏航空职业技术学院
长沙航空职业技术学院	滨州学院	德州科技职业学院
成都航空职业技术学院	九江学院	河南工业贸易职业学院
上海民航职业技术学院	安阳学院	兰州航空职业技术学院
南京旅游职业学院	河南工学院	四川交通职业技术学院
西安交通大学	中国石油大学	烟台工程职业技术学院
三峡航空学院	厦门南洋职业学院	重庆第二师范学院
西安航空学院	广州市交通技师学院	南阳师范学院
北京理工大学	吉林经济管理干部学院	成都文理学院
北京城市学院	石家庄工程职业学院	郑州工商学院
烟台南山学院	陕西青年职业学院	云南旅游职业学院
青岛工学院	廊坊职业技术学院	武汉外语外事职业学院
西安航空职工大学	廊坊燕京职业技术学院	德阳川江机电职业学校
南通科技职业学院	秦皇岛职业技术学院	武汉外语外事职业学院
中国民航管理干部学院	广州珠江职业技术学院	湖北交通职业技术学院
郑州航空工业管理学院	广州涉外经济职业技术学院	

《民航国内国际客票销售实务》
编 委 会

主　编　綦　琦　王双武

副主编　张　昭　许夏鑫

参　编　郭　宇　郭珍梅　唐红光

前言

改革开放以来，中国民航运输总周转量以年均17.5%的速度持续高速增长。自2005年以来，中国民航运输总周转量（不含港澳台地区）稳居世界第2位，仅次于美国。截至2019年年底，中国民航完成运输总周转量1292.7亿吨公里，旅客运输量6.6亿人次、货邮运输量752.6万吨，同比分别增长7.1%、7.9%、1.9%。旅客运输是中国民航各项工作的核心。客票销售是旅客运输工作的先导，是开展运输环节的重要依据，更是民航企业尤其是航空公司实现经济效益的主要来源。"民航国内国际客票销售"课程一直以来作为院校民航类专业的核心专业课程来开设，相关的知识和技能是民航运输各工作岗位人员所必备的。

本书可作为民航运输、空中乘务、航空服务等专业相关课程的教材，是为"民航国内国际客票销售"课程教学而编写的，同时也是基于民航运输行业标准的民航业务课程教材，延续了基于行业标准培养高技能人才的新型教学理念。本书的电子客票知识、客票销售渠道、国际电子客票票面识读、信用卡支付票款规则、国际客票销售净价报价等部分填补了目前同类教材的空白。除此之外，本书还特邀中国民航信息集团有限公司（以下简称中航信）资深培训专员撰写民航代理人分销系统部分的内容，该部分内容是其多年从事民航代理人分销系统教学及系统使用疑难解答的总结。

本书由广州民航职业技术学院綦琦主编，并负责全书的统稿和整理工作；綦琦负责编写第一章、第三章、第五章、第六章；许夏鑫负责编写第二章；张昭负责编写第四章。参与本书编写的还有郭宇、郭珍梅、唐红光。民航国内国际客票销售业务领域的行业专家王双武，对本书进行了全面指导并参与了第二章和第三章部分内容的编写。

本书在编写过程中参考了众多相关内部资料，并得到了国际航空运输协会、中国航空运输协会（以下简称国际航协）、中国南方航空集团有限公司（以下简称南航）、中国东方航空集团有限公司（以下简称东航）、中航信、三亚航空旅游职业学院、香港航空有限公司、海南航空控股股份有限公司（以下简称海航）、深圳市康途航空服务有限公司、海南康途商旅服务有限公司等有关部门领导、专家和广州民航职业技术学院民航经营管理学院的领导、老师的大力支持，在此一并致谢！最后，还要感谢我的妻子和女儿，给予我从事本书编写工作的理解和支持。

如有教师需要教学资源，请和主编联系（邮箱：228651816@qq.com）。

慕 琦

2020 年 2 月

目录

第一章 民航行业标准解析 1
第一节 民航售票员国家职业技能标准概述 1
一、民航售票员职业概况及基本要求 1
二、民航售票员工作要求 4
第二节 民航客票销售业务基础知识 9
一、民航客票销售经典案例 9
二、民航运输生产基础知识 13
三、民航客票销售基础知识 16

第二章 民航国内客票销售业务 19
第一节 民航国内客票销售的一般规定 19
一、我国民航运价体系概述 19
二、国内客票及行李票识读 22
三、国内客票使用的一般规定 31
第二节 民航特殊旅客及其购票的规定 35
一、民航特殊旅客概述 35
二、民航特殊旅客购票规定 37
第三节 民航电子客票销售业务 48
一、民航电子客票基础知识 48
二、民航电子客票识读 49
三、民航电子客票退改签业务 53
第四节 民航国内客票销售渠道 57
一、售票处销售渠道介绍 57
二、呼叫中心销售渠道介绍 58
三、互联网销售渠道介绍 59
四、移动终端销售渠道介绍 62

第三章　民航国际客票销售业务 ··· 63

第一节　民航国际客票销售基础知识 ··· 63
一、国际航空区划 ··· 63
二、国际航程类型 ··· 67
三、国际运输方向性代码 ··· 70
四、指定承运人运价的选择规则 ··· 72
五、货币转换规则 ··· 73

第二节　民航国际客票普通运价计算 ··· 79
一、普通运价基础知识 ··· 79
二、指定航程运价计算方法 ··· 87
三、非直达航程运价计算基础 ··· 89
四、额外里程优惠 ··· 92
五、超里程附加 ··· 94
六、中间较高点运价 ··· 95
七、单程运价计算方法 ··· 97
八、来回程运价计算方法 ··· 99
九、环程运价计算方法 ··· 100
十、儿童票和婴儿票的计算方法 ··· 102

第三节　民航国际客票出票知识 ··· 106
一、国际电子客票识读 ··· 106
二、信用卡付款规则 ··· 107
三、国际客票涉及税费知识 ··· 108

第四节　民航国际客票特殊运价计算 ··· 110
一、特殊运价基础知识 ··· 110
二、特殊运价使用规则识读 ··· 111
三、单程特殊运价计算方法 ··· 115
四、环程特殊运价计算方法 ··· 116
五、国际客票销售净价报价方法 ··· 117

第四章　民航客票销售系统 ··· 120

第一节　民航代理人分销系统 ··· 120
一、分销系统控制指令 ··· 121
二、航班信息查询指令 ··· 129
三、建立旅客订座记录 ··· 132

		四、分销系统自动出票操作	135
		五、旅客订座记录修改指令	145
	第二节	开账与结算计划	149
		一、国际航协代理人计划简介	149
		二、代理人资格认可和保持条件	151
		三、中国开账与结算计划概述	153
	第三节	环球分销系统	154
		一、环球分销系统概述	154
		二、艾玛迪斯系统介绍	155
		三、伽利略系统介绍	156
第五章	职业技能综合训练		158
	第一节	民航国内客票销售职业技能训练	158
		一、国内客票销售经典习题	158
		二、国内客票销售课堂实验	161
	第二节	民航国际客票销售职业技能训练	162
		一、国际客票销售经典习题	162
		二、国际客票销售计算题	167
	第三节	民航客票销售系统职业技能训练	171
		一、客票销售系统经典习题	171
		二、客票销售系统操作题	174
	第四节	参考答案	176
		一、国内客票销售经典习题参考答案	176
		二、国际客票销售经典习题参考答案	177
		三、客票销售系统经典习题参考答案	177
第六章	解析真情服务理论和弘扬当代民航精神		178
	第一节	民航真情服务底线思维的重要现实意义	178
		一、民航运输场景的服务痛点	178
		二、真情服务为何成为民航发展的底线之一	179
		三、真情服务是新时代民航高质量发展的关键	179
		四、真情服务为民航高质量发展指明方向	180
	第二节	基于民航运输场景的真情服务理论框架	181
		一、辩证唯物视角的真情服务解析	181
		二、民航真情服务的具体特征诠释	182

第三节 弘扬和践行当代民航精神应关注"4个关系" ………………… 183
    一、正确认识行业精神与行业文化的相互关系 …………………………… 183
    二、正确认识行业精神与行业使命、愿景的联动关系 …………………… 183
    三、正确认识行业精神形成与内外部影响因素的关系 …………………… 184
    四、正确认识行业精神与行业价值体系的关系 …………………………… 184
  第四节 行业发展需要弘扬和践行当代民航精神 …………………………… 185
    一、民航砥砺奋进发展实践孕育当代民航精神 …………………………… 185
    二、民航发展新时代亟须行业思想认知新高度 …………………………… 187
  第五节 夯实以当代民航精神为内核的民航行业文化新基础 ……………… 188
    一、铸就忠诚担当的政治品格,增强政治责任感 ………………………… 188
    二、塑造严谨科学的专业精神,寻求行业归属感 ………………………… 189
    三、形成团结协作的工作作风,启迪事业认同感 ………………………… 190
    四、坚守敬业奉献的职业操守,增加职业荣誉感 ………………………… 191

附录A 国内主要城市三字代码 ………………………………………………… 193

附录B 国际主要城市三字代码 ………………………………………………… 194

附录C 国外主要航空公司的两字代码及名称 ………………………………… 200

附录D 常见机型代码表 ………………………………………………………… 202

附录E 国际航协汇率兑换表 …………………………………………………… 203

附录F 超里程优惠条件 ………………………………………………………… 211

参考文献 ……………………………………………………………………………… 213

第一章 民航行业标准解析

学习目标

（1）了解民航售票员职业概况；

（2）了解《民航售票员国家职业技能标准》（以下简称《售票员国家标准》）中的知识和技能要求；

（3）掌握民航客票销售业务基础知识。

学习内容

（1）民航售票员国家职业技能标准；
（2）民航客票销售经典案例；
（3）民航运输生产基础知识；
（4）民航客票销售基础知识。

第一节 民航售票员国家职业技能标准概述

一、民航售票员职业概况及基本要求

（一）民航售票员职业概况

民航客票销售是涉及民航旅客运输销售岗位所必须掌握的专业知识和技能，被划分在民航行业特有工种的民航售票员职业技能标准的范畴。因此，在学习民航客票销售专业知识前，读者有必要对民航售票员的职业概况和基本要求有所了解，明确本书所涉及的民航行业标准要求。这充分体现了本书基于民航行业标准的主旨特点，以及培养民航从业人员核心职业能力为根本目标的宗旨。

经我国人力资源和社会保障部批准并于2010年4月19日起实施的《售票员国家标准》（见图1-1）对民航售票员职业定义是"专门从事民航客票销售、座位管理和市场营销的人员"。定义中提及的这三项职业功能是民航售票员这一工种所涵盖的基本职业

要求。民航售票员职业环境条件是"室内、常温"。他们通常在航空公司售票处、机场售票柜台、电话客服中心等部门工作。随着客票形式电子化、销售渠道多样化、航空产品复杂化等新趋势的日益显著,涉及民航售票员工作内容的岗位不断增加,如传统机票销售代理公司、旅行社、在线旅游销售公司、客票销售平台等非航空公司的客票销售岗位。民航售票员职业能力特征是"具有一定的学习、计算和市场营销能力;具有较强的语言表达能力、事物观察能力、分析和判断能力;手指、手臂灵活,动作协调"。这也是售票员岗位对从业人员素质的最低要求。

图1-1 《售票员国家标准》封面

2017年,中国民航累计完成旅客运输量5.52亿人次、货邮运输量705.89万吨、运输总周转量1083.08亿吨公里。相对于我国14亿的人口基数和我国全球第二大经济体的地位而言,现有的民航客货邮运输能力和服务水平难以满足我国经济迅猛发展和运输质量提升的双重需要。民航售票员是从事民航旅客运输工作流程前续航班座位销售业务的主要工种,他们直接或间接与旅客接触,为旅客提供各种关于购买航空运输服务产品的信息咨询、销售实现、客票变更等全方位的销售服务。民航售票员岗位工作的好坏与否直接影响着中国民航旅客运输服务质量的水平高低。

(二)民航售票员基本要求

按照国家职业技能鉴定工作规定,民航售票员基本要求包括职业道德和基础知识两个部分。其中,职业道德是指从事本职业工作应具备的基本观念、意识、品质和行为的要求,一般包括职业道德知识、职业态度、行为规范;基础知识是指本职业各等级从业人员都必须掌握的通用基础知识，主要是与本职业密切相关并贯穿于整个职业的基本理论知识、有关法律知识和安全卫生、环境保护知识。《售票员国家标准》具体规定如下所示。

1. 民航售票员基本要求——职业道德

民航售票员应遵循基本职业道德，这是对民航客运员职业操守的要求和规范。

民航售票员的职业守则是安全运营，优质服务；遵纪守法，诚实守信；爱岗敬业，忠于职守；钻研业务，提高技能；团结友爱，协作配合。

2. 民航售票员基本要求——基础知识

民航售票员不仅要求掌握现场工作的专业知识，还要求掌握广泛的、宏观的、有助于服务工作开展的相关基础知识。按照《售票员国家标准》规定，民航售票员应了解和掌握以下知识。

（1）航空运输常识。航空运输的定义，运输业的性质和航空运输业的特性，国际民航组织概况，中国民用航空概况，国际航空法，航空运输业务分工，航空运输的飞行形式，国际航协业务分区，世界时区的划分。

（2）客运销售基础知识。民用机场的定义和分类标准，航线的定义、分类及构成形式，中国的国内、国际航线网络，航班、航段、班次的定义，中国主要航空公司名称、两字代码和客票代码，国际主要航空公司名称、两字代码，国内城市、机场及国际主要通航城市的三字代码，民航机型概况，国内、国际航班号的编排知识，中国、世界地理知识，行李运输的一般规定，航空联盟知识，残疾人运输办法。

（3）民航旅客服务心理学知识。民航工作人员的心理调节，民航旅客心理状态认知。

（4）民航旅客运输英语知识。专业词汇，销售服务对话。

（5）宗教知识。基督教知识、佛教知识、伊斯兰教知识等。

（6）礼仪知识。仪容、仪表、仪态，礼貌、礼节、礼俗，文明用语及行为语言，职业着装。

（7）相关法律、法规知识。《中华人民共和国民用航空法》《中华人民共和国安全生产法》《中华人民共和国劳动法》《中华人民共和国劳动合同法》《中华人民共和国治安管理处罚法》《中华人民共和国消费者权益保护法》《中华人民共和国民用航空安全保卫条例》《中国民用航空旅客、行李国内运输规则》《中国民用航空旅客、行李国际运输规则》等相关知识。

由以上列明的基本要求可见，民航售票员需要具备高素质的职业操守和广博的文化知识作为其从业的必备条件。关于职业道德和基础知识的具体内容，本书在此不做过多介绍，希望读者除关注专业知识学习和职业技能培养外，还应按照职业道德和基本要求丰富自己的相关知识，从而达到《售票员国家标准》的要求。

二、民航售票员工作要求

以《售票员国家标准》的职业功能为划分维度，将民航售票员各职业功能模块下的工作内容和技能要求罗列如下。其中主要包括客票销售工作、特殊服务工作、客票售后服务工作。

（一）客票销售工作内容及技能要求

1. 客票销售准备

（1）能准备纸质客票、电子客票行程单、国内变更单、旅客购票单、业务用章等用品。

（2）能进入售票系统。

（3）能建立票证打印机控制。

（4）能测试售票系统、票证打印系统运行状况是否正常。

（5）能准备国际客票、国际退款单、旅费证等国际客票销售相关票证。

（6）能测试国际电子客票行程单打印系统。

2. 旅客订座记录建立

（1）能查询国内航空座位可利用情况，建立航段组。

（2）能建立国内航班订座旅客姓名组。

（3）能建立航班订座旅客联系组。

（4）能建立航班订座出票组。

（5）能修改、分离、取消旅客订座记录。

（6）能指导旅客填写旅客购票单。

（7）能查询国际航班座位可利用情况，建立航段组。

（8）能建立国际航班订座旅客姓名组。

（9）能检查国际联程航班订座回复电报。

（10）能拟写并翻译旅客订座记录中的特殊信息。

3. 客票填开

（1）能审核旅客购票单。

（2）能查验国内航班旅客乘机有效证件。

（3）能建立国内航班旅客证件信息组。

（4）能确定国内航程运价。

（5）能在旅客订座记录内录入国内航程运价组。

（6）能在旅客订座记录内录入旅客购票付款方式组。

（7）能在旅客订座记录内录入客票使用签注信息组。

(8) 能填开国内航班客票。
(9) 能查验国际航空旅客有效证件。
(10) 能建立国际航班旅客证件信息组。
(11) 能通过产品价格手册确定国际航程运价。
(12) 能通过国际运价系统确定国际航程运价。
(13) 能通过国际运价系统确定国际航程税费。
(14) 能在旅客订座记录内录入国际航程运价组。
(15) 能在旅客订座记录内录入国际旅客购票付款方式组。
(16) 能在旅客订座记录内录入国际客票使用签注信息组。
(17) 能填开国际及地区航线航班客票。
(18) 能使用《航空旅客运价手册》查询国际运价。
(19) 能使用《航空旅客运价规则卷》查阅国际旅客运输规定。
(20) 能手工计算单程、来回程、缺口程、环程国际运价。
(21) 能手工进行国际运价计算过程中涉及的各种最低限额检查。
(22) 能手工填开国际客票。
(23) 能手工计算环球程运价。
(24) 能手工计算比例运价。
(25) 能手工计算混合等级运价。
(26) 能手工计算非直达航程运价。

4. 客票交付

(1) 能打印电子客票行程单。
(2) 能告知旅客国内航班不同舱位等级的免费行李额。
(3) 能计算国内航班逾重行李费用。
(4) 能告知旅客国内航班乘机注意事项。
(5) 能告知旅客国内航班人身意外赔偿额。
(6) 能告知旅客国际客票使用有效期。
(7) 能告知旅客国际客票不同舱位等级的免费行李额。
(8) 能告知旅客国际联程运输各航段免费行李额。
(9) 能打印国际电子客票行程单。
(10) 能计算国际客票计重制行李逾重费用。
(11) 能计算国际客票计件制行李逾重费用。
(12) 能告知旅客国际联程航班的最短衔接时间。
(13) 能告知旅客国际航班人身意外赔偿额。
(14) 能使用《旅游信息手册》查阅世界各国对旅客护照、签证的规定。
(15) 能使用《旅游信息手册》查阅世界各国对旅客携带物品的规定。

(16) 能使用航班时刻表查阅世界各航空公司航班时刻信息。
(17) 能使用航班时刻表查阅世界主要空港最短航班衔接时间的规定。

(二) 特殊服务工作内容及技能要求

1. 服务准备

(1) 能识别重要旅客、无成人陪伴儿童、孕妇身份。
(2) 能查验重要旅客及办理人有效证件、无成人陪伴儿童及办理人有效证件、孕妇有效证件及适宜乘机医院证明。
(3) 能准备《无成人陪伴儿童申请书》。
(4) 能准备《特殊旅客（孕妇）乘机申请书》。
(5) 能准备《特殊旅客（轮椅）乘机申请书》。
(6) 能查验轮椅旅客乘机有效证件。
(7) 能查验手术后或因病申请轮椅服务旅客适宜乘机医院证明。
(8) 能准备《小动物托运预订申请书》。
(9) 能确定小动物运输机型要求。
(10) 能准备《特殊旅客（担架）乘机申请书》。
(11) 能查验担架旅客及随行人员有效证件及担架旅客适宜乘机医院证明。
(12) 能准备《导盲犬运输申请书》。
(13) 能检验申请携导盲犬及盲人旅客有效证件。
(14) 能准备《旅客机上用氧申请书》。
(15) 能查验申请机上用氧旅客有效证件。
(16) 能准备《特殊旅客（婴儿摇篮）乘机申请书》。

2. 旅客订座记录建立

(1) 能指导旅客填写《无成人陪伴儿童申请书》。
(2) 能指导旅客填写《特殊旅客（孕妇）乘机申请书》。
(3) 能建立航班重要旅客姓名组。
(4) 能指导旅客填写《特殊旅客（轮椅）乘机申请书》。
(5) 能指导旅客填写《小动物托运预订申请书》。
(6) 能建立轮椅旅客姓名组。
(7) 能建立外交信袋、额外占座行李、舒适占座旅客姓名组。
(8) 能指导旅客填写《特殊旅客（担架）乘机申请书》。
(9) 能建立航班担架旅客订座记录。
(10) 能指导旅客填写《特殊旅客（盲人）乘机申请书》。
(11) 能建立盲人旅客订座记录。
(12) 能指导旅客填写《旅客机上用氧申请书》。
(13) 能建立机上用氧旅客订座记录。

（14）能指导旅客填写《特殊旅客（婴儿摇篮）乘机申请书》。
（15）能建立需要婴儿摇篮旅客订座记录。

3. 特殊服务信息申报

（1）能输入重要旅客乘机特殊服务组。
（2）能传递重要旅客服务信息。
（3）能输入无成人陪伴儿童乘机特殊服务组。
（4）能传递无成人陪伴儿童服务信息。
（5）能输入特殊餐食服务信息组。
（6）能传递特殊餐食服务信息。
（7）能输入轮椅旅客特殊服务信息组。
（8）能传递轮椅旅客特殊服务信息。
（9）能输入小动物运输特殊服务信息组。
（10）能传递小动物运输特殊服务信息。
（11）能传递额外占座旅客的信息。
（12）能输入担架旅客乘机特殊服务组。
（13）能传递担架旅客运输服务信息。
（14）能输入盲人旅客乘机特殊服务组。
（15）能传递盲人旅客运输服务信息。
（16）能输入旅客机上用氧特殊服务组。

4. 客票填开

（1）能审核重要旅客购票单。
（2）能审核《无成人陪伴儿童申请书》《特殊旅客（孕妇）乘机申请书》。
（3）能确定无成人陪伴儿童乘机国内航程运价并填开客票。
（4）能计算无成人陪伴儿童乘机国内航程服务费。
（5）能使用国内变更单收取无成人陪伴儿童服务费。
（6）能审核《特殊旅客（轮椅）乘机申请书》《小动物托运预订申请书》。
（7）能确定轮椅旅客的运价并填开客票。
（8）能确定航班外交信袋、额外占座行李、旅客舒适占座航程运价并填开客票。
（9）能确定无成人陪伴儿童乘机国际航程运价并填开客票。
（10）能确定无成人陪伴儿童乘机国际航程服务费。
（11）能使用旅费证收取无成人陪伴儿童服务费。
（12）能审核《特殊旅客（担架）乘机申请书》《特殊旅客（婴儿摇篮）乘机申请书》《导盲犬运输申请书》《旅客机上用氧申请书》。
（13）能确定担架旅客乘机航程运价并填开客票。
（14）能填开盲人旅客客票。

(15）能计算旅客机上用氧服务费并填开客票。
(16）能使用旅费证收取旅客机上用氧服务费。

5. 客票交付

(1）能告知重要旅客、无成人陪伴儿童服务申请人、孕妇乘机注意事项。
(2）能归类存档重要旅客、无成人陪伴儿童乘机办理信息。
(3）能告知轮椅旅客、小动物运输乘机注意事项。
(4）能告知外交信袋、额外占座行李、旅客舒适占座乘机注意事项。
(5）能告知无成人陪伴儿童乘机注意事项。
(6）能归类存档轮椅旅客乘机、小动物、无成人陪伴儿童运输办理信息。
(7）能告知担架旅客、盲人旅客、机上用氧旅客、需要婴儿摇篮旅客乘机注意事项。
(8）能归类存档担架旅客、盲人旅客、机上用氧旅客、需要婴儿摇篮旅客申请、办理信息。

6. 预付票款通知处理

(1）能拟写并翻译出发预付票款通知电报。
(2）能拟写并翻译到达预付票款通知确认电报。
(3）能拟写并翻译预付票款退款申请/授权电报。
(4）能填写预付票款通知。
(5）能使用预付票款通知为旅客出票。
(6）能为预付票款通知填开旅费证。

7. 客票遗失处理

(1）能拟写并翻译客票遗失电报。
(2）能拟写并翻译客票遗失补票申请电报。
(3）能拟写并翻译客票遗失补票授权电报。
(4）能办理遗失客票的补开。
(5）能办理遗失客票的退款。

（三）客票售后服务工作内容及技能要求

1. 客票自愿变更

(1）能计算国内客票自愿升舱、子舱位变更费用。
(2）能计算国内客票自愿改期费用。
(3）能计算国内客票自愿退票费用。
(4）能使用国内收费单收取国内客票自愿变更、退票费用。
(5）能确定国内客票自愿签转资格。
(6）能通过换开客票办理国内客票自愿变更。

(7) 能计算国际客票自愿升舱、子舱位变更费用。
(8) 能计算国际客票自愿改期费用。
(9) 能计算国际客票自愿退票费用。
(10) 能使用旅费证收取国际客票自愿变更费用。
(11) 能计算国际客票自愿延期费用。
(12) 能计算国际客票自愿变更航程费用。
(13) 能通过换开客票办理国际客票自愿变更。

2. 客票非自愿变更

(1) 能确定国内航班旅客非自愿变更事实。
(2) 能办理国内航班旅客非自愿变更。
(3) 能确定国际航班旅客非自愿变更事实。
(4) 能办理国际航班旅客非自愿变更。

3. 旅费证的使用

(1) 能按"指定换取服务联价值法"填开旅费证。
(2) 能按"价值递减法"填开旅费证。

4. 飞行中断舱单的使用

(1) 能填开飞行中断舱单。
(2) 能接收飞行中断舱单。

以上关于民航售票员的工作要求摘录自《售票员国家标准》，在这里具体展示的目的是让读者对民航售票员岗位有一个完整认知，为民航客票销售知识的展开做宏观的介绍和引入。

第二节 民航客票销售业务基础知识

一、民航客票销售经典案例

在具体讲解民航客票销售业务基础知识前，让我们先通过几个经典案例了解其具体的工作内容和其中可能产生的问题。专业知识积累和技能提升的最终目标就是尽量避免问题和事故的发生，给旅客航空出行创造良好的出行体验，全面提升中国民航旅客服务的整体层次，为中国民航由世界民航大国向世界民航强国的跨越性升级贡献力量。

（一）经典案例之一：君子与金子的困惑

案例呈现：

王君是一位通过航空公司呼叫中心购买了从广州飞往北京机票的旅客。在电话购票的过程中，当呼叫中心座席员按照规定向旅客王君确认姓名是否为"王金，金子的金"时，王君回答："是"（此事已经通过电话录音确认）。但因实际姓名不符，王君无法登机。事后，承运人同意了王君旅客按照票面价格退票。

案例解析：

根据《中国民用航空旅客、行李国内运输规则》第八条第一款规定："客票为记名式，只限客票上所列旅客本人使用，不得转让和涂改，否则客票无效，票款不退。"另外，根据《中华人民共和国民用航空法》第一百一十一条规定："客票是旅客运输合同订立和旅客运输合同条件的初步证据。旅客未能出示客票、客票不符合规定或者客票遗失，不影响运输合同的存在或有效……"因此，只要不是旅客故意涂改或非法转让客票，客票内容的错误不影响运输合同的有效性，如旅客因此未能成行，承运人在确认该旅客确实是购票人的情况下，应该退还旅客相应票款。综上所述，民航售票员应加强主动服务意识，遵循服务流程，特别是电话订座时，服务人员应与旅客一起仔细核对姓名、航程、日期及限制条件等重要信息。若遇到有口音的旅客，可用成语或两个不同的组词确认姓名，以减少出现差错的机会，将可能出现的差错和可能给旅客带来的不便提前消除，保证旅客顺利成行。

要点归纳：准确无误地为旅客办理订票手续是非常重要的工作。

（二）经典案例之二：航班时刻变更带来旅客的危急时刻

案例呈现：

王先生和张女士计划从哈尔滨往返新加坡，他们到代理人处买票，代理人为旅客提供了两个方案。一是购买 A 航空公司哈尔滨—香港—新加坡往返机票；二是购买 B 航空公司哈尔滨—北京—香港—新加坡往返机票。旅客因健康原因，选择了转机点少的 A 航空公司。旅客到新加坡后，其回程香港—哈尔滨航段航班因航班时刻表换季而长期计划性取消，并在变更航班起飞前通过航班变更通知的形式通知到出票计算机终端。由于出票代理人的原因，此信息未能及时告知旅客。当旅客确认回程机位时，得知航班已被取消后，千辛万苦联系上机票出票代理人求助。出票代理人联系 A 航空公司帮助旅客协调解决办法，安排新加坡—香港—北京—哈尔滨的座位，并请香港机场、北京机场协助旅客办理转机手续。旅行当日，在北京机场的航空公司服务人员协助办理中转手续过程中，由于时间紧张，国际厅与国内厅距离较远，以及舟车劳顿，旅客血压急升，在飞机上几乎昏迷，经乘务组悉心照料，旅客安全到达目的地，并被地保部服务人员安置在民航大厦休息。对此，旅客提出几点要求：①旅客购买的是国际航班机票，现在却是中转的国内航班，要求退还差价；②旅客因为增加转机程序而旧病复发，航空公司应给予赔偿。投诉处理部门主动去民航大厦看望旅客，代表公司表达慰问之情，并与其诚恳交换意见，令旅客大为感动。最后双方达成补偿旅客 610 元票差价，并按照航延费的标准为旅客提供一天一夜免费食宿的协议。

案例解析：

旅客在购票时，已经声明了自己不适宜乘坐航程转机点较多的航班。因此，对于航空公司航班取消造成旅客被迫从北京中转，引起旅客旧病复发的事故，航空公司负有一定的责任，理应给予旅客一定补偿。另外，旅客所付的票价为香港与哈尔滨之间直达航班的较高票价，但回程只享受到了香港经北京至哈尔滨中转的低价机票的服务，旅客要求补偿票差价的要求应给予支持。因为旅客在购票时，已经声明了自己不适宜乘坐转机点较多的航班，承运人在协调解决机位时应考虑该情况，密切关注旅客身体状况，如安排旅客在北京住一夜再飞往哈尔滨。如旅客不顾身体状况，坚持当天中转，相关服务人员应与其签订责任书。面对特殊情况、特殊旅客，承运人一定要慎重处理。代理人由于不了解航空公司业务规定而在航班变动后未尽到通知旅客的义务，也是引起旅客不满、情绪激动的重要因素。因此代理人管理部门应加强对代理人的业务培训，减少人为业务差错，提高航空公司的服务品质。

要点归纳：客票销售人员需要仔细工作，他们的任何一点儿失误都可能给旅客带来严重后果。

（三）经典案例之三：由婴儿摇篮引起的风波

案例呈现：

一对旅客夫妇在3月5日申请了4月21日广州—墨尔本航班的婴儿摇篮服务，该航班管理人员没有认真查看该航班机型是否可以接收婴儿摇篮旅客就给予了确认。在此期间，旅客不放心曾几次致电呼叫中心均得到确认，便放心不再理会此事。4月12日，该航班管理人员发现该航班机型不能提供该项服务时便将该申请取消，但没有按业务规定流程通知旅客。4月21日当天，旅客在广州中转办理乘机手续时被告知此项服务已被取消，旅客当即在值机柜台要求升到公务舱，但因航班超售，无法成行。最终，因地服部门、呼叫中心和售票部门对该事件不够重视、信息沟通不充分，延迟了旅客乘机办理的时间，只能改签4月25日的航班，导致旅客在广州滞留了4天。航空公司负责了旅客在广州的食宿，按旅客要求办理了升舱手续，并在旅客到达目的地后，由当地办事处安排车辆将旅客送回家中。

案例解析：

航班管理人员工作责任心不强，业务操作水平不高，在确认申请时粗心大意，没有及时识别机型可否提供服务类型。在发现差错后，航班管理人员虽然及时予以更正，但没有将准确的信息及时通知旅客，导致此投诉产生。投诉产生后，与旅客接触的一线服务部门没有给予足够的重视，在与呼叫中心沟通了解过程中，由于呼叫中心服务人员在复查过程中不仔细，没有查到旅客曾获确认特殊服务申请的记录，便简单拒绝了旅客，造成投诉升级。投诉升级后，虽然各部门的协调合作、圆满处理，使旅客感到满意，继续认同该航空公司，但航空公司投入的人力、物力、财力是无法用数据计算得清楚的。

要点归纳：销售人员对特殊服务业务流程不熟悉，给旅客带来出行的麻烦。

(四)经典案例之四：网站设计缺陷误导旅客重新购票

案例呈现：

一名旅客通过某航空公司网站订购了4张北京—香港的往返特价机票。旅客在订票过程中按照网站的提示要求，输入旅客姓名及身份证号码，并通过网上银行成功支付了票款。在与航空公司确认电话中，工作人员告诉旅客，客票虽然成功订座及支付，但不能通过安全检查，原因是国际及其地区航班客票，需填写护照号码或港澳通行证号码，而非居民身份证号码。换而言之，旅客所购客票为4张废票。旅客认为，网站上没有明确提示填写哪类有效身份证明，也没有查验纠错措施，误导旅客填写了身份证号码。旅客要求全额退票。但航空公司称：需要30天给予旅客答复，且不能保证为其全额退款。旅客表示不满并提起投诉。

案例解析：

经查，该航空公司在事故发生时已经知道相关销售网站存在的缺陷，却没有及时向相关业务部门反映，导致问题在相当长的时间内未解决，使该类投诉屡屡发生。

《中华人民共和国消费者权益保护法》（旧版）第十八条规定："经营者发现其提供的商品或者服务存在严重缺陷，即使正确使用商品或者接受服务仍然可能对人身、财产安全造成危害的，应当立即向有关行政部门报告和告知消费者，并采取防止危害发生的措施。"航空公司违反了本条规定。在本案例中，该公司网站售票输入要素存在设计缺陷，提供了模糊的信息，致使消费者在误填身份证件号码的情况下，仍能成功购买机票，客观上阻碍了合同的有效履行。虽然该缺陷未对旅客人身造成危害，但是却可能造成旅客的其他损失。因此，该公司对此负有责任。《中华人民共和国民法通则》第一百一十一条规定："当事人一方不履行合同义务或者履行合同义务不符合约定条件的，另一方有权要求履行或者采取补救措施，并有权要求赔偿损失。"本案例中旅客订票付费行为已经成功，运输合同应确认为有效成立。航空公司应对旅客所订购机票及时采取必要的补救措施，通过重新订座确认、退票等方式，尽到履行合同义务的责任，并视情况承担相应赔偿责任。另外，航空公司还应对网站缺陷进行及时修补，防止此类问题的继续发生。

要点归纳：由于电子客票的广泛应用，航空公司需要加强对网站的细节的关注。

(五)经典案例之五：打包销售给旅客带来损失

案例呈现：

一名旅客购买某航空公司三亚—武汉—沈阳航班机票，购票时销售代理人告知旅客因为此产品属于打包销售，旅客在武汉机场可被安排住宿过夜。由于航班延误，旅客于当日22点30分到达武汉机场。当旅客按售票人员所提供信息询问该公司地面服务人员时，得到的答案却是此航段不含住宿，旅客无奈只能自行解决当日住宿。事后旅客再次致电该航空公司办事处确认实情，得到解释为此产品确为打包销售，含有住宿。旅客为此要求该航空公司做出合理解释。

案例解析：

《中华人民共和国合同法》第八条规定："依法成立的合同，对当事人具有法律约束力。当事人应当按照约定履行自己的义务，不得擅自变更或者解除合同。"本案例中，旅客支付了客票票款，并认可了销售代理人所告知的航空公司产品附加合同条款，应视为打包运输合同成立。航空公司未按合同要约履行合同，侵害了旅客在合同中应该享受的权益。经了解，本案例中购机票加住宿的打包销售是该航空公司推出的一种产品，要求销售代理人在开具此类客票后，将旅客姓名、性别、联系方式、航班日期、航班信息、订座编码，以传真的形式向航空公司反馈，以便航空公司能在中转机场为旅客提供服务。本案例中销售代理人在传递信息过程中，将旅客联系方式遗漏传输，导致航空公司无法与旅客提前取得联系。当日现场由于时间已晚，该航空公司相关人员未能积极与销售代理人联系，查询并核实该旅客的相关信息，使旅客只能自行解决住宿，从而引发投诉。《中华人民共和国消费者权益保护法》（旧版）第三十五条规定："消费者在接受服务时，其合法权益受到损害的，可以向服务者要求赔偿。"本案例中合同成立事实清晰，旅客有权向提供服务的航空公司提出赔偿要求，航空公司应履行双方约定的赔偿责任并继续履行运输合同义务。航空公司在承担赔偿责任后，对于销售代理人的工作失误，可依据《中华人民共和国消费者权益保护法》及《中华人民共和国合同法》规定向销售代理人提出追偿要求。

要点归纳：航空公司和其销售代理人应关注打包产品服务实施的全过程。

二、民航运输生产基础知识

为了便于读者理解和掌握民航客票销售的有关知识，下面介绍民航运输生产基础知识。

（一）民用航空承运人及分类

民用航空承运人是指为了取得报酬购买或者租用民用飞机从事提供航空服务的企业。民用航空承运人可以通过其经营方式加以识别。按照航班运营的形式，民用航空承运人可以分为定期航班承运人和非定期航班承运人。

定期航班承运人，主要从事定期航班的经营，也从事非定期航班的经营。

非定期航空承运人，从事的主要活动是非定期航班的经营，不能从事定期航班的经营，包机航班是非定期航空承运人重要的运营方式。

另外，按照承运人经营的航线是否超越一国国界，又可以划分为国际承运人和国内承运人。其中，国际承运人是指主要经营一国以上航线及国内航班的承运人；国内承运人是指全部从事本国国内航线经营的承运人。

（二）航班

航班是指按照民航管理当局批准的民航运输飞行班期时刻表，使用指定的航空器，按照规定的航线在指定的起讫经停点停靠的客货邮运输飞行服务。航班通常用航班号来标识具体的飞行班次。航班号由字母和数字组成。国内航班的航班号一般由两个字母的航空公司代码加4位数字组成，第一位数字表示执行该航班任务的航空公司数字代码，第二位数字表示航班终点站所属管理局地区或航空公司所在地的数字代码，第三位、第四位数字表示某个具体的航班，第四位数字单数表示去程航班，双数表示回程航班。国际航班的航班号一般由两个字母的航空公司代码加3位数字组成，第一位数字表示执行该航班任务的航空公司数字代码，第二位、第三位数字表示某个具体的航班，第四位数字单数表示去程航班，双数表示回程航班。由于航班数量增加，现在航空公司在各自某些航班号的编排上与上述规定有一定的出入，特别是各航空公司跨地区飞行的航班号、联合承运人的航班号、地方航空公司的航班号等都会根据实际情况而定。

航班按照民航运输飞行的时间规律，可分为定期航班和不定期航班。

1．定期航班

航空公司在一段时间内安排的运输飞行，具有规则性的飞行周期或者飞行时刻，这类飞行航班称为班期飞行航班。在运输繁忙时期，在班期飞行航班班次之外的沿着定期班期飞行的航线增加航班飞行的飞行航班称为加班飞行航班。

班期飞行航班和同类性质的加班飞行航班统称为定期航班。定期航班是民航运输的主要运输形式，是航空公司赖以生存的主要生产方式。因此，衡量航空公司的生产水平时，总是以定期航班的运输周转量为主要生产指标。

2．不定期航班

不定期航班服务，通常是指航空公司根据运输需要提供的非规则性飞行服务，如包机运输飞行和某些加班运输飞行等。这类航班没有固定的航班飞行时刻表，也没有固定的飞行航线，通常是根据运输需要和合同需求，安排机型、飞行时刻、飞行航线和运价。不定期航班运输是航空公司的辅助生产方式。

航班按照运输飞行的去向，又可分为去程航班和回程航班。

去程航班，是指从航空公司机队所在基地出发的飞行航班。回程航班，是指返回机队所在基地的飞行航班。

航班按照民航机飞行的区域，可以分为国内航班和国际航班。

（三）航路

民航机在提供民航运输服务时需要跨越天空在两个或多个机场之间飞行。为了保障飞行安全，必须在机场之间的空中为这种飞行提供相对固定的飞行线路，使之具有一定的方位、高度和宽度，并且在沿线的地面设有无线电导航设施。这种经政府有关部门批准的、飞机能够在地面通信导航设施指导下沿具有一定高度、宽度和方向在空中做航载飞行的空域，称为航路。

（四）航段

一条航线经过的站点至少有两个，即飞行起点（或称始发站）和飞行终点（或称终点站）。在起点和终点之间可以有多个经停点（或称经停站）。

在航空运输生产过程中，航段概念通常分为旅客航段（segment，简称航段）和飞行航段（leg，简称航节）。旅客航段通常是指能够构成旅客航程的航段，如武汉—上海—洛杉矶航线，旅客航程有3种可能：武汉—上海、上海—洛杉矶和武汉—洛杉矶。飞行航段是指航班飞机实际飞经的航段，如武汉—上海—洛杉矶航线，其飞行航段为武汉—上海和上海—洛杉矶。

（五）航线

航线也称飞行航段。从事民航运输业务的承运人在获得经营许可证之后，可以在允许的一系列城市（或称站点）范围内提供航空客货邮运输服务，由这些站点形成的航空运输路线，称为航线。

航线由飞行的起点、经停点、终点、航路等要素组成。

航线不同于航路，它与实际飞行线路的具体空间位置没有直接关系。航线是航空运输承运人授权经营航空运输业务的地理范围，是航空公司的客货邮运输市场，是航空公司赖以生存的必要条件。因此，对航空公司来说，运营航线的优劣与多少，对它自身的发展十分重要。

航线按照飞行的区域可以划分为国内航线、国际航线和地区航线。

1. 国内航线

国内航线又称国内航班，是指飞行起点、经停点和终点都在同一国家境内的航线。通常根据飞行起点、经停点和终点所在城市的政治、文化、经济的地位与繁荣程度，国内航线又分为干线和支线。

干线是指首都北京至全国各省会城市和大城市之间的航线，形成省际或大城市之间的空中交通干道。例如，北京—上海、北京—广州、广州—上海等。一般来说，干线上的客货流量大，使用的机型运载能力较大。

支线是指大城市（一般指省会）至本地区中小城市之间的航线，主要目的是汇集或疏散客货流，辅助干线运输。例如，上海—宜昌、南京—黄山等。

2. 国际航线

国际航线又称国际航班，是指飞行起点、经停点或终点超过一个国家的国境线的航线。例如，广州—新加坡、北京—伦敦、上海—东京等。

3. 地区航线

地区航线又称地区航班，是指在中国大陆城市与港澳台地区之间的飞行航线。例如，厦门—台北、上海—香港、北京—澳门等。

对以上民航运输生产基础知识的熟练掌握是从事民航客票销售工作的基础性要求。

三、民航客票销售基础知识

客票指由承运人或其代理人所填开的被称为"客票及行李票"的航空旅客运输凭证,包括运输合同条件、声明、通知及乘机联和旅客联等内容。

(一)客票的作用

(1)客票是旅客和航空公司之间签署的运输契约,是承运人和旅客订立的航空运输合同条件的初步证据,是旅客办理乘机手续、托运行李的凭证。

(2)客票是航空公司之间及航空公司与代理人之间进行结算的依据。

(3)客票是旅客退票时的凭证。

(4)客票是一种有价证券。

(二)客票的分类和构成

根据客票提供者的不同,通常把客票分为航空公司客票和中性客票两种。

1. 航空公司客票

航空公司客票在客票的封面上印有该票所属航空公司的名称、航徽及其代码等标记,如图1-2所示。

图1-2 中国南方航空集团有限公司客票封面

国内航空公司客票是由会计联、出票人联、乘机联、旅客联组成的。会计联供财务部门审核和记账;出票人联供填开客票的单位存查;乘机联供旅客在客票上所列明的指定地点之间搭乘飞机以及托运行李使用;旅客联由旅客持有,旅客在使用客票、退票和报销时必须持有旅客联。

2. 中性客票

中性客票又称为BSP(Billing and Settlement Plan,开账与结算计划)客票。BSP采用统一规格标准运输凭证即中性客票,经加入中国国内BSP的航空公司授权,代理人直接代理这些航空公司的业务,并按照统一和简化的程序制作销售报告,实施结算和转账，由此提高代理人的销售能力和服务质量。在代理人确认之前，中性客票没有任何航空公司的标志。一旦在票证上印刷了承运人识别标牌，该票证就成了该航空公司的财产。中性客票的封面上印有国际航协的标志及专门设计的图案。

中性客票与国内各航空公司的客票在格式上的区别主要表现在"付款栏"（仅在会计联和出票人联中有，乘机联和旅客联与此栏对应的位置为条形码）和航空公司的确认盖章栏上。

（三）客票的使用

客票是旅客运输凭证，使用时有严格的规定。

（1）客票为记名式，只限客票上所列姓名的旅客本人使用，不得转让和涂改，否则客票无效，票款不退。

（2）旅客未能出示根据承运人规定填开的包括所乘航班的乘机联和所有其他未使用的乘机联及旅客联的有效客票，无权乘机。旅客出示残缺客票或非承运人或其代理人更改的客票，也无权乘机。

（3）客票的乘机联必须按照客票上所列明的航程，从始发站开始顺序使用。如果客票的第一张乘机联未被使用，而直接使用后续的乘机联，则第一张乘机联作废，不予使用。

（4）每一张乘机联上必须列明舱位等级，并在航班上订妥座位和日期后方可由承运人接受运输。

（5）旅客应在客票有效期内完成客票上列明的全部航程。

（6）含有国内航段的国际联程客票，其国内航班的乘机联可直接使用，不需要换开成国内客票。

（7）旅客在我国境外购买的用国际客票填开的纯国内段的客票，应换开成我国国内客票才能使用。

（8）航空公司及其代理人不得在我国境外使用国内航空运输客票进行销售。

（9）定期客票只适用于客票上列明乘机日期的航班。

（四）客票的有效期

（1）普通客票的有效期自旅行开始之日起，一年内运输有效；如果客票全部未使用，则从填开客票之日起，一年内运输有效。

（2）特殊客票的有效期，按照承运人规定的该特殊票价的有效期计算。

（3）客票有效期的计算，从旅行开始或填开客票之日的次日零时起，至有效期满之日的次日零时为止。

（五）客票的销售方式

目前客票的销售方式主要有以下两种。

1. 航空公司的销售部门

航空公司的销售部门包括航空公司设在市区的和机场的销售网点。近年来由于客票销售市场竞争激烈，各销售代理在销售过程中通过各种方式来争夺客源，在一定程度上扰乱了市场，也影响了航空公司的客票销售。为了稳定市场，尽可能地提高航空公司的销售额，航空公司建立了自己的机票直销点，通过电话订票的形式获得更多、更直接的客户，可以节省必须支付给代理人的代理费。另外，航空公司还开发了网上销售渠道，极大地方便了旅客，也给传统的销售方式带来了新的挑战。

2. 销售代理

销售代理企业受航空公司的委托，在约定的经营范围内以委托人的身份处理航空运输（客货邮运输）、销售及相关的业务。销售代理企业的出现，使航空公司把销售服务转由代理企业承担，从而能够集中力量搞好运输服务，减少了大量销售方面的经费和成本，同时也扩大了市场。销售代理企业通过佣金来获取利润。销售代理企业和航空公司的直销点都采用类似的方式经营，但销售代理企业可以同时出售多家航空公司的机票，给旅客更多的选择。

我国自 1987 年开始出现航空销售代理企业。1993 年 8 月，中国民用航空总局（简称民航总局）颁布了《民用航空运输销售代理业管理规定》，规定把销售代理企业分为两类：一类企业可以经营国际和地区航线的销售代理业务，但要向民航总局提出申请，注册批准；二类企业只经营国内航线业务，并向民航地区管理局提出申请，取得批准。

自 我 检 测

（1）简要描述民航售票员的工作职责。
（2）简要描述民航售票员基础知识及技能要求。
（3）简要描述航空承运人的定义及其分类。
（4）简要描述航班的定义及其分类。
（5）简要描述航线的定义及其分类。
（6）简要描述民航客票的定义及其分类。
（7）简要描述民航客票的使用要求。

第二章 民航国内客票销售业务

学习目标

(1) 了解中国民航运价体系的发展情况；
(2) 掌握国内客票及行李票的基础知识；
(3) 掌握纸质国内客票及行李票票面的各栏内容；
(4) 掌握民航国内售票业务的基本理论知识。

学习内容

(1) 中国民航运价体系的发展演变概况；
(2) 国内客票及行李票各栏信息；
(3) 民航国内旅客运输基础知识；
(4) 民航国内客票销售基础知识。

第一节 民航国内客票销售的一般规定

一、我国民航运价体系概述

（一）我国民航国内运价体系历史沿革

民航运价体系改革是我国民航市场化改革重要的组成部分之一。民航运价体系改革从 20 世纪 90 年代开始启动，逐渐实现了由政府定价向政府指导定价的转变。民航运价体系改革的逐步推进，有力地促进了民航市场化改革的向前推进和行业的健康发展。

从 1950 年中国民航开航到 1992 年，我国政府对民航的国内运价实行严格的政府管制，国内航线旅客运价由原国家物价局会同民航总局管理，管理形式相对简单，实行政府定价。

20 世纪 90 年代以后，随着国家价格改革进程的不断推进，国家分批、分类逐步放开商品的定价。借鉴其他国家民航运价的管理模式，我国政府对民航国内运价采取由政府定价向政府指导定价逐步过渡的管理政策，逐渐放松对民航运价的管制。

1992年，国务院召开关于研究民航运价管理体制改革问题的会议，会议确定：公布票价及浮动幅度，航空邮件价格由原国家物价局管理；折扣票价和省区内航线公布运价以及货运价格由民航总局管理；同时允许航空公司票价上下浮动10%。

自1996年3月1日起至今，根据《中华人民共和国民用航空法》和《中华人民共和国价格法》，国内运价管理明确为以民航总局为主，会同原国家计委（现为中华人民共和国国家发展和改革委员会，简称国家发展改革委）进行管理，管理形式为政府指导定价。国内货物运价由民航总局统一管理。

1997年7月1日起，我国实行境内和境外旅客乘坐国内航班同价政策。境内、境外旅客在境内购票，统一执行每客公里0.75元的票价（称为B票价），在境外购票统一执行公布票价每客公里0.94元（称为A票价）。同年11月，民航总局推出"一种票价、多种折扣"的政策。政府规定基础票价，允许航空公司在规定幅度内自行制定符合一定限制条件的特种票价。但受亚洲金融危机等因素的影响，该政策的执行遇到了很多困难。经国务院批准，原国家计委、民航总局联合发文，决定自1999年2月1日起，各航空公司票价按国家公布价销售，不得滥用折扣。

2000年，国内航线推行收入联营，国内部分航线特种运价实行协商报批制，由共飞航空公司协商制定具体方案，报民航总局审批。自5月15日起，先期以海南联营航线为试点，实行旅游团队优惠票价；自10月1日起，放松对支线票价的管理，即对支线飞机所飞省（市、区）内航段票价、支线飞机独家经营的跨省（市、区）航段票价，实行最高限价管理，即最高票价不得超过公布票价（A票价）的10%。限价内具体票价由航空公司自行确定，并报民航总局备案。除支线飞机所执行省（市、区）内航段外，由航空公司共同经营的航段票价，需要经航空公司协商后，报民航总局审批。

2001年，民航总局决定，自3月6日起，在北京—广州、北京—深圳等7条多家经营航线上试行多级票价体系；自5月20日起，在海南联营航线上也试行多级票价体系；自11月5日起，对国内航线实施"燃油加价"政策，允许航空公司票价最大上浮幅度为15%，单程不超过150元。同时建立票价与油价联动机制，当国内航油价格变动幅度超过10%时，允许航空公司票价最大变动幅度为3%。

2002年，民航总局决定进一步完善国内航线团体票价政策，自6月10日起，对国内航线（港、澳航线除外）团体票价试行幅度管理，即团体票价最低折扣率可根据购票时限、航程性质、人数不同而有所区别。

（二）我国现行民航国内运价体系概述

我国现行的民航国内运价体系是经国务院批准的《民航国内航空运输价格改革方案》（以下简称《改革方案》）自2004年4月20日起实行之后形成的。根据《改革方案》的规定，民航国内旅客运价，以当时航空运输企业在境内销售执行的各航线公布的票价为基准价（平均每客公里0.75元），允许航空运输企业在上浮幅度不超过基准价的25%、下浮幅度不超过基准价的45%（除实行市场调节价和票价下浮幅度不限的航线外）的范围内，自行制定具体的票价种类、水平、适用条件，提前30天通过航空价格信息系统上报至民航总局、国家发展改革委备案，并对外公布后执行。同时，考虑到部分航线的实际情况，《改革方案》还规定，对几类特殊航线实行更加灵活的价格政策：对省、自治区内，及直辖市与相邻省、自治区、直辖市之间，已经与其他替代运输方式形成竞争的短途航线，实行市场调节价，不再规定票价浮动幅度；对由航空运输企业独家经营的航线，以及部分以旅游客源为主的航线，票价下浮幅度不限，以适应消费者需求，鼓励航空运输企业积极开拓市场。

此次改革的核心是使民航国内运价能够较好地适应市场，扩大企业的价格自主权；完善政府指导定价政策，实行幅度管理；在一定的浮动幅度内，企业有限浮动，制定具体的票价。此次改革的重心如下。

（1）解决价格比较单一的问题，企业在政府规定的浮动幅度内，建立多级票价体系，以适应多层次、多样化和不同航线、不同季节的市场需求，使更多的消费者可以选择乘坐飞机旅行。

（2）大力减少行政审批，使企业面向市场，灵活自主地开展航空运输生产经营活动。

（3）促进市场竞争，发挥优胜劣汰机制，促使企业降低生产经营成本，提高运输质量和效益，使消费者从中得到实惠。

（4）建立良好的航空运输市场秩序。在允许价格浮动的同时，必须实行明码实价、明折明扣。进一步明确价格监管的责任、措施和规定，使政府有关部门更加有效地做好市场监管工作。

2006年的一个新闻事件，从侧面反映了我国国内民航运价体系的现状。春秋航空公司因在上海—济南航线售卖1元机票而收到济南市工商行政管理局依据《中华人民共和国价格法》开出的15万元的罚单。单纯从法理上来看，春秋航空公司确实有违法制，但是此事最终不了了之。究其原因：一方面是不只春秋航空公司出售超低价位机票，其他航空公司也存在同样的情况，只是春秋航空公司的折扣更大，而且春秋航空公司的1元机票侧重的是实际宣传效应，数量较少；另一方面，舆论对济南市工商行政管理局的压力最终导致春秋航空公司获得了空前的关注。此事件之后，春秋航空公司退出了上海—济南的航线，对消费者、春秋航空公司和济南市来说，是三输的局面。

2009年4月20日，民航实行新的运价体系，这次运价调整引起了媒体的广泛关注。其主要争论焦点在于运价调整后的运价计算方法。根据2004年《改革方案》的规定，允许航空运输企业在上浮幅度不超过基准价的25%、下浮幅度不超过基准价的45%的范围内，自行制定民航国内旅客运价具体的票价种类、水平、适用条件。航空运输企业根据此规定，统一执行了先上浮、再打折确定不同等级舱位的办法，即先在基准运价上上浮25%得到新的"基准运价"，然后根据市场情况，确定不同折扣舱位等级运价。

2010年4月13日，中国民用航空局联合国家发展改革委，共同发布了《民航局、国家发展改革委关于民航国内航线头等舱、公务舱票价有关问题的通知》（以下简称《通知》）。《通知》规定：自2010年6月1日起，民航国内航线头等舱、公务舱票价实行市场调节价，具体价格由各运输航空公司自行确定；价格种类、水平及适用条件（含头等舱和公务舱的座位数量、与经济舱的差异以及相匹配的设施设备和服务标准等），提前30日通过航空价格信息系统报中国民用航空局和国家发展改革委备案后，向社会公布执行。

（三）我国国内民航运价体系展望

在国内民航市场化改革和国际民航天空开放的大背景下，民航运价体系改革还需要继续推进。

进一步扩大市场调节价航线范围，直至完全放开运价管制。由于航空公司的市场定位不同，机型、航线网络、人员、资金、服务水平等因素导致航空运输成本不同。扩大市场调节价航线范围，航空公司可以根据自身情况建立更具有针对性的多级票价体系，最终满足广大消费者的个性化需求。

如果冒进式地对我国的航空公司放开价格管制，在市场不景气时，有可能会重演20世纪末的机票价格战，这对于民航行业来说，是无法承受之重。一方面逐渐放开价格管制，另一方面避免引发价格战，这才是我国未来民航运价体系改革的主要目标。《中华人民共和国反垄断法》和《中华人民共和国价格法》在这个领域将发挥越来越重要的作用。

二、国内客票及行李票识读

客票全称为客票及行李票（Passenger Ticket and Baggage Check），是指由承运人或航空运输销售代理人根据旅客所填的订座单而填开的有价票证。客票的法律属性为承运人和旅客之间的航空运输合同。

（一）国内客票的分类

根据客票提供者的不同，通常把客票分为航空公司客票和中性客票，相关知识在第一章中已经讲解。

根据客票质地的不同，通常把客票分为纸质客票和电子客票。

纸质客票分为手工客票（见图2-1）和计算机自动打印客票，从来源上分，又可以分为航空纸质本票和国际航协中性纸质客票。目前，我国国内已经实行了100%的电子客票，航空纸质本票已经非常少见，只在某些特殊情况下使用，国际航协中性纸质客票已经停止使用。

电子客票是指由承运人或其授权代理人销售并赋予运输权利的、以电子数据形式体现的有效运输凭证，是纸质客票的电子替代产品。

根据销售渠道可将电子客票分为以下两种类型。

（1）计算机订座系统销售的电子客票：根据计算机订座系统的不同，计算机订座系统销售的电子客票又可分为航空公司订座系统（ICS）电子客票和环球分销系统（GDS）电子客票。

（2）互联网销售的电子客票：根据使用对象的不同，互联网销售的电子客票可以分为 B2B（Business To Business）电子客票和 B2C（Business To Customer）电子客票。

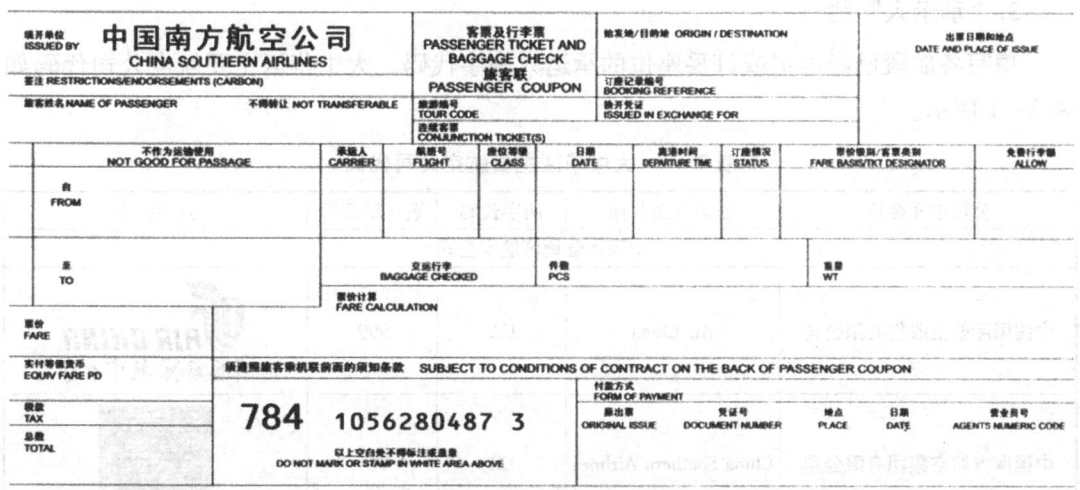

图 2-1　手工客票及行李票票面

（二）纸质国内客票及行李票识读

1."旅客姓名"栏

按旅客身份证件和《旅客订座单》上的全名填写，旅客姓名为英文时用英文大写字母填写，当姓为双姓、中间有空格或连接符号时，应省去空格或连接符号。中国旅客按中文习惯填写姓名；外国旅客则先填写姓，然后划上"/"，"/"之后填写名或名的首字母及适当的称呼，如先生（MR）、夫人（MRS）、小姐（MISS/MS）。例如，MR JOHN SMITH 应写成 SMITH/JOHN MR 或 SMITH/J MR。

年满 2 周岁未满 12 周岁的儿童，应在姓名后加上"CHD"字样。按成人全票价 10% 付费的婴儿应在姓名后加上"INF（出生月年）"字样，如 INF（MAR06）。无成人陪伴的儿童，应在姓名后注明"UM（年龄）"字样，如 UM10。为其行李占用座位而付费的旅客，应在姓名后注明"CBBG"字样，并需要单独填开一张客票。为其外交信袋占用座位而付费的旅客，应在其姓名后注明"DIPL"字样。为了舒适或其他目的而购买两个以上座位的旅客，应在其姓名后面注明"EXST"字样，如 SMITH/J MR EXST；当额外占用的座位超过一个时，需要在"EXST"字样前加注额外占用的座位数，如张三 2EXST。使用担架的旅客，应在其姓名后注明"STCR"字样。

2."自××至××"栏（航程栏）

根据旅客航程将始发地点的名称填入第一个"自（FROM）"栏内，然后按照旅客旅程顺序把到达地点的名称依次填入各"至（TO）"栏内。地名一律用汉字全名填写。

当一个城市有一个以上机场时，在填写城市名称后，还需要填写旅客乘机或到达的中文机场名。如果客票填开完毕后，有多余的乘机联，那么应在多余乘机联的本栏内填写"VOID"字样，并将多余乘机联撕下，附在相应的财务联上，随销售日报一起上交财务部门。

3. "承运人"栏

填写各航段已经申请或订妥座位的承运人两字代码，大中华区主要航空公司代码如表2-1所示。

表2-1 大中华区主要航空公司代码

公司中文名称	公司英文名称	两字代码	数字结算号	公司标志
中国大陆地区航空公司				
中国国际航空股份有限公司	Air China	CA	999	
中国南方航空集团有限公司	China Southern Airlines	CZ	784	
中国东方航空集团有限公司	China Eastern Airlines	MU	781	
海南航空控股股份有限公司	Hainan Airlines	HU	880	
深圳航空责任有限公司	Shenzhen Airlines	ZH	479	
厦门航空股份有限公司	Xiamen Airlines	MF	731	
上海航空股份有限公司	Shanghai Airlines	FM	774	
山东航空股份有限公司	Shandong Airlines	SC	324	

续表

公司中文名称	公司英文名称	两字代码	数字结算号	公司标志
中国大陆地区航空公司				
四川航空股份有限公司	Sichuan Airlines	3U	876	
春秋航空股份有限公司	Spring Airlines	9C	089	
中国联合航空有限公司	China United Airlines	KN	822	
奥凯航空有限公司	Okay Airways	BK	866	
西藏航空有限公司	Tibet Airlines	TV	088	
上海吉祥航空有限公司	Juneyao Airlines	HO	018	
成都航空股份有限公司	Chengdu Airlines	EU	811	
河北航空有限公司	Hebei Airlines	NS	836	

续表

公司中文名称	公司英文名称	两字代码	数字结算号	公司标志
中国大陆地区航空公司				
天津航空有限责任公司	Tianjin Airlines	GS	826	
昆明航空有限公司	Kunming Airlines	KY	833	
幸福航空有限责任公司	Joyair	JR	929	
大新华航空有限公司	Grand China	CN	895	
北京首都航空有限公司	Capital Airlines	JD	898	
重庆航空有限责任公司	Chongqing Airlines	OQ	878	
西部航空有限责任公司	West Air	PN	847	
云南祥鹏航空有限责任公司	Lucky Air	8L	859	
华夏航空股份有限公司	China Express	G5	987	

续表

公司中文名称	公司英文名称	两字代码	数字结算号	公司标志
港澳台地区航空公司				
国泰航空公司	Cathay Pacific Airways	CX	160	
香港航空有限公司	Hong Kong Airlines	HX	851	
澳门航空股份有限公司	Air Macau	NX	675	
中国台湾中华航空股份有限公司	China Airlines	CI	297	
中国台湾长荣航空股份有限公司	EVA Air	BR	695	
中国台湾复兴航空运输公司	TransAsia Airways	GE	170	
华信航空股份有限公司	Mandarin Airlines	AE	803	
立荣航空公司	UNI Air	B7	525	

4."航班号"栏

填写已订妥或已申请座位的航班号。

5."座位等级"栏

填写按旅客要求已订妥或已申请座位的舱位代码。

6."日期"栏

填写乘机日期,分别以两个阿拉伯数字表示日、月,中间用"/"隔开,或用阿拉伯数字表示具体的日、用3个英文字母表示具体月份。12个月份的英文简称,如表2-2所示。例如,1月10日,可以填写为10/01或10JAN。

表 2-2 12 个月份的英文简称

月份	英文简称	月份	英文简称	月份	英文简称
1月	JAN	5月	MAY	9月	SEP
2月	FEB	6月	JUN	10月	OCT
3月	MAR	7月	JUL	11月	NOV
4月	APR	8月	AUG	12月	DEC

7. "离站时间"栏

根据订座终端显示旅客所乘航班的离站时间填写，用 24 小时制表示，如 0800、1830。

8. "订座情况"栏

用下列代码填写出售客票时相关航段的订座情况。

（1）OK：座位已订妥。

（2）RQ：已经订座但未获得证实或列入候补。

（3）NS（NO SEAT）：不单独占用座位的婴儿。

（4）SA：利用空余座位。

如果旅客所购客票包括不定期航段，那么应在订座记录各栏（包括"航班号""日期""时间""订座情况"）内填写"OPEN"字样，在"座位等级"栏内填写适用的舱位代码。如果有多余乘机联，那么应在订座记录各栏内填写"VOID"字样。

9. "票价级别/客票类别"栏

本栏填写旅客所付票价类别的限定代码。经济舱儿童票价填写"YCH"字样，经济舱婴儿票价填写"YIN"字样。

10. "客票生效日期"和"有效截止日期"栏

当填开的客票有效期为一年，且不能与其他客票连用，或所填开的客票不是根据其他客票换开时，本栏不必填写。

当所使用的票价对最短停留时间和失效期有特殊限制时，本栏必须填写，按日、月的顺序填写生效或截止日期，如 05JAN、21JUL。

11. "免费行李额"栏

根据旅客所持客票的票价类别和座位等级分别填写规定的免费行李额，以 kg 计填。头等舱为 40kg，公务舱为 30kg[①]，高端经济舱、普通舱为 20kg；按相应舱位付儿童票价的未成年旅客，和成人享有相同的免费行李额；按成人票价的 10% 付费的婴儿，无免

---

① 2010 年"两舱"价格改革之后，国内航空公司在调整两舱价格的同时，也对两舱免费行李额做了调整，调整标准不一，具体详见各航空公司网站。

费行李额，但可免费托运一辆可折叠婴儿车。当然，不同航空公司在不同的航线和不同时间段的免费行李额均有所差异。

12. "交运行李"、"件数"和"重量"栏

旅客在办理乘机手续时，由值机人员填写交运行李的总件数和总重量。

13. "票价计算"栏

填写完整的票价计算过程。一联票不需填写此栏，二联票填写相应的直达票价或分段相加票价。例如，旅客购买了广州—上海、上海—北京的联程机票。其中，第一段是南航的航班，票价为1280元；第二段是东航的航班，票价为1130元；在"票价计算"栏内应填写 CAN CZ SHA1280.00Y MU PEK1130.00Y TOT2410.00END 或 CAN CZ SHA1280.00Y MU PEK1130.00Y CNY2410.00END。

14. "票价"栏

填写一本客票或连续客票的全航程票价总额，金额前加"CNY"字样。

15. "实付等值货币"栏

以人民币支付，本栏可以不填；以旅费证（MCO）支付或根据预付票款（PTA）换开客票，填写支付 MCO 或 PTA 的外币代码，按银行卖出价（BSR）将人民币票价折算成所付货币的金额。

16. "税款"栏

填写税款代码和实付的货币代码、总金额，本栏的货币代码应与"实付等值货币"栏相同，如果"实付等值货币"栏空白，则与"总数"栏相同。

17. "总数"栏

填写实收票款、税款的货币代码和总金额。如果换开客票需补收差额，那么本栏填写补收的货币代码和差额，后跟"A"字样，A 表示补收。

18. "付款方式"栏

根据付款方式填写本栏，以现金或旅行支票支付填写 CASH、以信用卡支付填写 CC、以支票支付填写 CHEQUE、以客票换开填写 TKT、以旅费证支付填写 MCO、以预付票款通知支付填写 PTA。

在换开客票需补收差额时，填写原客票的付款方式和新的付款方式。如果的确填写不下，填写新的付款方式。

19. "连续客票"栏

当全航程需要使用几本客票时，必须选用联数相同、号码连续的客票。填开时，按号码顺序填开，并在每本客票的"连续客票"栏内列明第一本客票的全部客票号码，然后按顺序加列其他所有客票号码中最后两个数字，每本客票的号码用"/"隔开。例如，填开国航三本连续客票 999-1036098860、1036098861、1036098862，在本栏填写

999-1036098860/61/62。

20．"换开凭证"栏

填写凭以换开客票的原客票、旅费证或预付票款通知的票证号码（包括承运人的票证代码、票证序号，但不包括检查号）。

21．"原出票"栏

当客票根据原客票换开时，本栏按下列规定填写。

（1）应在所填开的新客票本栏内填入被换开客票的全部号码、地点和出票日期，以及出售该客票的空运企业或代理人的数字代码。本栏所填写的内容也可作为原出票人签转权利的证明。

（2）如果在原始票证的相同栏内已有填注，应将签注的内容转抄至新开客票的本栏内。

22．"签注"栏

填写、使用整本客票或某一张乘机联需要特别注意以下事项。

（1）将客票的有关乘机联签转给其他承运人时，可在本栏按照签转规定加以注明，或使用签转图章。

（2）如果客票不允许签转，需要在本栏内填写"不得签转"字样。

（3）签注对客票使用者的限制规定。

（4）签注对客票有效期的延长。

（5）签注旅客使用优惠票价的旅行限制。

（6）签注航班的订座情况。

（7）团体旅客的免费行李额在合并计算时，应在本栏注明"GV"代码，并在代码后面注明团体旅客的人数，如 GV16。

（8）客票"签注"栏的背面没有复写油墨，签注的事项只适用于填写的乘机联，如涉及全本客票，应当在各联的本栏内分别填注。

（9）填写批准享受特殊优待票价的文件或优待证明代码，如南航优 B0008。

23．"出票日期和地点"栏

填写出票日期和地点，并由经手人在"出票人"栏内签字，加盖业务用章。盖章和签字必须清晰，易于辨认。未盖业务用章的客票一律视作无效。

24．"订座记录编号"栏

将旅客的订座记录编号填入本栏。

25．"旅游编号"栏

在填开个人或团体综合旅游票价的客票时，在本栏内填写综合旅游的正式编号，无编号可不填。

26. "填开单位"栏

印制或打印客票所属航空公司的全名称，包括中英文名称。

三、国内客票使用的一般规定

（一）订座的一般规定

（1）所有开放航班都可以接受旅客预先订座，但应规定订座的出票时限。对优惠运价可以附有限制或排除旅客预先订座的条件，如机场取票、利用空余座位等。

（2）接受订座后，班期、时刻如有变更，应及时通知旅客或订座单位，并对继续旅行旅客的座位予以证实。

（3）对重要旅客[①]的订座，应优先安排。

（4）不定期客票在订妥座位后才能使用，否则按候补处理。

（5）对于非自愿改变航程的旅客，在航班有可利用座位的条件下，优先订座。

（6）当旅客没有按承运人的规定使用已经订妥的座位，也未告知承运人有关部门时，承运人可以视情况取消旅客所有已经订妥的后续航程和回程座位。

（二）客票的一般规定

（1）客票是航空公司和客票所列姓名的旅客之间运输合同的初步证据。

（2）客票为记名式，只限客票上所列姓名的旅客本人使用，不得转让和修改，否则客票无效，票款不退。

（3）持纸质客票的旅客，未能出示根据航空公司规定填开的包括所乘航班的乘机联及所有其他未使用的乘机联和旅客联的有效客票，无权要求乘机。旅客出示残损纸质客票或非本航空公司或其销售代理人更改的客票，也无权要求乘机。目前纸质客票已经非常少见，在极少数情况下，航空公司可能会填开纸质客票给特殊的旅客。

（4）持电子客票的旅客应有一张以旅客的姓名及有效身份证件填开的有效电子客票，否则无权要求乘机。

（5）客票的乘机联（纸质客票）必须按照客票上所列明的航程，从始发地点开始按顺序使用。未按顺序使用的乘机联，航空公司将不予接受。电子客票虽然没有乘机联，但是也必须按照客票上所列明的航程，从始发地点开始按顺序使用。

（6）旅客在我国境外购买的用于纯国内航空运输的国际客票，必须换开成国内客票后才能使用。含有国内航段的国际联程客票，其国内航段的乘机联可直接使用。

（7）每一位旅客，包括婴儿、儿童或团体旅客，都要单独持有一本客票。

（8）每本客票的乘机联必须列明舱位等级，订妥座位后方可接受运输。对未订妥座位的乘机联，航空公司或其销售代理人应按旅客的申请，根据适用的票价和所申请航班

---

① 后文有关于重要旅客的叙述。

的座位可利用情况为旅客预订座位。

(9) 当客票上列明的旅客不是该客票付款人时，应根据付款人的要求在客票上的"签注"栏列明退票限制条件，如退票款仅退给付款人或指定人等。

(10) 旅客应在客票的有效期[①]内，完成所列明的全部航程。

(三) 票价的一般规定

(1) 客票价又称票价，是指旅客由始发地机场至目的地机场的航空运输价格，不包括机场与机场之间、机场与市区之间的地面运输费用。客票价按价格水平可分为普通票价和优惠票价两大类。

(2) 普通票价是指对外公布的、不受特殊条件限制的单人单程成人经济舱全额票价，以及按照各舱位等级票价的一定百分比计算的头等舱、公务舱、儿童和婴儿票价。

(3) 优惠票价是指不属于普通票价的其他票价。

(4) 国内航空公司公布的票价，以单个成人旅客为对象，适用于直达运输。如旅客要求经停或转乘其他承运人的航班或交通工具时，除航空公司另有规定外，应按实际航程分段相加计算票价。

(5) 适用票价为旅客开始乘机之日适用的票价。客票售出后，如票价调整，票款不做变动。若旅客要求退还差价，处理时应先按自愿退票处理，然后另按新票价重新购票。退票时根据退票的有关规定收取退票手续费。

(6) 购买优惠票价机票的旅客，应符合该优惠票价规定的条件。

(7) 旅客应使用人民币交付票款和费用，除与承运人另有协议外，票款一律现付。

(8) 票价以人民币10元为计算单位，承运人收取或支付的其他任何费用以人民币1元为计算单位，尾数一律四舍五入。

(9) 政府或者其他有关部门或者机场经营者、承运人因向旅客提供服务设施而按规定征收的税款或费用不包括在适用票价之内，由承运人代为收取。国内运输涉及机场建设基金和燃油附加费。机场建设基金根据干线运输和支线运输分为人民币50元和免费两种，燃油附加费根据国际原油价格定期变化。

(四) 售票的一般规定

(1) 纸质客票售票人员应凭"票证领取单"领取空白票证，与财务人员当面点清数量，核对票证号码、数量无误后，双方签字，领取的票证须妥善保管，每日清点并做好交接工作。如有遗失，应及时上报。

(2) ICS[②] 电子客票售票人员应每日检查虚拟打票机的当前库存票量。如发现库存

---

① 客票有效：指普通票价的客票自旅客开始第一段旅行之日起，一年内运输有效。第一航段未使用（包括全部未使用）的客票或不定期客票（OPEN票），自客票填开之日起，一年内运输有效。如果已使用的定期客票第一航段旅行日期发生变更，有效期应按第一段的旅行实际开始日期计算，一年内运输有效。

② ICS（Inventory Control System）：编目航班控制系统，这是航空公司人员使用的订座系统。ICS电子客票即航空公司本票电子客票。

票量不足以满足当日销售需求时，提前凭"票证领取单"，经部门领导审批签字后，向财务部门领取 ICS 电子客票票号。

（3）BSP[①]电子客票售票人员应向国际航协申请票号，在国际航协的 ASD（Air Service Desk）网站上下载《BSP 电子客票用量申请表》。

（4）售票人员应告知旅客应提供与乘机有效身份证件信息一致的旅客姓名及身份证件信息，认真核实旅客的有效身份证件和所填的购票单，内容一致后，方可进行订座。旅客订座记录中的旅客姓名及身份证件信息应准确无误。

（5）对购买优惠票价的旅客，售票人员应特别提醒旅客该类优惠票价客票的适用条件及限制。

（6）按照旅客购票单上要求的航程、航班、乘机日期、舱位，建立完整的 PNR[②]，将 PNR 编号和其他内容填入购票单。如为重要旅客、特殊旅客订座，必须在 PNR 内的其他服务信息（OSI）项目中注明旅客的身份，用特殊服务记录（SSR）注明所要求的特殊服务。

（7）按照 PNR 的内容填开或打印客票。手工填开客票要求字迹清晰、内容完整、代码规范，并按客票号的顺序使用客票。填开客票后，将客票号码填入旅客购票单"客票号码"栏内。

（8）针对纸质客票，应将已填写好或已打印好的客票会计联、出票人联及作废的乘机联撕下。将纸质客票的会计联、作废乘机联、填制或打印的销售日报和票款一并交给财务人员核查。

（9）针对电子客票，应根据旅客的需要，打印行程单交给旅客。

（10）将客票交给旅客时，应提醒旅客核实客票上填开的内容，如旅客的姓名、航程、航班、乘机日期、时间等是否正确，以及客票的使用限制条件。

（11）提示旅客搭乘的航班起飞时间、截止办理乘机手续的时间等，以免造成旅客误机。对已购买电子客票并已打印行程单的旅客，应告知旅客妥善保管，以便在发生退票时，凭此办理相关手续。

（五）客票变更与签转的一般规定

（1）旅客购票后，如要改变航班、日期，应按照现行承运人关于其客票的适用条件及优惠票价使用的相关规定办理。

（2）旅客购票后，如要求改变舱位等级或运价，在航班有可利用座位和时间允许的情况，予以办理；如从较低等级舱位变更至较高等级舱位或从较低运价改为较高运价，此时需向旅客收取票价价差。

---

① BSP（Billing and Settlement Plan）：开账与结算计划，是根据航空运输销售代理业发展的需要，由国际航空运输协会（IATA）建立的一套高效、可靠、统一、规范的专业化销售结算系统。其基本含义是使用统一规格的运输凭证进行销售，按照统一标准的计算机程序填制销售报告。BSP 电子客票即中性电子客票。

② PNR（Passenger Name Record）：旅客订座记录，反映了旅客的航程、航班、座位占用的数量及旅客信息。

（3）旅客购票后要求从较高等级舱位变更至较低等级舱位或从较高运价改为较低运价，应先将原票按自愿退票规定办理，再按变更后的舱位或运价重新购票。

（4）旅客购票后欲改变航程或乘机人，应先将原票按自愿退票规定办理退票，再根据新航程或新乘机人姓名重新购票。

（5）承运人只有满足下列条件之一，才有权将客票签转给其他承运人。

① 该承运人是填开客票的承运人。

② 该承运人是在要求签转的乘机联"承运人"栏中指定的承运人。

③ 该承运人是机票"原出票（ORIGINAL ISSUE）"栏中注明的原始出票承运人。

（6）旅客自愿要求变更承运人，在符合下列全部条件下予以签转：

旅客使用的票价无签转限制。应检查客票"签注"栏是否注明"不得签转"、"NONEND"（或 NON－ENDORSABLE）、"VALID ON ××（承运人两字代码）"或"不得更改"等有关签转的限制。如有上面所述的限制，不能办理自愿签转。如在特殊情况下需要办理签转，必须取得有权签转客票的承运人的书面传真或电报授权后方可为旅客办理签转。

旅客要求变更的承运人与原承运人签有联运协议，则可以相互填开或接收票证。

（7）旅客非自愿改变承运人，在征得有关承运人的同意后，方可办理签转手续。

（8）有权办理签转手续的部门：承运人直属售票处和地面服务值机部门，以及承运人特别授权的销售代理和地面服务代理。

（六）退票的一般规定

（1）由于承运人未能按照运输合同提供运输或旅客要求自愿改变其旅行安排，对旅客未能使用的全部或部分客票，承运人应按规定办理退票。

（2）旅客要求退票，应在开始旅行之日起（客票第一航段未使用的，从填开之日起）有效期内提出且客票未被使用，方可办理。

（3）持有纸质客票的旅客，除遗失客票的情形外，必须凭客票未使用的全部乘机联和旅客联，方可办理退票。

（4）已打印行程单的旅客，必须凭行程单办理退票。行程单遗失后要求退票的，在承运人对该行程单执行作废操作，乘客填写"航空运输电子客票行程单遗失声明"作为"国内客运退票、变更收费单"的附件后，方可进行退票。

（5）承运人向客票上列明姓名的旅客本人办理退票。当客票上列明的旅客不是该客票的付款人，并且客票上已列明了退票限制条件时，应按列明的退票限制条件将票款退给付款人或其指定人。

（6）旅客退票应出示本人的有效身份证件；如退票受款人不是客票上列明的旅客本人，应出示旅客及退票受款人的有效身份证件。

（7）旅客非自愿退票，可在原购票地、航班始发地、经停地、终止旅行地的承运人售票处或引起非自愿退票事件发生地的承运人授权的销售代理人处办理。

（8）旅客自愿退票，应在下列地点办理。

① 在出票地要求退票，只限在原购票地办理。

② 在出票地以外要求退票，可由当地的承运人直属售票处或经承运人特别授权的代理人处办理，特殊产品客票如另有退票地限制规定的除外。

③ 持不定期客票和团体票价客票的旅客自愿退票，仅限在原购票地点办理。持优惠票价客票的旅客应按该优惠票价的限制办理退款。

（9）旅客在国外购得的纯国内段机票，旅客要求退票时，应按以下规定办理。

① 在换开成国内客票前，如旅客要求退票，必须在原出票地办理退款；但旅客在承运人驻外办事处购得的纯国内段机票，可在承运人国内售票处申请人民币退票；如旅客要求以原付货币退款，则由原出票地退款。

② 在换开成国内客票后，客票全部或部分未使用而要求在国内退票时，旅客在承运人驻外办事处购得的纯国内段机票，可在承运人国内售票处申请退票。

③ 外航在境外填开的纯国内段机票，可在原换开地点办理人民币退款，如要求以原付货币退款，填开用于退款的 MCO 给旅客，使其回原出票地办理退款。

第二节 民航特殊旅客及其购票的规定

一、民航特殊旅客概述

民航特殊旅客是指在民航运输过程中需要给予特殊礼遇或由于其身体和精神状况需要给予特殊照料，或在一定条件下才能运输的旅客。民航特殊旅客的情况比较复杂，不可能把所有运输的条件、手续和注意事项一一列举，但是如果处理稍有疏忽，极易造成不良影响或损害其他旅客利益，甚至会危及飞行安全。各有关部门在办理民航特殊旅客运输时，必须认真负责地按照有关规定，根据具体情况谨慎、细致地处理。

关于民航特殊旅客的运输办法，一般由各空运企业自行制定。因此，凡是接受需要与其他空运企业联运的特殊旅客，必须事先取得各有关承运人的同意，并遵照各空运企业提出的要求办理。有权办理民航特殊旅客购票的一般是承运人的直属售票处或其授权代理人。

如果旅客的行为、年龄、身体和精神状况不适合航空旅行，或使其他旅客感到不舒适或反感，或对其自身、其他人员、财产可能造成任何危险或伤害，承运人可以根据自己合理的判断，拒绝运输这类旅客及其行李。

从大的范畴来分，特殊旅客可以分为以下三大类。

（一）重要旅客

重要旅客主要包括省部级（含副职）以上的负责人；各大军区级（含副职）以上的

负责人；公使、大使级外交使节；由各部委以上单位或我驻外使、领馆提出要求按重要旅客接待的客人；航空公司认为需要给予此种礼遇的旅客，包括航空公司所在城市的副市长及以上级别负责人，以及航空公司各分公司或营业部根据实际情况确定需要给予此种礼遇的旅客等。

（二）限制运输旅客

病残旅客、婴儿及有成人陪伴儿童、无成人陪伴儿童/无成人陪伴青少年、孕妇、盲人、聋人、醉酒旅客、特殊老年旅客、犯罪嫌疑人等特殊旅客，必须在订座时提出申请，只有在符合承运人规定的条件下，经承运人预先同意并在必要时做出安排后方可乘机。

由于特殊旅客需要特殊的照顾和服务，可能会影响对同一航班其他旅客的服务，因此每个航班对接收的各类特殊旅客（除重要旅客外）的人数应进行一定的限制。对特殊旅客接收人数的控制由航班的座位控制部门负责。

（三）拒绝运输旅客

近几年来，因为航空公司拒载导致的危机事件时有发生。航空公司出于安全原因或根据自己合理的判断，认为属于下列情形之一时，有权拒绝运输旅客及其行李。

（1）国家的有关法律、政策规定和命令禁止运输的。

（2）旅客不遵守国家的法律、政策规定和命令，或不遵守航空公司的规定。

（3）旅客拒绝接受政府、机场和航空公司的安全检查。

（4）旅客未能出示国家的法律、政策规定、命令、要求或旅行条件所要求的有效证件。

（5）旅客拒绝遵守、执行机组成员或经授权的航空公司工作人员发出的、航空公司制定的出口座位限制的指示。

（6）不听从机组人员指挥。

（7）由于身体残疾，且适合于该残障人士的唯一座位是出口座位。

（8）由于天气或其他不能控制的原因，航空公司必须采取的行动。

（9）旅客未支付适用的票价、费用和税款或未承兑其与航空公司或有关承运人之间的信用付款。

（10）旅客出示的客票是非法获得或不是在出票承运人或其销售代理人处购买的，或属已挂失或被盗的，或是伪造的，或不是由承运人或其销售代理人更改的乘机联或乘机联被涂改。

（11）出示客票的人不能证明本人即是客票上"旅客姓名"栏内列明的人。

（12）怀孕超过9个月（36周）的孕妇。

（13）未满14天的新生儿。

（14）旅客的行为、年龄、精神或身体状况不适合航空旅行，或使其他旅客感到不舒适或反感，或对其自身或其他人员或财产可能造成任何危险或危害。

（15）已知患严重的传染性疾病，且无法出具其已采取必要的预防措施防止传染他人的医疗证明。

（16）承运人认为，该旅客的身体或精神条件有可能使其在没有乘务员的帮助下，无法理解或执行安全指示。

（17）心智不健全，其行为可能对自身、机组成员或其他旅客造成危险。

（18）有醉酒或吸毒迹象者。

（19）是或像是中毒者。

（20）要求静脉注射者。

（21）有非因残疾或疾病发出的异味。

（22）穿着打扮可能令其他旅客感到不适。

（23）不符合旅客运输安全规定的担架旅客。

（24）旅客可能在过境国寻求入境，或可能在飞行中销毁其证件，或旅客不按承运人要求将旅行证件或该证件的复印件交由机组保存。

（25）不管是否有意，做出可能危及飞机或机上乘客安全的任何行为。

二、民航特殊旅客购票规定

（一）重要旅客购票规定

1. 重要旅客分类

（1）最重要旅客（Very Very Important Person，VVIP）通常是指我国党和国家领导人、外国国家元首和政府首脑、外国国家议会议长和副议长、联合国秘书长等。

（2）一般重要旅客（Very Important Person，VIP）通常是指政府部长，省、自治区、直辖市人大常委会主任，省长，自治区人民政府主席，直辖市市长和相当于这一级的党、政、军负责人；外国政府部长；我国和外国政府副部长，以及相当于这一级的党、政、军负责人；我国和外国大使；国际组织（包括联合国、国际民航组织）负责人；我国和外国全国性重要群众团体负责人；两院院士等。

（3）工商界重要旅客（Commercially Important Person，CIP）通常是指工商业、经济和金融界等重要、有影响的人士。

2. 重要旅客售票要求

售票部门在接受重要旅客订座时，应要求经办人详细填写"旅客订座单"，并问清其职务、级别和所需要提供的特殊服务，填写"VIP旅客信息记录单"（见表2-3）。征求旅客本人或其公司和接待单位的意见，如愿意向航空公司和其他有关承运人公开身份的，应在计算机订座系统的旅客订座记录的"其他服务信息"项目中注明重要旅客的身份、职务和特殊服务要求。

表2-3　VIP旅客信息记录单

××航空公司VIP旅客信息记录单	
乘机时间	年　月　日　时　分
航班号	
航线	
姓名	
职务	
等级	国家级（　　）公司级（　　）
随行人员	
联系电话	
记录编号	
通知人	电话：
记录人：	
	年　月　日

座位控制部门对重要旅客的订座要求，应优先予以保证，并及时在旅客订座记录中予以证实或给对方拍发答复电报；重要旅客需要预订联程、回程座位及其他服务时，要及时向联程、回程站或有关承运人订座。如果重要旅客所乘坐的航班发生变更，要尽早通知重要旅客的接待单位，做出妥善安排。有重要旅客乘坐的航班，严禁犯罪嫌疑人、精神病人乘坐。各部门要严格把关，并通知货运部门，严禁在该航班上装载危险物品。重要旅客乘坐其他承运人的航班，其订座手续和要求的特殊服务，应按有关承运人的规定办理。注意保密工作，对需要保密的重要旅客的乘机动态，尽量缩小知密范围。

（二）病残旅客购票规定

1. 病残旅客分类

病残旅客是指由于身体或精神上的缺陷或疾病，自理能力不足，需要他人帮助照料的旅客。如果旅客年事甚高且自理能力不足，即使该旅客没有疾病，也应作为该类特殊旅客处理，给予特殊服务。

通常而言，身体患病的旅客、精神病人（代码MEDA），肢体伤残的旅客、失明旅客（代码BLND）、担架旅客（代码STCR）、轮椅旅客和需要使用机上氧气设备的旅客等都属于病残旅客。其中，需要轮椅的旅客或伤残旅客依据保障程度可划分为以下三类。

（1）客舱轮椅旅客（代码WCHC）。此类旅客尽管能在座位上就座，但完全不能动弹；并且前往/离开飞机或移动式休息室时需要轮椅，在上下客梯和进出客舱座位时需要背扶。此类旅客的服务起止于客舱座位。

（2）客梯轮椅旅客（代码WCHS）。此类旅客可以自己进出客舱座位，但上下客梯时需要背扶，远距离前往/离开飞机或移动式休息室时需要轮椅。此类旅客的服务起止于客梯。

（3）停机坪轮椅旅客（代码 WCHR）。此类旅客能够自行上下客梯，并且在机舱内可以自己走到自己的座位上去。但远距离前往/离开飞机时，如穿越停机坪、站台或前往休息室，需要轮椅。此类旅客的服务起止于客机停机坪。

2. 病残旅客乘机条件

一般情况下，国内承运人接受病残旅客的条件主要包括以下几种。

（1）医疗证明或诊断证明书（见图2-2）。医疗证明或诊断证明书一式三份：医疗证明或诊断证明书需由县、市级或相当于这一级的医疗单位填写旅客的病情及诊断结果，并经医生签字、医疗单位盖章。如需使用机上氧气设备，还需注明旅客所需氧气的流量。

医疗证明或诊断证明书必须包括防止该疾病或传染病扩散所必须遵守的条件，且在航班起飞前96小时以内填开的方为有效，病情严重的，则应在航班起飞前48小时以内填开。

（2）特殊旅客（病残）乘机申请书（见图2-3）。病残旅客需填写"特殊（病残）旅客乘机申请书"一式三份，以表明如果旅客在旅途中病情加重、死亡或给其他人造成伤害时，由申请人承担全部责任。

"特殊旅客（病残）乘机申请书"应由旅客本人签字，如本人书写困难，也可由其家属或监护人代签。

（3）病残旅客售票。为病残旅客填开客票前，应检验旅客的"医疗证明或诊断证明书"是否齐备、有效。客票填开后，"医疗证明或诊断证明书"和"特殊旅客（病残）乘机申请书"应附在客票各有关联上。

"医疗证明或诊断证明书"：一份附在出票人联上，由售票部门保存；一份附在乘机联上，交给机场值机部门；一份附在旅客联上，交给旅客留存。

同时在客票各联的"签注/限制"栏内注明"MEDICAL CERTIFICATE ATTACHED TO THE TICKET COVER"。

"特殊旅客（病残）乘机申请书"：一份附在出票人联上，由出票部门留存；一份附在乘机联上，交给机场值机部门；一份附在旅客联上，交给旅客留存。

对于购买电子客票的旅客，"医疗证明或诊断证明书"和"特殊旅客（病残）乘机申请书"由出票部门各留存一份，其余交付旅客，并告知旅客在办理乘机手续时交给机场值机部门。

病残旅客的票价，除担架旅客按经济舱普通票价计算外，其他旅客可使用优惠票价。

诊断证明书

1. 旅客姓名：_____ 2. 年龄：_____ 3. 性别：_____
4. 住址（或工作单位）：_____ 5. 电话：_____
6. 航程：航班号_____ 日期____月____日 自____至____
   联程：航班号_____ 日期____月____日 自____至____
7. 诊断结果：_____
8. 症状、程度、予后（如系孕妇注明预产期）：_____
_____

[注]（1）上述第7、8项内容填写，需简单、明确。
（2）下述表格中提供的内容，供机上服务员在飞行途中为病残旅客提供必要的服务时作为参考。

程度 症状	无	轻度	中等	严重	备注
贫血					
呼吸困难					
疼痛					
血压					

9. 附注：（如有膀胱、直肠障碍或在飞行中需特殊餐食及药物医疗处理情况等，请予以列明）
_____

10. 需要何种乘坐姿势（将下列适用的项目用"○"圈起）

乘坐姿势		1. 使用机上一般座椅	2. 使用机上担架设备
陪伴人员		医生 护士 其他人员（具体列明）	不需要
上下飞机时	轮椅	要	不要
	担架	要	不要
救护车		要	不要

已参阅背面的参考资料，我院诊断认为：该旅客的健康条件在医学上能够适应上述航空旅行的要求，无传染疾病，无生命危险，也不会对其他旅客造成不良影响。

医师：_____ 电话：_____
　签字　　　　　　　　　　　　医疗单位（盖章）
　　　　　　　　　　　　　　　　年　　月　　日
经办人姓名：_____

图2-2　医疗证明或诊断证明书范例

中国××航空公司
特殊旅客（病残）乘机申请书

中国××航空公司_____售票服务处：

　　为乘坐中国××航空公司下列航班，我愿声明如下——鉴于我个人的健康状况，在旅途中由此给本人或其他人造成身体上的损害或死亡，完全由我个人承担责任及损失，并保证不向中国××航空公司及所属工作人员或代理人要求赔偿或提出诉讼。

旅客姓名：		
住址（或单位名称）：		
航班号/日期：	始发站：	到达站：

健康状况：
（附医疗证明/诊断证明书）

另注： 为确保旅客安全运输，旅客到达机场后需要接受工作人员的检查，视其身体实际状况，我公司保留旅客到达机场后拒绝其登机的权利。

旅客签字：_____
年　　月　　日

图 2-3　特殊旅客（病残）乘机申请书范例

（4）病残旅客的运输人数限制。由于病残旅客需要特殊的服务和照顾，所以对每个航班载运此类旅客的人数应进行限制（见表2-4），以免影响对其他旅客的服务。每个航班对没有陪伴人员、但需要他人协助的病残旅客的人数也应进行一定限制（残疾人运动会等特殊期间除外）。

表2-4　航班病残旅客人数限制

航班座位数量	限制人数	航班座位数量	限制人数
51~100	≤2	201~400	≤6
101~200	≤4	400以上	≤8

载运病残旅客人数超过上述规定时，应按1:1的比例增加陪伴人员，但病残旅客人数最多不得超过上述规定的一倍。除特别批准外，原则上每个航班只限载运1名担架旅客，担架旅客在乘机时应至少有一名医护人员或家属陪同。如果航班上接收了担架旅客，则不再接收其他病残旅客。载运残疾人团体时，在按照5:1的比例增加陪伴人员、按照10:1的比例增加客舱乘务员配置的前提下，可以增加残疾人的乘机数量。由于残疾人团体乘机人数增加对客舱乘务员的人数配置有相应要求，因此地面服务保障部门在收运残疾人团体时，必须报经运行控制部门核实。

（三）担架旅客购票规定

担架旅客属于病残旅客范畴，但是由于其特殊性，航空公司在运输时都有特别的规定。

（1）担架旅客的订座不得迟于航班起飞前72小时。特殊情况下，在航班起飞前72小时内的担架旅客的申请如果得到航班运行管理部门可安排的答复，那么也可接收。

（2）在接受担架旅客订座时，航空公司工作人员一般应先向航班运行管理部门询问担任旅客所申请航班任务的飞机能否拆座，未得到肯定答复时，不能对旅客做出任何承诺。

（3）担架旅客必须至少由一名医护人员陪同旅行。经医生证明，病人在旅行途中不需要医务护理时，也可由其家属或监护人员陪同旅行。

（4）担架旅客只能安排经济舱载运，安置担架附近的空余座位，如前一排或相邻一列座位，一般不再售票。关于担架占用的座位数额（包括陪伴人员）及在机舱内的位置，应与始发站生产调度或航班运行管理部门联系。座位控制部门在为担架旅客证实或取消订座时，应及时锁定或释放机上的相邻座位数。

（5）适用票价规定。担架旅客的票价，由担架旅客的个人票价和担架附加票价两部分组成。

个人票价按一个经济舱的公布普通票价计收，不得使用优惠票价或折扣票价（儿童折扣除外）。

不论安放担架需要占用多少座位，担架附加票价均按下列办法计收：对旅客使用担架的航段，加收五个成人单程经济舱普通票价（不另加收税费）；如旅客取消行程，担架附加票价全退；陪伴人员票价根据实际乘坐的座位等级适用票价计收。担架旅客的免费行李额为120kg，陪伴人员的免费行李额则按所付票价的座位等级计算。

（四）盲人旅客购票规定

盲人旅客属于病残旅客范畴。盲人旅客由年满18周岁且有民事行为能力的成人旅客陪伴同行，则可以按普通旅客接收。无成人陪伴的盲人旅客可以分为以下两种。

1. 有导盲犬引路的盲人旅客

（1）盲人旅客携带导盲犬，必须在申请订座时提出，经承运人同意后，方可携带。如为联程运输，应取得有关承运人的同意后方可携带。

（2）符合运输条件的导盲犬可以由盲人旅客免费携带并带入客舱运输，或单独装进货舱运输。

（3）旅客必须自己能走动，有照料自己的能力，在进食时，无须他人帮助。

（4）盲人旅客携带导盲犬应提供有关国家的动物入境或过境证明，以及必要的检疫证明。盲人旅客在申请订座时，应向承运人出示此种证明。

（5）导盲犬在运输途中受伤、生病、死亡，均由盲人旅客自行负责。

（6）盲人旅客在客舱内携带的导盲犬需要在上机前戴上口套、系上牵引的绳索，并应伏在盲人旅客的脚边，不得在客舱内占用座位或任意跑动。

（7）在飞机飞行中，除可给导盲犬少量饮水外，禁止喂食。如航程较长，需要在中途喂食，应在经停站地面饲喂。饲喂的食物需由盲人旅客自备。

（8）每个航班的客舱内只能装运一只导盲犬。盲人旅客携带的导盲犬如需放在货舱内运输，其包装要求等应按《货物运输手册》的规定办理。

2. 无成人陪伴和无导盲犬引路的盲人旅客

（1）无成人陪伴和无导盲犬引路的盲人旅客必须自己能够走动，有照料自己的能力，在进食时，无须他人帮助。

（2）无成人陪伴和无导盲犬引路的盲人旅客乘机，在始发站应由家属或其照料人协助办理乘机手续；在到达站，应由盲人旅客的家属或其照料人在到达地点予以迎接。

（3）订座时，应由无成人陪伴和无导盲犬引路的盲人旅客的家属或其照料人填写一式两份特殊（无成人陪伴和无导盲犬引路的盲人）旅客乘机申请书。

（4）在联程运输时，应征得各有关承运人的同意。

（五）无成人陪伴儿童购票规定

无成人陪伴儿童（代码：UM）是指年满5周岁但未满12周岁且没有年满18周岁且有民事行为能力的成人旅客陪伴乘机的儿童。这一类旅客必须办理无成人陪伴儿童运输的相关手续，航空公司方可接受运输，且多数航空公司只接收直达航班的无成人陪伴儿童运输。年龄在5周岁以下的无成人陪伴儿童，一般不予承运。

1. 无成人陪伴儿童乘机条件

无成人陪伴儿童应由儿童的父母或监护人陪送到乘机地点，并在儿童的下机地点安排人员予以迎接和照料，并提供接送人的姓名、地址和联系电话。

无成人陪伴儿童的承运必须在订座时预先向始发站承运人的售票部门提出，其座位必须根据承运人的相关承运规定得到确认。

航空公司一般仅接受不换机情况下的无成人陪伴儿童的运输。运输的全航程包括两个或两个以上航段时，不论是由同一个承运人还是由不同的承运人承运，在航班经停站，应由儿童的父母或监护人安排人员予以接送和照料，并应提供接送人的姓名、地址和联系电话。

无成人陪伴儿童的父母或监护人因在上述航班经停站安排人员接送有困难，而要求由承运人或在当地雇请服务人员照料儿童时，应预先提出并经航空公司同意后，方可委托运输。

无成人陪伴儿童的父母或监护人应向承运人提供在航班到达站安排的接送人的姓名、地址和联系电话，售票人员应向接送人核实后方可接受订票。

2. 无成人陪伴儿童售票规定

（1）无成人陪伴儿童售票的权限一般属于承运人的直属营业部，一般代理人无此权限。无成人陪伴儿童的运输应预先提出申请。当售票或订座部门接到无成人陪伴儿童的订座申请时，应请无成人陪伴儿童的父母或监护人填写一式两份的"无成人陪伴儿童乘机申请书"（见图2-4）。各航班对无成人陪伴儿童申请订座或购票的人数管理由该航班的控制部门负责监控和管理。无成人陪伴儿童需要另派服务员随机陪伴时，应由座位控制部门预留座位。

（2）5周岁（含）以上至12周岁以下的无成人陪伴儿童，其票价按相应的儿童票价计收。无成人陪伴儿童的父母或监护人，如要求承运人另派服务员随机陪伴儿童旅行，应预先提出，经承运人同意后，方能委托运输。如需另派服务员随机陪伴时，还应加收成人普通票价50%的服务费用，通过填开"国内客运退票、变更收费单"收取。如无成人陪伴儿童需要在航班经停站雇用当地服务人员照料时，所需服务费用应按该服务部门的规定收取，通过填开"国内客运退票、变更收费单"收取。

无成人陪伴儿童客票的填开，除按一般规定外，在"旅客姓名"栏内填写无成人陪伴儿童姓名，在姓名后应加"UM"字样，后跟儿童年龄，如MAO/JL UM06。将无成人陪伴儿童父母或监护人填写的一式两份"无成人陪伴儿童乘机申请书"，一份由售票部门留存备查，一份订在客票上交给儿童的父母或监护人，放入"无成人陪伴儿童文件袋"，以备机场工作人员和机上乘务员查验。

	中国××航空	
	CHINA AIRLINE	
	无成人陪伴儿童乘机申请书	
	UNACCOMPANIED MINOR	
	REQUWSTED FOR CARRIAGE—HANDLING ADVICE	

中国××航空公司_____售票处
至：TO_____ 日期DATE_____
儿童姓名NAME OF MINOR_____ 性别SEX_____
出生年月DATE OF BIRTH_____ 年龄AGE_____
航程 ROUTING

自 FROM	至 TO	航班号 FLT NO.	等级 CLASS	日期 DATE

航站 STATION	接送人姓名 NAME OF PERSON ACCOMPANYING	地址、电话 ADDRESS AND TEL NO.
始发站 ON DEPARTURE		
中途分程站 STOPOVER POINT		
中途分程站 STOPOVER POINT		
中途分程站 STOPOVER POINT		
到达站 ON ARRIVAL		

儿童父母或监护人姓名、地址、电话：
PARENT/GUARLIAN—NAME, ADDRESS AND TEL NO._____

图2-4 无成人陪伴儿童乘机申请书范例

3. 无成人陪伴儿童的运输人数限制

由于承运人对无成人陪伴儿童负有责任并需要提供特殊服务和照顾，对同一航班的其他旅客会有一定的影响，因此每个航班运送的无成人陪伴儿童的人数应有一定的限制。除此之外，如果航班上同时接收了人数受限制的病残旅客，原则上无人陪伴儿童的限制人数应减半（减半后不足1的向下取整）。

各航空公司关于本公司机型对无成人陪伴儿童的人数限制有所不同，南航和东航涉及机型及无成人陪伴儿童的运输人数限制如表2-5所示,其他航空公司的限制可以在其网站上查询。

表2-5 涉及机型及无成人陪伴儿童的运输人数限制

航空公司	机型	限制人数	机型	限制人数	备注
南航	B777A	8	A300	8	只有经济舱接受无成人陪伴儿童的运输,头等舱、公务舱、高端经济舱不接受无人陪伴儿童的运输
	B777B	6	MD85/90	5	
	B737/B757	5	A330	6	
	A319/A320/A321	5	ATR72/EMB145	1	
东航	A340	5	A330	4	
	A300	4	A321/320/319	3	
	B767	4	B737	3	
	CRJ	2	EMB145	2	

(六)婴儿及有成人陪伴儿童购票规定

有成人陪伴儿童是指由同舱位的年满18周岁且有民事行为能力的成人旅客陪伴同行的儿童。其票价按相应的儿童票价计收,占有座位并享有所持客票座位等级规定的免费行李额。

婴儿是指旅行开始之日未满2周岁的旅客。婴儿不单独占座位,票价按同行陪护成人所购客票同等物理舱位公布普通票价的10%计收,但每一个成人只能有一个婴儿享受这种票价,超过限额的婴儿应按相应的儿童票价计收,并可单独占用座位。

儿童和婴儿的年龄是指开始旅行时的实际年龄,如儿童在开始旅行时未满规定的年龄,而在旅行途中超过规定的年龄,则无须补收票款。为了保证旅客的安全,出生不超过14天的婴儿不接受乘机。每个航班接收婴儿的人数应少于该航班机型的总排数(EMB/ERJ/ATR机型除外,仅能接受承运5名婴儿)。购买儿童客票(包括婴儿)应提供儿童年龄的证明,如护照、出生证明等。

按相应的儿童票价付费的婴儿和儿童,可享有其所持客票票价等级规定的免费行李额。按成人公布普通票价10%付费的婴儿,按重量计算免费行李额时,有10kg免费行李额,并允许免费携带一辆折叠式婴儿推车或一个摇篮,国内航班不接受机上婴儿摇篮的申请。按件数计算免费行李额时,只能有一件托运行李,其三边之和不得超过115cm,并允许免费携带一辆折叠式婴儿车或推车(尺寸不得超过指定的储藏空间容积)。

(七)孕妇旅客购票规定

1. 孕妇旅客乘机条件

由于在高空飞行时,空气中的氧气成分相对减少、气压降低,因此孕妇运输需要有一定的限制条件。

(1)怀孕32周或不足32周的孕妇乘机,除医生诊断不适宜乘机者外,可按一般旅客运输。

(2) 怀孕超过 32 周的孕妇乘机，一般不予接受运输，如有特殊情况，怀孕超过 32 周但不足 36 周的孕妇乘机，应提供包括下列内容的医疗证明或诊断证明书：旅客姓名、年龄、怀孕时间、旅行的航程和日期、是否适宜乘机、在机上是否需要提供其他特殊照料等。上述医疗证明或诊断证明书，应在旅客乘机前 72 小时内填开，并经县级（含）以上的医院盖章和该院医生签字方能生效。

(3) 怀孕超过 9 个月（36 周），预产期在 4 周以内，或预产期不确定但已知为多胎分娩或预计有分娩并发症者，不予接受运输。

2. 孕妇旅客售票规定

怀孕 32 周至 36 周的孕妇旅客在办理预约前，应先填写一式三份的"特殊旅客（孕妇）乘机申请书"（格式与病残旅客的"申请书"相同），并按上述接受条件检查"医疗证明或诊断证明书"。经检查符合运输条件后，方能办理订座手续。接受承运的孕妇旅客订座应优先办理。孕妇旅客可以使用优惠票价。

（八）精神病人购票规定

近几年，出现了数次因为旅客的精神问题而导致的旅客与航空公司之间的纠纷。航空公司一般规定如下。

(1) 国内航空公司原则上不承运精神病人，特别是在发病期间的精神病人。

(2) 精神病人家属向航空公司提出运输申请时，在获得航空公司认可的医院或医务人员认为病人病情稳定且在采取一定医疗措施后宜乘机旅行的情况下，可以予以承运。

(3) 精神病人运输必须要有能控制病人的人员（三倍于病人）陪同。

(4) 如果精神病人在起飞前需要服用镇静剂，则航程必须在镇静剂作用有效期内完成。

(5) 每个航班可同机承运 3 名（含）以下的精神病人。

(6) 在国务委员、副总理以上重要旅客乘坐的航班上，严禁搭载精神病人。

(7) 精神病人的票价仅适用于普通票价。

（九）其他类型特殊旅客购票规定

特殊旅客除上述特殊旅客外，国内航空公司在航空运输过程中还会将以下旅客视作特殊旅客：无成人陪伴青少年、送返离家出走少儿；有占用客舱座位的自理行李、商业信袋、外交信袋的运输/额外占座等需求的旅客；酒精、毒品、麻醉品旅客；犯罪嫌疑人；警卫人员；传染病人；需要特殊餐食的旅客等。

在这些特殊旅客的运输中，航空公司均有相应的运输规定，但所有特殊旅客的运输都必须事先获得航空公司的同意才能购票和登机。如果特殊旅客购票时能提前告知航空公司，可以减少运输事故的发生。

第三节 民航电子客票销售业务

一、民航电子客票基础知识

民航电子客票（E-Ticket，以下简称电子客票）是普通纸质机票的替代产品，旅客购票后仅凭有效身份证件直接到机场办理乘机手续即可成行，实现"无票乘机"。

电子客票实际是普通纸质机票的电子影像。纸质机票将相关信息打印在专门的机票上，而电子客票则将票面信息存储在系统中。由于电子客票将原有纸制机票上的信息全部保存在系统中，因此电子客票只是"无纸"而不是"无票"，不等同于无乘机联登机。

电子客票是民航产品销售电子商务市场化的最佳产品，最大限度摆脱了物流配送环节，使广大旅客体验到便捷支付、即刻拿货的消费过程，满足其消费心理。电子客票的出现顺应了信息时代的市场需求，已成为航空旅行电子商务化的重要标准之一。电子客票作为世界上先进的机票形式，依托现代信息技术，实现无纸化、电子化的订票、付款和办理乘机手续等全过程，给旅客带来诸多便利，降低了航空公司的运营成本。

（一）电子客票发展历程

1994年，美国西南航空推出第一张电子客票[①]，在之后的十几年时间里，电子客票迅速成为航空电子商务的焦点，并在2007年全面替代了纸质客票，成为全球航空运输的行业标准运输凭证。

2000年，我国南航推出第一张电子客票，比国外先进国家晚了近7年。由于顺应信息化社会的市场需求，中国民航的电子客票一出现，就成为一场新潮流，席卷国内各大航空公司。

2003年，国内三大航空公司之一的中国国际航空股份有限公司（以下简称国航）率先投产了中航信开发的电子客票系统。南航、东航等也相继与中航信合作推广电子客票系统，自此中国民航电子客票建设的局面得以全面打开。2004年9月1日，海南航空控股股份有限公司在国内率先推出BSP电子客票。从2006年年底电子客票全面实施以来，机票代理行业发生了一系列的巨变。而这些巨变是随着电子商务在机票行业产业链的深入而产生的。2006—2009年，机票销售的网上交易量及在线支付量的增幅年均超过300%，呈几何倍数迅猛增长，这是传统行业的营销手段不可比拟的。

2011年12月21日，中国信息宣布：借助中航信的技术推动，中国最先成为全球航空电子客票普及率达100%的国家。100%电子客票普及率的实现，为中国民航每年节

---

① 另有资料认为最早推出电子客票的是美国VALUEJET航空，时间为1993年。

约成本约 60 亿元人民币。

(二) 中国电子客票发展大事记

2000 年 3 月，南航率先推出国内第一张电子客票（本票电子客票）。

2004 年，国航、南航、东航三大航空公司均建立了自己的电子客票系统，但并未加入 BSP 电子客票系统中。

2004 年 9 月 1 日，海航开始使用中国第一张 BSP 电子客票（中性电子客票）。

2004 年 9 月，东航推出首张个人电子客票（B2C）。

2004 年 9 月，游易航空旅行网销售出第一张国航电子客票。

2005 年 1 月，国航、东航正式加入 BSP 电子客票系统，10 月 31 日，南航也加入了 BSP 电子客票系统。

2006 年 6 月，电子客票行程单作为全国统一报销凭证，正式启用。

2006 年 10 月，国航率先停止发售纸质票，全面推行电子客票。

2008 年 5 月 9 日，中国 BSP 办公室停止发放所有 BSP 纸质客票。

2008 年 6 月 1 日零点起，国内所有国际航协认可代理人均不允许再销售 BSP 纸质客票。

二、民航电子客票识读

(一) 电子客票票面识读

通过订座系统出票的电子客票票面如图 2 - 5 所示。下面从第一行开始，逐行介绍电子客票票面的基本信息及其含义。

图 2 - 5　电子客票票面

(1) DETR：TN/784 - 2237766138，AIR/CZ 是指通过电子客票票号提取电子客票票面信息。DETR 是订座系统提取指令；TN 是电子客票号 Ticket NO. 的缩写；784 - 2237766138 是电子客票号，共 13 位，前三位是航空公司代码，如 784 代表南航、999

代表国航、781代表东航等；AIR/CZ是承运人两字代码，如CZ代表南航、CA代表国航、MU代表东航等。

（2）ISSUED BY：CHINA SOUTHERN AIRLINES是指出票人是南航。

ORG/DST：CAN/LHW是指航程始发站和目的站是广州和兰州。ORG/DST是Original和Destination的缩写，CAN/LHW是起讫点的三字代码。

BSP-D是指BSP中性国内客票。与之对应的还有另外三种：BSP-I、ARL-D和ARL-I，分别代表BSP中性国际客票、航空公司国内本票和航空公司国际本票。

（3）E/R：不得签转，变更退票收费。这一行是签转和限制信息。E/R是Endorsements/Restrictions的缩写，表示签注或限制。

（4）TOUR CODE是指旅游编号。

（5）PASSENGER是指旅客姓名。

（6）EXCH是指换开凭证，即如果该客票是由其他有价凭证换开的，如旅费证（MCO）、预付票款通知（PTA）或其他客票，则在此标注；CONJ TKT是指连续客票。

（7）O FM：1CAN CZ 3205 Z 28AUG 0835 OK Z3EEC100 28AUG2/28AUG2 20K OPEN FOR USE为航段信息行，主要包含如下对应信息：自广州、南航承运、航班号是3205、座位等级是Z、航班日期是8月28日、航班时刻为早上8点35分、座位已订妥、客票级别为Z3EEC100、8月28日当天有效、免费行李额为20kg、客票有效未使用。

客票状态栏，除OPEN FOR USE外，还有若干种客票状态（见表2-6）。

表2-6 电子客票状态释义

客票状态	释义
OPEN FOR USE	客票有效未使用
REFUNDED	已退票
USED/FLOWN	客票已使用
PRINTED	换开纸票
EXCHANGED	已部分使用或换开纸票
SUSPENDED	客票挂起
CHECKED IN	已办理值机
VOID	客票作废
LIFT/BOARDED	旅客已登机

（8）RL：HYVT6S/MEFCW9CA是指订座记录编号。HYVT6S是指航空公司订座系统（ICS）订座记录编号，MEFCW9CA是指代理人分销系统（CRS）订座记录编号。

（9）TO：LHW是指航段目的站（兰州）。

（10）FC：28AUG12CAN CZ LHW950.00CNY950.00END是运价计算栏。

（11）FARE： CNY950.00

TAX： CNY50.00CN

```
TAX:              CNY100.00YQ
TOTAL:            CNY1100.00
```

此栏是总价计算栏，其中票价 950.00 元，两项税费包括机场建设费（CN）① 和燃油附加费（YQ），几项共计 1100.00 元。

（12）FOP：CASH 是指付款方式为现金。

OI 是指原客票号（常见于换开客票的情况）。

TKTN：784-2237766138 是指电子客票号。

机票票款的付款方式除上述现金付款外，还有其他几种常见付款方式。机票付款栏代码释义如表 2-7 所示。

表 2-7 机票付款栏代码释义

代码	释义
CASH	现金
CHQ	支票
CC	信用卡
TKT	客票换开
MCO	旅费证
PTA	预付票款通知

（二）电子客票行程单识读

国内民航实现 100% 电子客票后，机票已经变成航空公司订座系统中的一个无形的电子文件。对于旅客来说，有形可见的部分只有航空运输电子客票行程单（以下简称行程单）。行程单在使用之初，票面信息的打印沿用了原来纸质客票的内容和风格，相对较为专业，普通旅客识读存在困难。为了改变这一现状，从 2011 年 12 月 1 日起，国内电子客票行程单做了部分改进，将部分内容改为中文显示，改进后的内容格式相对大众化，普通旅客能够轻易识读。目前使用的航空运输电子客票行程单样式如图 2-6 所示。

针对新版电子客票行程单，仅做如下说明。

（1）HZQH6S：旅客订座记录编号。

（2）T2 武汉：这是本次电子客票行程单改版的一个变化，针对多候机楼机场，特意标注出发或到达机场的候机楼编号，T 为候机楼 Terminal 的缩写，T2 即 2 号航站楼。

（3）"承运人"栏和"航班号"栏：由之前的 SC 4933，改为山航 SC4933，对于普通旅客来说，没有民航运输专业知识，很难判断 SC 4933 是山东航空股份有限公司的航班。

---

① 机场建设费（CN）：机场建设费是为筹集机场建设经费而设立的。机场的修建在早期有民航和地方两种渠道，为了保证地方的投资回报，这项制度就被一直保留下来。2012 年 4 月，我国财政部公布新的《民航发展基金征收使用管理暂行办法》，规定机场建设费由民航发展基金取代。

图2-6 航空运输电子客票行程单

(4)"日期"栏:由之前的英文缩写表示改为常见的阿拉伯数字表示,之前的表示是01SEP12,对于英文基础较差的旅客来说,改进后就不会出现日期错误和混淆的情况了。

(5)"时间"栏:由之前民航常用的24小时制改为常见的时间表示方法,之前的表示是1735。

(6)其余项的表示没有变化,相关内容的识读信息可以从前文所述电子客票票面识读中获得。

(三)电子客票行程单的使用

实行100%电子客票后,国家税务总局和中国民用航空局于2008年5月19日联合发布了《航空运输电子客票行程单管理办法(暂行)》(以下简称《管理办法》),下面针对该《管理办法》的要点进行如下简单概述。

从性质上来说,电子客票行程单是税务发票,由国家税务总局授权中国民用航空局负责全国"行程单"的印制、领购、发放、开具、保管和缴销等管理工作。

公共航空运输企业和航空运输销售代理企业在旅客购票时,应使用统一的打印软件开具"行程单",不得手写或使用其他软件套打;打印项目、内容应与电子客票销售数据内容一致,不得重复打印,并应告知旅客"行程单"的验真途径。"行程单"遗失不补。

当旅客退票或发生其他变更事项导致票价金额与原客票不符时,若已打印"行程单",应将原"行程单"收回,方能为其办理有关手续。

旅客电子客票行程单遗失不补,旅客退票时若发生遗失,需要填开航空运输电子客票行程单遗失声明（见图2-7）。

航空运输电子客票行程单遗失声明（范本）

特别提醒：

（1）本声明仅在销售机构决定为旅客退票之后使用，使用时销售机构必须首先将该行程单在行程单打印插件里面执行作废操作；

（2）本声明仅用于由于旅客的原因造成电子客票行程单丢失或者损毁而无法回收的情况；

（3）本声明填写后与平时作废的行程单一同保存，待次年3月份回收时统一上交。

航空运输电子客票行程单遗失声明				
旅客姓名		旅客联系电话		
旅客身份证号				
旅客工作单位		工作单位 联系电话		
预订航班号		电子客票号		
行程单印刷序号				
行程单填开单位名称				
行程单填开单位office号码				
情况说明：				
旅客签字：		经办人签字：		（销售单位公章）

图2-7 航空运输电子客票行程单遗失声明

三、民航电子客票退改签业务

（一）民航电子客票退票业务

根据引起退票原因的不同，退票分为自愿退票、非自愿退票和旅客因病退票三种，它们所适用的退票费率也有所差别（因为各航空公司规定有所差异，此处以《中国民用航空旅客、行李国内运输规则》和《中国民用航空旅客、行李国际运输规则》为依据进行介绍）。

1. 自愿退票

自愿退票是指旅客由于本人的原因，未能按照运输合同（旅客客票）完成全部或部分航空运输，在客票有效期内要求退票。

关于自愿退票计费在《中国民用航空旅客、行李国内运输规则》中的规定如下。

（1）在航班规定离站时间24小时（含）以前，收取客票价5%的退票费。

（2）在航班规定离站时间前24小时以内至2小时（含）以前，收取客票价10%的退票费。

（3）在航班规定离站时间前2小时以内，收取客票价20%的退票费。

（4）在航班规定离站时间以后，收取客票价50%的误机费。

（5）特殊旅客或特种机票免收退票费，情况如下：革命伤残军人要求退票，免收退票费；按全价10%付费的婴儿票，免收退票费；儿童票退票费与成人一致；持不定期客票的旅客要求退票，免收退票费。

（6）对于联程、中途分程或来回程客票的退票，按上述规定分别收取各航段的退票费（分段计收）。

（7）旅客在航班经停站自动终止旅行，该航班的客票即告失效，未使用航段的票款不退。

（8）对于优惠票价，各航空公司的退票规定不同。

在实际的退票工作中，各航空公司又根据自身的销售战略提出了一些额外的规定。以下是国内某大型航空公司退票的具体规定。

××航空公司退票费收取规定

（1）按正常票价90%（含）以上计费的客票，收取客票价5%的退票费；按正常票价80%（含）~89%计费的客票，收取客票价10%的退票费；按正常票价55%（含）~79%计费的客票，收取客票价20%的退票费；按正常票价55%以下计费的客票（军残、警残优惠票除外），收取客票价50%的退票费。

（2）因公致残的现役军人及因公致残的人民警察在航班规定离站时间前要求退票，收取客票价20%的退票费；在航班规定离站时间后要求退票，收取客票价50%的退票费。

（3）持不定期客票的旅客要求退票，免收退票费（每本收取20元的工本费）。持由定期更改为不定期客票的旅客要求退票，按客票票面列明的订座舱位对应的退票规定收取退票费。

（4）除上述三条规定外，承运人未做特别规定的，根据中国民用航空总局令第49号《中国民用航空旅客、行李国内运输规则》的规定办理。

（5）持联程、来回程客票的旅客要求退票，根据承运人有关业务规定按本条第1款或第4款的规定收取各航段的退票费。

（6）持婴儿客票的旅客要求退票，免收退票费。

（7）退票时间的计算，应以旅客所购票上填明的航班规定离站时间为准。

以上资料仅供参考，各航空公司具体退票工作的实施应遵照各航空公司的《国内客运销售业务手册》执行。

2. 非自愿退票

非自愿退票是指由于天气、航行、机务或承运人等其他原因引起航班取消、提前、延误、航程改变、衔接错失或承运人不能提供座位，导致旅客要求退票。

关于非自愿退票计费在《中国民用航空旅客、行李国内运输规则》中的规定如下。

（1）在航班始发站，退还旅客所付的全部票款。

（2）在航班经停站，退还未使用航段的票款，但所退金额不得超过原付票款金额。

（3）航班如在非规定的航站降落，取消当日飞行，旅客要求退票，应退还由降落站至到达站的票款，但不得超过原付票款金额，不收取退票费；如旅客所付票价为折扣票价，应按相同折扣率计退票款。

（4）联程旅客由于上述原因在航班经停站或联程站停止旅行，也应按照相同的折扣率退还未使用航段的票款。

3. 旅客因病退票

旅客因病退票是指旅客因个人身体健康原因未能全部或部分完成机票中所列明的航程而提出退票。

旅客因病退票在《中国民用航空旅客、行李国内运输规则》中的规定如下。

（1）旅客购票后，因病不能旅行要求退票，必须在航班规定离站时间前提出并提供县级（含）以上医疗单位的证明原件（包括诊断书原件、病历和旅客不能乘机的证明）。如因病情突然发生，或在航班经停站临时发生病情，一时无法取得医疗单位证明，也必须经承运人认可后才能办理退票。

（2）旅客因病退票，在航班始发站提出，应退还全部票款；在航班经停站提出，退还的票款金额为旅客所付票价减去已使用航段相同折扣率的票价金额，但所退金额不得超过原付票款金额。

（3）旅客的同行人员要求退票，必须与患病旅客同时提出，也按上述规定办理，否则一律按自愿退票处理。

（二）民航电子客票变更业务

民航电子客票变更是指旅客购买定期客票后出于个人原因或航空公司安排失误而要求变更乘机日期、航班、航程、座位级别或更换乘机人。

1. 客票变更工作的一般规定

客票变更是旅客享有的基本权利，各相关承运人的营业部、售票处及销售代理人应根据实际情况积极予以办理，不得擅自拒绝旅客的客票变更要求。要求变更的客票必须在客票有效期内，逾期的无效客票不得变更；要求变更的客票不得违反票价限制条件，如承运人提供的较低折扣的机票往往会附加"不得签转""不得变更"等限制条件，客票的变更工作一定要遵循限制条件。

变更的处理因变更的原因不同而有所差别，通常把变更分为两类来处理，即自愿变更和非自愿变更。

自愿变更是指旅客购票后，因旅客自身原因而主动向承运人提出改变原机票上所列明的航班、日期等要求。此时应按下列规定办理。

（1）旅客购买正常票价的客票后，若要改变航班、日期，且在原定航班停止办理乘机手续前提出，应予以免费办理；若在停止办理乘机手续后提出，并且决定继续乘坐原承运人的后续航班，可予以免费办理，但仅限一次，如果旅客要求再次变更，每次应支付票价5%的手续费；若旅客要求变更的航班和日期是在原承运人航班没有可利用座位或旅客不同意由原承运人安排航班和日期的情况下，则按自愿退票办理。

（2）旅客购票后要求把原有舱位更改至较高等级舱位，在航班座位和时间均允许的情况下，应积极予以办理，并补收原票价与较高等级舱位票价的差额。

（3）旅客购票后要求更改至较低等级舱位，应先将原票按自愿退票规定办理，再按变更后的舱位重新购票。

（4）旅客购票后要求变更承运人，处理办法参见签转规定。

（5）旅客购票后欲改变航程或乘机人，原票均按自愿退票规定办理退票，再根据新航程或新乘机人姓名重新购票。

（6）持特种票价客票的旅客要求改变航班、日期，应遵守该特种票价规定的条件。

非自愿变更是指旅客购票后，由于天气、空中交通管制、飞机机务故障、承运人调度失误等无法控制或不能预见的原因以致航班取消、提前、延误、航程改变、衔接错失或不能提供旅客原已证实的座位，旅客要求变更航班、日期等情形。通常航空公司应当考虑旅客的合理要求并采取以下措施。

（1）为旅客优先安排有可利用座位的本承运人的后续航班。

（2）征得旅客及有关承运人的同意后，办理签转手续。

（3）若由承运人原因造成的变更，承运人有义务安排航班将旅客运达目的地或中途分程地点，票款、逾重行李费和其他服务费用的差额多退少不补。

（4）由于承运人原因造成旅客舱位等级变更时，票款的差额多退少不补。例如，头等舱改为普通舱，应退还票价差额；普通舱改为头等舱，不再收取差额。

2. 客票变更工作程序

航班、日期变更的处理程序：旅客购票后，如需变更乘机日期、航班，售票人员应按照旅客所提出的要求，查看航班订座情况，如有座位，应提取原PNR并做相应的更改，原PNR编号不变，如原PNR已取消，则重新订座。

舱位变更的处理程序：旅客购票后，如在航班起飞前在地面提出自愿变更至相同航程较高等级舱位，售票人员应按照旅客所提的要求，查看订座情况，如有座位，应提取原PNR并做相应的更改，原PNR编号不变。办理舱位变更、补收票价差额，可以采用填开"退票、误机、变更收费单"或换开客票的方式。

（三）民航电子客票签转业务

航空公司的客票是表明承运人航班的凭证，不能在各承运人之间任意交换使用，只允许在满足一定条件的情况下进行相关的运输和签转。客票签转就是改变原有客票的承运人。按照签转原因的不同，客票签转可以分为两类：旅客自愿签转、旅客非自愿签转，它们的规定和操作程序有所不同。

1. 旅客自愿签转

旅客自愿签转是指由于旅客自身的原因，向原承运人提出改变承运人的要求。在办理旅客自愿签转业务时，工作人员必须首先判断客票是否满足以下自愿签转条件。

（1）旅客使用的票价无签转限制条件。

（2）旅客客票未改变过航班、日期。

（3）旅客在原航班规定离站时间24小时（含）之前提出更改要求。

（4）旅客要求变更的承运人与原承运人签有联运协议，可以进行相互填开或接收票证、票款结算等业务活动。

同时满足以上自愿签转条件后，原承运人的相关部门有义务为旅客积极免费办理相关的签转业务。凡是不满足上述规定，但旅客坚持要求改变承运人的，一律按照自愿退票的相关规定和程序办理。

2. 旅客非自愿签转

旅客非自愿签转是指由于航班延误、天气恶劣、飞机故障等非旅客主观原因，旅客向原承运人提出改变承运人的要求。原承运人有责任和义务保障旅客及时到达原客票表明的目的地，应积极协调相关部门尽快协助旅客处理，在征得有关承运人的同意后，办理签转手续。由于原承运人原因造成的旅客非自愿签转，票款的差额多退少不补。

除此之外，一些特殊票价客票的签转在没有特殊规定时，其签转规定和处理与正常票价客票相同。

第四节　民航国内客票销售渠道

一、售票处销售渠道介绍

售票处销售渠道是指由航空公司或者其授权的销售代理人在固定的、对公众开放的营业场所从事客票销售及相关服务的客票销售方式。售票处销售渠道最早可追溯到中国民航成立之初，中国民航在各民航机场所在城市的市区开设民航售票处（见图2-8）。随着民航机票步入电子化时代，适合原有纸质机票进行国内客票销售的售票处受到了巨大的挑战，售票处销售渠道的销售份额不断降低。特别是民航机票采用电子客票的形式后,航空公司和销售代理人均由"线下业务"转型升级为"线上业务",纷纷裁撤作为"线下业务"的典型代表——售票处销售渠道。

图2-8 售票处内景

售票处销售渠道虽然略显"过时",但凭借其固有优势目前还属于不可或缺的销售方式。售票处销售渠道的最大特点是可以为消费者提供"面对面"的服务,这是其他销售渠道所不具备的。"面对面"服务的真实感会给消费者带来全方位的服务体验,这种体验有助于提高销售方对消费者的吸引力,吸引其再次来购票。售票处同时也是航空公司和销售代理人展示自身形象和实力的最佳平台,对其整体形象的提升有重要促进作用。航空公司直属售票处通常处理"线上"无法涵盖或者交易成本较高的业务,这部分个性化很强的业务是无法用其他方式来有效解决的。因此,售票处销售渠道目前还无法被完全取代。代理人售票处的呈现形式日渐发生着变化,由传统只经营机票销售业务的单一售票处形式,向可以同时满足消费者机票销售、酒店预订、旅游分销、汽车租赁、签证代办、商务考察、邮轮旅游等"一站式"差旅服务需求的综合产品销售渠道转变。

二、呼叫中心销售渠道介绍

呼叫中心销售渠道最初形成于航空公司的电话客服中心。随着固定电话和移动电话在中国的日益普及,航空公司纷纷推出了电话服务平台,为购票旅客提供各种信息和业务办理服务。由于销售流程的逐渐简化、支付方式的轻松便捷,航空公司开始意识到呼叫中心是可以成为其重要销售渠道的。特别是电子客票的全面推行,使航空公司跨过销售代理层面直接将客票销售给终端消费者成为可能。在航空公司加大"直销"领域投入的大背景下,呼叫中心销售渠道成为其关注的重点。目前,呼叫中心(见图2-9)除国内、国际机票销售外,还被航空公司赋予了客票退改签、新产品促销、常旅客服务等更加全面的功能。

图 2-9 呼叫中心内景

不单单是航空公司重视呼叫中心销售渠道，机票销售代理更是依靠该渠道。例如，作为中国在线旅行代理商的携程旅行网，在通过发会员卡积累目标客户的同时，积极构建其呼叫中心。目前，携程在江苏南通建立了约 3 万个座席的呼叫中心，全国各地的机票业务、订房业务都可以经呼叫中心及 IT 后台统一处理，机票的出票时间和价格、酒店的预约时间和价格，甚至员工的服务质量也都能得到监控。呼叫中心销售渠道是目前机票销售领域中重要的渠道之一。

三、互联网销售渠道介绍

互联网销售渠道是民航机票电子化后的必然产物。以互联网技术为代表的信息技术的快速发展改变着世界传统的经济模式，当航空客票销售"邂逅"信息技术，就产生了航空电子商务这种新型的渠道模式，也就是互联网销售渠道。从纸质客票到电子客票，从计算机订座系统（CRS）到全球分销系统（GDS），从机票销售总代理（GSA）到机票竞价平台，这都是信息技术带给机票销售领域的改变。目前，机票销售领域基于电子客票工具利用互联网技术形成了一系列航空客票销售模式。

（一）以航空公司为代表的 B2B、B2C 直销模式

目前，旅客在互联网上可以轻松地完成电子客票的预订、支付、出票、值机等环节，这极大地降低了航空公司的销售成本。我国各大航空公司广泛认识到直销对其可持续发展的重要战略意义，纷纷加大在互联网销售渠道的投资力度，通过升级改造硬件、增加广告投放、整合组织机构、加大促销力度等方式不断提升直销在销售总量中的份

额。截止到 2012 年年底，我国航空公司国内机票的直销比例首次超过机票代理的分销比例，直销比例的增加趋势在今后一段时间还将持续。

（二）以携程旅行网等为代表的 OTA 分销模式

要分析中国在线销售代理（OTA）分销模式，不得不提携程旅行网。从分析"携程模式"入手，探析 OTA 分销渠道。携程旅行网定位于为旅游业服务的电子商务公司，经过多年的实践和探索发现：通过保证信息在各地酒店、航空公司和消费者之间的顺畅流通，来完成全国范围内的酒店和机票产品预订，从而获取代理销售佣金的商业模式，即携程模式。在携程旅行网出现之前提供酒店和机票预订服务的公司都是区域性的，几乎没有公司能在全国范围内预订酒店和机票，或做到全天候服务。这种分散的服务方式难以保证服务的质量。携程旅行网正是挖掘了这项产业的潜力，并将其与互联网结合，才获得今天的成功。如今的携程旅行网扮演着航空公司和酒店的分销商的角色，它建立了庞大的酒店及机票产品供需方数据库，做到一方面吸引全国范围内近 3 亿注册用户，另一方面从酒店和航空公司获取更低的折扣，自己则从中获取佣金。全国各地的机票业务、订房业务都可以经携程呼叫中心及 IT 后台统一处理，机票的出票时间和价格、酒店的预约时间和价格，甚至员工的服务质量也都能得到监控。六西格玛管理使携程旅行网能将客人打给呼叫中心的电话等待时间控制在国际通行的 20 秒以内，将接听比例从 80% 提高到 90% 以上，将服务客户的电话时长缩减到目前的 150 秒左右。而且，由于携程旅行网整合的是信息层面的资源，使其可以几乎零成本地加入新的航线、酒店产品的预订。

（三）以票盟、51BOOK 等为代表的竞价平台模式

现在国内主流竞价平台的产品和营销模式都很相近。首先，吸引全国各地区大型代理企业上线作为供应商，由供应商提供查询订座配置接口，并且提供销售代理费政策；其次，广泛吸引全国代理企业，以及更多的线上采购商；最后，平台通过"支付宝"等在线支付工具，完成供应商和采购商的结算、出票全过程。对于航空公司、消费者、代理企业，竞价平台的优、劣势十分明显，分析如下。

1. 竞价平台对于航空公司的优、劣势分析

优势：加快航空公司机票销售的速度，但航空公司在某时段、某航段的载运能力是有限的，这一优势带给航空公司的利润增加并不十分明显。

劣势体现在以下两个方面。首先，代理费用增加。通过全国各地区大型代理企业在"平台"上提供的优厚代理费率，事实上让全国的中小型代理企业都享受到航空公司的出港地代理费政策，这直接导致了航空公司代理费用的增加。其次，竞价平台的快速发展，实际上对航空公司大力推进的网站直销产生了巨大冲击，特别是航空公司网站针对代理企业的 B2B 直销。

2. 竞价平台对于消费者的优、劣势分析

优势：竞价平台可以为消费者提供价格更低的机票。

劣势体现在以下两个方面。首先，虚假行程单严重侵害了消费者利益。由于采购商和供应商往往不在一个城市，互不相识且一些采购商为非正规代理人，所以大多数竞价平台操作的基本规则是供应商不提供电子客票行程单。其次，旅客购买机票的售后服务的缺失。竞价平台销售的机票可能会出现销售单位和填开单位不一致的情况，因此如果旅客购买了机票，在航班起飞、延误提示方面，以及在签转退票方面，可能无法得到应有的服务，出现问题以后，由于无法知道准确的代理企业信息，没有办法进行投诉，往往只能自行承担损失。

3. 竞价平台对于代理人的优、劣势分析

优势：对一些大型代理企业而言，通过竞价平台销售，可以在较短时间内快速扩张规模，完成航空公司销售任务和比例，以获取更好的代理费政策。对一些中小型代理企业来说，竞价平台上大型代理企业投放的代理费政策往往比航空公司给其自身的政策要优厚得多，客观上帮助其提高了利润水平。

劣势体现在以下几个方面。首先，造成代理企业间的无序恶性竞争。为了获取更好的代理政策和返点，完成航空公司规定的任务量和比例，不少代理企业将航空公司给予的代理政策全部放在竞价平台上，有的甚至将还没有拿到手的奖励也放出去，以此吸引采购商进行采购。代理企业一方面为了抢占市场份额，获取更高的代理费点数而放弃利润；另一方面，为了生存发展，保住现有的高代理费水平，又去追求更高的市场份额满足航空公司的要求，这已经成为部分代理企业的一个死循环。其次，削弱了正规代理企业的竞争力和服务水平。机票竞价平台给那些内部管理水平不高、市场营销能力不强的代理企业提供了便利通道，只要敢于实施高返点政策，大量代理企业乐意帮航空公司卖票，往往在短时间内造成销售额突飞猛进的情形。然而这将导致代理企业无法将精力放在企业经营管理、拓展客户渠道、以服务来吸引客户的市场营销管理上，造成企业经营管理和服务水平的严重下降。最后，代理企业面临着巨大的违约风险。对于供应商代理企业来说，面向全国的竞价平台销售能帮助其快速获取市场份额，但是无法保证其采购商的销售行为的正规性，因而被消费者投诉到相关管理部门，进而将面临着较大的政策风险。

（四）以去哪儿网、酷讯网等为代表的垂直搜索引擎模式

垂直搜索引擎是针对电子商务的专业化采购产品而设计的，其主要功能是采集、整理和挖掘海量的在线商品信息和商家信息，向消费者在线提供精准的"挑选商品"和"选择商家"等功能。例如，对不同网站的相同产品进行综合比较，包括价格比较和用户客观评论比较，最终得到性价比最高的产品。网络爬虫技术是实现垂直搜索比价的关键，框架技术的应用为系统提供了一个灵活、清晰、可伸缩、易维护的体系结构。比价关键因素是指对消费者进行购物比价时具有指导意义的关键因素，主要包括商品价格、商品质量、商家信誉、服务质量等。

去哪儿网和酷讯网是机票销售领域知名的垂直搜索引擎，消费者进入其界面，输入出发和到达城市、出行时间，进行有针对性的搜索，系统就会按照消费者的自定义排序，将相关搜索结果进行呈现。消费者选择好符合自己需求的机票后，通过网页跳转，进入机票真实销售商的网站，完成相关购票操作。

四、移动终端销售渠道介绍

截止到 2012 年，全球移动互联网用户首次超过 PC 互联网用户。目前，移动终端销售模式已经伴随消费者的手机消费习惯的养成而成为主流方式。机票同酒店、邮轮、旅游、会展、租车等综合旅游类其他细分市场产品相比，是业内公认的最容易被标准化的产品。随着众多航空机票销售应用软件的上线，微信等产品功能的日益强大，移动终端给机票销售线上交易模式提供了全新的承接载体。曾有业内人士指出：机票信息可以完整地呈现在智能手机的一页屏幕上，这注定了它终究要通过智能手机来进行销售的未来趋势。

自 我 检 测

(1) 简要描述我国民航运价的发展历史。
(2) 能识别纸质国内客票票面信息。
(3) 简要描述国内客票使用的一般规定。
(4) 简要描述特殊旅客的定义及其分类。
(5) 简要描述无成人陪伴儿童购票规定。
(6) 能识别电子国内客票票面信息。
(7) 简要描述国内客票销售渠道及其各自的特征。

第三章 民航国际客票销售业务

学习目标

(1) 熟练掌握国际航空区划知识；
(2) 熟悉应用航程类型及方向性代码的定义来判断国际航程信息；
(3) 掌握承运人运价的选择及货币转换规则；
(4) 熟练掌握单程、来回程、环程的普通运价计算；
(5) 了解国际客票使用的相关知识；
(6) 能识读国际电子客票票面；
(7) 了解国际客票涉及的税费知识；
(8) 了解国际客票特殊运价的计算步骤。

学习内容

(1) 民航国际客票销售基础知识；
(2) 民航国际客票普通运价计算步骤；
(3) 民航国际客票出票知识；
(4) 民航国际客票特殊运价计算步骤。

第一节 民航国际客票销售基础知识

一、国际航空区划

为了制定国际航空运输中运价的计算规则，国际航空运输协会（IATA）把世界划分为3个区域及一些下属次分区，这样划分出的区域称为"国际航协航空区划"（IATA Traffic Conference Areas）。IATA 区域和次分区的概念非常重要，是学习民航国际客票销售知识的基础，大家要特别注意熟练掌握。

（一）IATA 三个区域的定义

1. IATA 一区（Area 1 或 TC1）

All of the North and South American Continents and the islands adjacent thereto, Greenland, Bermuda, the West Indies and the Islands of the Caribbean Sea, the Hawaiian Islands (including Midway and Palmyra).

IATA 一区由南、北美洲大陆及其邻近岛屿组成，包括格陵兰岛、百慕大群岛、西印度群岛、加勒比海群岛，以及夏威夷群岛（包括中途岛和棕榈岛）。

美洲大陆东临大西洋，西濒太平洋。大洋天堑阻隔了美洲和其他大洲之间的陆路交通，只有通过海洋运输和航空运输来实现美洲与其他各洲之间的交通联系。

北美洲是世界航空运输较发达的地区之一。美国约有 700 个民用机场，每年运输了接近全世界运输量一半的旅客。北美洲的许多航空公司在世界的航空公司中占有重要的地位。而中美洲和南美洲的一些国家，虽然在经济上不是十分发达，但由于其地理位置的特殊性，航空运输是其主要的交通工具。例如，南美洲地处安第斯山脉与亚马孙河流域，主要交通工具是水路与航空。特别是南美洲的一些内陆国家，类似玻利维亚等国，四面不临海，国际运输必须通过智利、巴拉圭或阿根廷等国，在国际交通运输方面非常受限。

2. IATA 二区（Area 2 或 TC2）

Europe (as defined below), Africa and the islands adjacent thereto, Ascension Island and that part of Asia west of Ural mountains, including Iran and the Middle East.

IATA 二区由欧洲（包括俄罗斯的欧洲部分）、非洲及其临近岛屿（阿森松岛），以及乌拉尔山脉以西的亚洲部分，即伊朗和中东地区组成。

IATA 二区的欧洲、非洲、中东地区在政治、经济、种族、宗教、发展历史等方面存在着较大的差异，在航空运输的发展水平上，也很不均衡。

欧洲一直是航空运输的发达地区。其定期航班完成的运输周转量仅次于北美洲，且其不定期航班业务也很发达，业务量与定期航班相当。但是，由于航空资源的不足，机场容量、航路使用等已经接近饱和的状态，欧洲和北美洲一样，都存在航空运输发展速度减慢的趋势，它们在世界航空运输中所占的比重较过去有所下降。高速列车、高速公路等地面交通方式在其洲内运输中逐渐受到高度重视。

中东地区是连接欧亚大陆的必经之地，有优越的地理位置和丰富的石油资源，航空运输比较发达。中东地区是世界文化的发源地之一，这一带面积虽小，但航线分布密集，航空运输业务量较大。

非洲地域辽阔、物产丰富、人口较多。非洲的铁路系统较发达，但是不能适应非洲现有的经济网络，急需投资改造。在南非，20 世纪 70 年代后建成的高速公路非常发达，但是在航空运输方面，非洲仍属于比较落后的地区之一。

3. IATA 三区（Area 3 或 TC3）

Asia and the islands adjacent thereto except the portion included in Area 2; the East Indies, Australia; New Zealand and the islands of the pacific Ocean except those included in Area 1.

IATA 三区主要包括亚洲及其邻近的岛屿（属于 IATA 二区的部分除外），东印度群岛，澳大利亚，新西兰及其邻近的岛屿，太平洋岛屿中除去属于 IATA 一区的部分。

这一地区大多数国家为发展中国家，但是亚太地区是未来世界经济发展的重要地区，其航空运输具有很大的发展潜力。

（二）IATA 次分区的定义

1. IATA 一区中的次分区（IATA Area1-Sub Areas）

（1）北美（North America）次分区的国家及地区：包括加拿大、墨西哥、美国、法属圣皮埃尔和密克隆岛。

（2）中美（Central America）次分区的国家及地区：包括伯利兹、哥斯达黎加共和国、萨尔瓦多共和国、危地马拉共和国、洪都拉斯共和国、尼加拉瓜共和国。

（3）加勒比地区（Caribbean Area）次分区的国家及地区：包括巴哈马国、百慕大群岛、加勒比群岛、圭亚那、法属圭亚那、苏里南。加勒比群岛包括安圭拉、安提瓜和巴布达、阿鲁巴、巴巴多斯、开曼群岛、古巴、多米尼加、多米尼加共和国、格林纳达、瓜德罗普岛、海地、牙买加、马考、英属蒙特塞拉特岛、荷属安地列斯群岛、圣基茨—尼维斯、圣卢西亚、英属圣文森特和格林纳达岛、特立尼达和多巴哥、英属特克斯和凯科斯群岛、英属维尔京群岛。

（4）南美（South America）次分区的国家及地区：包括阿根廷、玻利维亚、巴西、智利、哥伦比亚、厄瓜多尔、法属圭亚那、圭亚那、巴拿马、巴拉圭、秘鲁、苏里南、乌拉圭、委内瑞拉。

2. IATA 一区的第二类次分区（The Second Classification of TC1 Sub-areas）

（1）北大西洋地区（North Atlantic Sub-area）次分区的国家及地区：包括加拿大、格陵兰岛、墨西哥和美国（包括阿拉斯加、夏威夷、波多黎各和美属维尔京群岛）。

（2）大西洋中部地区（Mid Atlantic Sub-area）次分区的国家及地区：包括加勒比海地区、中美、南美和巴拿马运河区域，不包括阿根廷、巴西、智利、巴拉圭和乌拉圭。

（3）南大西洋地区（South Atlantic Sub-area）次分区的国家：包括阿根廷、巴西、智利、巴拉圭和乌拉圭，简称 ABCPU。

3. IATA 二区中的次分区（IATA Area2-Sub Areas）

（1）欧洲（Europe）次分区的国家及地区：包括阿尔巴尼亚、阿尔及利亚、安道尔、亚美尼亚、奥地利、阿塞拜疆、白俄罗斯、比利时、保加利亚、克罗地亚、塞浦路斯、捷克共和国、丹麦、爱沙尼亚、芬兰、法国、格鲁吉亚、德国、直布罗陀、希腊、匈牙利、冰岛、爱尔兰、意大利、拉脱维亚、列支敦士登、立陶宛、卢森堡、马其顿、马耳他、摩尔多瓦、摩纳哥、摩洛哥、荷兰、挪威、波兰、葡萄牙、罗马尼亚、俄罗斯联邦（乌拉尔山以西）、圣·马利诺、斯洛伐克共和国、斯洛文尼亚、西班牙、瑞典、瑞士、突尼斯、土耳其、乌克兰、英国、南斯拉夫。

（2）中东（Middle East）次分区的国家：包括巴林、埃及、伊朗、伊拉克、以色列、约旦、科威特、黎巴嫩、阿曼、卡塔尔、沙特阿拉伯、苏丹、叙利亚、阿拉伯联合酋长国（由阿布扎比、阿治曼、迪拜、富查伊拉、哈依马角、沙迦及乌姆盖万等组成）、也门。

（3）非洲（Africa）次分区的国家及地区：包括中非、东非、印度洋群岛、利比亚、南非和西非。其中中非是指马拉维、赞比亚、津巴布韦。东非是指布隆迪、吉布提、厄立特里亚、埃塞俄比亚、肯尼亚、卢旺达、索马里、坦桑尼亚和乌干达。印度洋群岛是指科摩罗、马达加斯加、毛里求斯、马约特、留尼汪岛和塞舌尔群岛。南非是指博茨瓦纳、莱索托、莫桑比克、南非、纳米比亚、斯威士兰和乌姆塔塔。西非是指安哥拉、贝宁、布基那法索、喀麦隆、佛得角、中非共和国、乍得、刚果人民共和国、科特迪瓦、刚果、赤道几内亚、加蓬、冈比亚、加纳、几内亚、几内亚比绍、利比里亚、马里、毛里坦尼亚、尼日尔、尼日利亚、圣多美和普林西比、塞内加尔、塞拉利昂、多哥。

4. IATA 三区中的次分区（IATA Area3-Sub Areas）

（1）南亚次大陆（South Asian Sub-area, SASC）次分区的国家：包括阿富汗、孟加拉国、不丹、印度（包括安达曼群岛）、马尔代夫、尼泊尔、巴基斯坦、斯里兰卡。

（2）东南亚（South East Asia Sub-area, SEA）次分区的国家及地区：包括文莱达鲁萨兰国、柬埔寨、中国、圣诞岛、关岛、印度尼西亚、哈萨克斯坦、吉尔吉斯斯坦、老挝、马来西亚、马绍尔群岛、密克罗尼西亚（包括加罗林群岛中除去帕劳群岛部分）、蒙古、缅甸、北马里亚纳群岛（包括除关岛外的马里亚纳群岛）、帕劳、菲律宾、俄罗斯联邦（乌拉尔山以东）、新加坡、塔吉克斯坦、泰国、土库曼斯坦、乌兹别克斯坦、越南。

（3）西南太平洋（South West Pacific Sub-area, SWP）次分区的国家及地区：包括美属萨摩亚、澳大利亚、库克群岛、斐济群岛、法属波利尼西亚、基里巴斯、瑙鲁、新喀里多尼亚、萨摩亚、所罗门群岛、汤加、图瓦卢、瓦努阿图、瓦利斯和富图纳群岛。

（4）日本/朝鲜（Japan, Korea Sub-area）次分区的国家：包括日本、朝鲜和韩国。

IATA 所定义的次分区（Sub-areas），有一些地方与地理上所定义的内容不同，在今后计算运价时，规定中所指的区域均以 IATA 定义的区域为准。例如，IATA 所定义的欧洲不但包括地理上的欧洲还包括下列的一些国家、地区及岛屿：非洲的摩洛哥、阿尔及利亚和突尼西亚；亚速尔群岛、马德拉岛和加那利群岛；亚洲的亚美尼亚、阿塞拜疆、土耳其、塞浦路斯。又如，尽管在地理位置上埃及和苏丹属于非洲大陆，但是在这里它们被划分到了 IATA 二区中的中东次分区。而在地理位置上位于中东地区的塞浦路斯，则属于 IATA 二区的欧洲次分区。

(三) 国际航协的其他一些定义

(1) 东盟（东南亚国家联盟 ASEAN Countries）国家：包括文莱、印度尼西亚、老挝、马来西亚、缅甸、菲律宾、新加坡、泰国、越南。

(2) 波罗的海（Baltic States）国家：包括爱沙尼亚、拉脱维亚、立陶宛。

(3) Benelux 联盟国家：包括比利时、荷兰、卢森堡。

(4) 欧洲航空共同体 ECAA 国家：包括奥地利、比利时、塞浦路斯、捷克、丹麦、爱沙尼亚、芬兰、法国、德国、希腊、匈牙利、冰岛、爱尔兰、意大利、拉脱维亚、列支敦士登、立陶宛、卢森堡、马耳他、荷兰、挪威、波兰、葡萄牙、斯洛伐克、斯洛文尼亚、西班牙、瑞典和英国。

(5) 欧洲经济与货币联盟（European Economic and Monetary Union，EMU）国家：包括阿尔巴尼亚、奥地利、比利时、波斯尼亚和黑塞哥维那、保加利亚、克罗地亚、芬兰、法国、摩纳哥、德国、希腊、爱尔兰、意大利、卢森堡、马其顿、摩尔多瓦、荷兰、葡萄牙、罗马尼亚、塞尔维亚、斯洛文尼亚、西班牙。

(6) 海湾地区国家：包括巴林、阿曼、卡塔尔、阿拉伯联合酋长国。

(7) 伊比利亚半岛国家：包括直布罗陀、葡萄牙（包括亚速尔群岛和马德拉群岛）、西班牙（包括巴利阿里群岛和卡那利群岛）。

(8) 印度洋岛屿国家：包括科摩罗、马达加斯加、毛里求斯、马约特岛、留尼汪、塞舌尔。

(9) 斯堪的那维亚（Scandinavia）国家：包括丹麦、挪威、瑞典，但不包括格陵兰。

(10) 英国（联合王国）（United Kingdom）国家：包括英格兰、威尔士、苏格兰、马恩岛、北爱尔兰和海峡群岛。

(11) 美利坚合众国（United States of America）：除特别指明外包括 50 个州、哥伦比亚特区、波多黎各、维尔京群岛、美属萨摩亚、坎顿岛、关岛、中途岛和威克岛。

(12) 美国领地（U.S. Territories）：是指美国在国外的领土，包括波多黎各，美属维尔京群岛、美属萨摩亚、加罗林群岛、关岛、马里亚纳群岛、马绍尔群岛。

(13) 西海岸口岸城市（West Coast Gatways）包括洛杉矶、波特兰、旧金山、西雅图、瓦石、温哥华（对于去/从西南太平洋地区和去/从 IATA 一区的运输，波特兰不被看作西海岸的门户）。

二、国际航程类型

掌握国际航程类型在国际客票运价计算中起着举足轻重的作用，因此每一位民航从业人员都必须对这一基本概念了如指掌，以便工作的正常进行。航程（Journey）是指在旅客客票中标明的旅客从始发站直至目的站的整个旅程。相对于国内旅客运输来说，国际旅客运输必须考虑航程类型,由于地球是一个球体,从同样的一个始发站前往同样一个目的站,可以有多种旅行方向,不同旅行方向的运价和里程截然不同。

(一)直达航程和非直达航程

国际航程的类型按照航程中有无中间转机点,可以分为直达航程(Direct Route)和非直达航程(Indirect Route)。

1. 直达航程

直达航程是指两点间(单程或来回程)没有转机点的航程,如单程 BJS – LON 和来回程 HKG – PAR – HKG。

在直达航程中,可以有经停点,也可以没有经停点。在有经停点的航程中,旅客只在经停点做短暂停留,整个航程中使用同一个航班号。在大多数情况下,旅客在整个航程中乘坐同一架飞机,但在某些情况下,通过航空公司之间的代码共享,旅客会在转机点换乘飞机继续前往目的地,在此过程中,旅客一般无须提取托运行李,整个航程中使用同一张机票、同一个登机牌和同一个行李牌。

2. 非直达航程

非直达航程也称联程运输,是指在航程中有中间转机点的航程,如非直达航程 CAN – MNL – SYD。

按照国际航空旅客运价计算规则,非直达航程可以联程出票,在满足里程制运价计算规则要求的前提下,运价计算优先使用两点间的直达运价,如 CAN – MNL – SYD 航程,优先使用 CAN – SYD 间的直达运价。

非直达航程相对于直达航程,对于旅客而言意味着旅行时间的增加,但也往往会带来票价优惠和其他方面的好处。旅客选择非直达航程一般有以下三种情况。

(1)在始发站和目的站之间没有直达航班可供选择,旅客只能选择中转航班才能到达目的地。在前往国外的二线中小城市或前往经济较为落后国家的航班中,这种情况十分常见。

(2)在始发站和目的站之间有直达航班,但是旅客要求在中间某地停留一定的时间,停留时间达 24 小时以上的,称为中途分程。

(3)在始发站和目的站之间有直达航班,但是直达航班不符合旅客的要求,如日期、舱位、承运人、时间等,最常见的情况是票价因素致使旅客选择非直达航班。

(二)四种国际航程基本类型

按照航程的路径,航程可以分为四种基本类型。

1. 单程

单程(One Way Trips, OW)是指从起点出发做单一方向旅行到达终点,不构成完整的来回程、环程或其他使用 1/2RT(来回程)运价的缺口程的航程。单程一般使用两点间的单程运价,按照实际旅行方向计算运价,但是对于回到运输始发国的运价计算区应按从始发国出发的方向计算运价[1]。

使用普通运价[2]的单程包括以下两种情况。

（1）从一点出发，但是不回到运输始发国，如 SHA – BKK – CAI。

不回到运输始发国的单程，在符合里程制计算原则的前提下，可以使用 SHA – CAI 的单程直达运价。

（2）航程最终回到运输始发国，但是在整个航程中存在地面运输段（Surface Sector），并且地面运输段两端不在同一个国家[3]，如 SHA – PAR –（地面段）– LON – SHA。

在本例中，航程终点站在运输始发国内，但是在航程中出现了不在一国境内的地面运输段，所以全航程运价应该是 SHA – PAR 和 SHA – LON 的运价之和，其中航程 LON – SHA 的运价方向应与旅行方向相反[4]。

2. 来回程

来回程（Round Trips，RT）是指旅行从始发站出发经某一点折返再回到始发站，并且全航程采用航空运输的航程。来回程运价计算的主要特征是全程仅由去程和回程两个运价计算区组成，并且去程和回程均使用相同的从始发站到折返点方向的相同等级的 1/2RT 运价。来回程通常包括如下两种情形。

（1）去程和回程经由相同的路线，并且去程和回程使用相同的从始发站到折返点方向的普通 1/2RT 运价，如 SYX – MOW。

（2）去程和回程经由不同的路线，但去程和回程均可以使用相同的从始发站到折返点方向的普通 1/2RT 运价，如 PVG – KHI – CAI – X/KHI – PVG。

除以上情况外，还有一种情况也被视作来回程，即去程和回程路线一致。虽然因为使用了不同的舱位等级、不同的季节性运价、不同的周末工作日运价、不同的承运人运价等导致去程和回程的运价不等，但仍然可以视作来回程。

3. 环程

环程（Circle Trips，CT）是指旅行从一点出发，经过一条连续、环形的空中航线，最后又回到原始发点的航程。整个航程可以由两个或两个以上的运价计算区组成，但是不包括来回程所定义的航程。

环程全航程使用 1/2RT 运价，除回到运输始发国的运价计算区外，其他的运价计算区均使用与旅行方向相同的运价。

---

[1] 始发国运价原则：对于回到运输始发国的运价计算区应按从始发国出发的方向计算运价，即适用运价的方向与旅行方向相反。运输始发国（Country of Commencement of Transportation，COC），即航程中第一个国际航班始发地的所属国家。

[2] 普通运价，即 Normal Fare，相对于特殊运价（Special Fare）。

[3] 一国原则：根据国际航协的规定，在国际航空运输中，美国和加拿大，斯堪的纳维亚半岛三国（挪威、瑞典、丹麦）均视作一个国家。在某些特殊规则中，如欧洲国家、东盟国家、日韩等也有可能被视作一个国家。

[4] 始发国运价原则。

与来回程相比，环程有以下不同点：首先，环程可以有两个以上的运价计算区；其次，去程和回程具有不同的运价，如 BJS – LON – LIS – MNL – BJS。

在以上环程和来回程的运价计算过程中，在每一个运价计算区内均适用相应的里程制运价计算规则[①]，且很多回到始发站的航程，往往在计算过程中才能区分其是环程还是来回程[②]。

4. 普通运价缺口程

普通运价缺口程（Normal Fare Open Jaw，NOJ）是指旅客从一国出发，最后又回到运输始发国，使用普通运价的航程。全程仅由去程和回程两个国际运价计算区组成，并且在始发国和/或折返国存在一个国内缺口[③]。

缺口程的去程和回程均使用 1/2RT 运价，且回程运价方向与旅行方向相反，采用从运输始发国出发的方向。根据缺口所在的位置，缺口程可以分为以下 3 种情况。

（1）始发国单缺口，如 SFO – RIO – WAS。

（2）折返国单缺口，如 LON – ISB –（地面运输）– KHI – LON。

（3）双缺口，如 CAN – SYD –（地面运输）– BNE – BJS。

三、国际运输方向性代码

（一）国际运输方向性代码的概念

由于地球是一个球体，从一点前往另外一点的旅行，可以有多种方向均可以到达目的地，但是不同的旅行方向，会有不同的航行距离，进而有不同的航行时间和票价，因此在国际旅行中，一个重要的问题是要确定旅行的方向。例如，从中国北京到巴西里约热内卢可经由以下几种航程到达。

（1）BJS –（via Pacific）– RIO。

（2）BJS – JNB –（via South Atlantic）– RIO。

（3）BJS – PAR –（via Atlantic）– RIO。

上述 3 种航程均可以到达目的地，且均可以采用中国北京—巴西里约热内卢的直达运价，但是由于采用了不同的航行方向，同级别运价也会有所不同。在运价表中，国际航空运输协会(IATA)给不同的旅行方向规定了相应的代码，称为两字方向性代码（Two – Letter Direction Codes）或国际运输方向性代码（Global Indicator，GI）。

（二）国际航程方向性代码解析

（1）西半球航线代码为 WH（Western Hemisphere）。国际航协的定义为 Within Area 1（Western Hemisphere），即适用于 IATA 一区（西半球）之内的航线，如 WAS – MEX –

---

① 里程制运价计算规则内容详见本章第二节，普通运价基础知识部分。
② 详细介绍在本章第二节，来回程和环程运价计算部分。
③ 使用缺口程时，注意一国原则，且越来越多的缺口运价适用规则允许在始发国和/或折返国存在国际缺口。

RIO，全航程均在 IATA 一区内。

（2）东半球航线代码为 EH（Eastern Hemisphere）。国际航协的定义为 Between Area 2 and Area 3 via Eastern Hemisphere（other than FE/RU/TS），Within Area 2 or Within Area 3，即适用于 IATA 二区和 IATA 三区之间经过东半球，除 FE/RU/TS[①] 外的航线，以及全航程在 IATA 二区或者 IATA 三区境内的航线。

例如，ZRH – JNB，全航程在 IATA 二区内；BJS – MNL – SYD，全航程在 IATA 三区内；HKG – KHI – OSL，全航程在 IATA 二区和 IATA 三区之间。

（3）大西洋航线代码为 AT（Atlantic）。国际航协的定义为 Between Area 1 and Area 2/Area 3 via the Atlantic（other than SA），即适用于航程在 IATA 一区和 IATA 二区之间，经过大西洋的航线，以及航程在 IATA 一区和 IATA 三区之间，经过大西洋的航线（除 SA 航线[②]外）。

例如，WAW – LON – WAS，航程在 IATA 一区和 IATA 二区之间，经过大西洋；BJS – ROM – MIA，航程在 IATA 一区和 IATA 三区之间，经过大西洋。

（4）太平洋航线代码为 PA（Pacific）。国际航协的定义为 between Area 3 and Area 1 via Pacific（other than Between SW Pand South America via North America and North Central Pacific；and other than PN），即航程在 IATA 三区和 IATA 一区之间，经过太平洋旅行的航线（西南太平洋和南美洲经过北美和中北太平洋航线，以及 PN 航线[③]除外）。

例如，SZX – ANC – CHI，航程在中国（IATA 三区）和美国（IATA 一区）之间，经过太平洋。

（5）大西洋和太平洋航线代码为 AP（Atlantic and Pacific）。国际航协的定义为 Between Area 2 and Area 3 via the Atlantic and the Pacific，即适用于航程在 IATA 二区和 IATA 三区之间，既经过大西洋，又经过太平洋（经过 IATA 一区）的航线。

例如，BJS – TYO – HNL – NYC – PAR，从 IATA 三区出发，经过 IATA 一区，到达 IATA 二区，整个航程中既经过了太平洋，又经过了大西洋。

（6）南大西洋航线代码为 SA（South Atlantic）。国际航协的定义为 Between Argentina/Brazil/Chile/Paraguay/Uruguay and South East Asia via the Atlantic and only via point（s）in Central Africa, Southern Africa, Indian Ocean Islands or via direct services，即适用于南大西洋次分区[④]和东南亚次分区[⑤]之间经过大西洋的直达航班，或者经过中非、南非或印度洋岛屿[⑥]的经停点，但不经过除中非、南非或印度洋岛屿外的 IATA 二区的点的航线。

---

① FE/RU/TS：远东航线/俄罗斯航线/西伯利亚航线，后文有述。
② SA：南大西洋航线，后文有述。
③ PN 航线：太平洋经北美航线，后文有述。
④ 南大西洋次分区：IATA 一区中的次分区，包括5个国家，分别为阿根廷、巴西、智利、巴拉圭和乌拉圭，简称 ABCPU。
⑤ 东南亚次分区：IATA 三区中的次分区，包括中国大陆及港澳台地区。
⑥ 中非、南非和印度洋岛屿：均是 IATA 二区中及非洲次分区的小区。

例如，SAO – JNB – HKG，航班从南大西洋次分区出发，经过南非，到达东南亚次分区，或者航班不在约翰内斯堡停降，飞经南非，直达东南亚次分区。

（7）太平洋经北美航线代码为 PN（Pacific via North America）[①]。国际航协的定义为 Between South America and South West Pacific via North America but not via North and Central Pacific，即适用于全航程在南美洲与西南太平洋次分区之间，经过北美洲但是不经过中、北太平洋的航线。

例如，SYD – SFO – BUE，航班从西南太平洋次分区出发，经过北美洲，前往南美洲。

（8）西伯利亚航线代码为 TS（Trans Siberia）。国际航协的定义为 Between Area 2 and Area 3（Trans Siberian route）with a sector having nonsto service between Europe and Japan/Korea（other than FE/RU），即适用于 IATA 二区和 IATA 三区之间，在欧洲和日韩[②]之间有不经停航段的航线（除 FE/RU[③] 航线外）。

例如，SEL – PAR – MAD，航程始发站在 IATA 三区，终点站在 IATA 二区，并且有欧洲和日韩之间不经停的航段（SEL – PAR），符合西伯利亚航线的条件。

（9）远东航线代码为 FE（Far East）。国际航协的定义为 Between Russia（in Europe）/Ukraine and Area 3 with nonsto service between Russia（in Europe）/Ukraine and Area 3 other than Japan/Korea，即适用于俄罗斯的欧洲部分/乌克兰和 IATA 三区之间，在俄罗斯的欧洲部分/乌克兰和 IATA 三区之间（日韩次分区之外）之间不经停的航线。

例如，HKG – BJS – MOW，航程始发站位于 IATA 三区（非日韩次分区），终点站位于俄罗斯的欧洲部分，且有不经过西伯利亚的航线（BJS – MOW）。

（10）俄罗斯航线代码为 RU（Russia）。国际航协的定义为 Between Russia（in Europe）and Area 3 with nonsto service between Russia（in Europe）and Japan/Korea，not via another country（ies）in Europe，即适用于 IATA 三区和俄罗斯的欧洲部分之间，在日韩次分区和俄罗斯的欧洲部分之间有不经停的航线。

例如，SYD – TYO – MOW，航程始发站在 IATA 三区，终点站在俄罗斯的欧洲部分，且有日韩次分区和俄罗斯的欧洲部分之间的不经停航线（TYO – MOW）。

西伯利亚航线、远东航线和俄罗斯航线三种航线极为类似，仅存在细微差别，非常容易混淆，且这三种航线又与东半球航线非常类似，四种航线的区分可以参照以上内容。

四、指定承运人运价的选择规则

在进行运价选择时，指定承运人运价优先于公布直达运价使用，即如果在某个运价计算区内有指定承运人运价，那么使用指定承运人运价而不使用公布直达运价。在国际

[①] 本目中所引用的术语，包括中美洲、南美洲、北美洲、西南太平洋等，均指所在 IATA 区域的次分区。
[②] 日韩：指日韩次分区，包括日本、韩国和朝鲜 3 个国家。
[③] FE/RU：远东航线/俄罗斯航线，后文有相关叙述。

航空运输中,多数情况下是通过国际联程运输来实现的。国际联程运输涉及多个承运人,选择承运人运价时应遵循如下原则。

(1) 如果有跨大洋(太平洋和大西洋)航段,则跨大洋航段的承运人运价和运价规则适用于整个运价区间,对于 AP 航线来说,跨大西洋的承运人即指定承运人。

例如,ATL – DL – YMQ – AC – GVA – LX – AMM – RJ – DEL。YMQ – AC – GVA 是跨洋航段,则 AC 是指定承运人,计算全航程运价时,若既有 ATL – DEL 的公布直达运价,也有 ATL – DEL 的指定 AC 的承运人运价,则选择后者作为全航程运价计算的基础。

(2) 如果没有跨大洋航段,则跨 IATA 大区航段的承运人运价及其运价规则适用于整个运价区间。

例如,LON – BA – DEL – AI – HKG。伦敦属于 IATA 二区,德里和香港属于 IATA 三区,则选择 LON – DEL 的承运人 BA 作为全航程的指定承运人。

(3) 对于整个航程都在欧洲境内的运价区间,选择第一个国际航段和实际承运里程最大的、运价较低的承运人作为指定承运人,其运价及运价规则适用于整个运价区间。

例如,LON – BA(123M)– MAD – IB(256M)– ATH。LON – ATH 的承运人 BA 的运价为 NUC326.12、IB 的运价为 NUC309.10。按照规则,整个航程选择 IB 作为指定承运人。

(4) 如果没有跨洋,也没有跨 IATA 大区航段,选择跨次分区的承运人作为指定承运人。如果还在一个次分区内,选择实际承运里程最大的承运人作为指定承运人。

例如,PEK – CA – SEL – KE – TYO,整个航程选择 CA 作为指定承运人。PEK – CA(1209M)– MNL – SQ(786M)– SIN,整个航程选择 CA 作为指定承运人。

五、货币转换规则

(一) 国际运价的表示及货币兑换

全球共约 200 个国家和地区,大多数国家和地区开通了国际航线,但这些国家和地区使用的货币千差万别,大多数币值稳定的国家和地区在国际航线运价以本国货币或本地货币表示,而一些经济欠发达国家,由于本国货币通胀严重,币值极其不稳定,往往采用美元等"世界货币"作为国际客票支付货币。除此之外,世界还有很多国家的货币并不能实现自由兑换。这些现实情况给国际航空运输的运价计算和运费支付带来了困难,为了解决以上问题,国际航协制定了一整套解决方案,在 PAT(Passenger Air Tariff)运价表示中,运价均以始发国当地货币运价(Local Currency Fare,LCF)和中性货币单位(Neutral Unit of Construction,NUC)两种价格符号表示。下面分别介绍当地货币运价和中性货币单位,以及当地货币运价和中性货币单位运价之间的兑换关系。

1. 当地货币运价

在国际航线上,尤其是在联运的国际航线上,不仅会有多个不同国家的承运人参与运输，还会出现经停几个不同国家的情况，若各国承运人都选择其本国货币公布和计算运价，其运价的表达和换算就会烦琐和混乱。为了便于协商制定运价，国际航空运输中通常以运输始发国货币作为制定和公布运价的基础货币，对应的国际运价称为当地货币运价。

如前所述，币值不稳定的国家和地区，在航空运输中，尤其是在国际航空运输中往往会采用美元等"世界货币"作为运价公布的货币。

2. 中性货币单位

在国际运价中，按照国际航协制定的里程制运价计算规则计算非直达航程运价时，经常需要对不同航段的运价进行比较组合，由于涉及多个国家或地区的当地货币，不同的货币单位很难进行比较或加减。为了解决这个问题，便于构成和计算国际运价，国际航协制定了统一的以美元为基础的货币计算单位，称为中性货币单位，其"币值"与美元等值，并且规定中性货币单位保留到小数点之后两位，两位之后的小数位直接舍掉。

在国际航协公布的直达运价中，所有两点的直达运价均以当地货币和中性货币单位运价同时公布。例如，在2012年5.11版的PAT – Worldwide Fares（《航空旅客规则》）中，SHA – HKG 的单程普通经济舱全额票价是 CNY2170、NUC280.24，HKG – HNL 的单程商务舱全额票价是 HKD10290、NUC1316.60，这两个航段使用中性货币单位就可以方便地进行计算。

3. 国际航协货币兑换率

中性货币单位运价和当地货币运价可以进行双向兑换，相应的兑换比率称为 IROE（IATA Rate of Exchange），由 IATA 清算所（IATA Clearing House，ICH）定期公布，每三个月更新一次，从而使得运价的兑换有章可循，并在某阶段内保持相对的稳定性。取每季度第二个月份15日前连续5天内的美元兑换当地货币的平均外汇中间价，作为下一季度的货币兑换率并在当月公布。国际航协每年公布四种新的货币兑换率，即在每个季度开始时使用一种新的货币兑换率。当某国货币币值的波动超过6%时，国际航协会及时更新该国的货币兑换率，以便和该货币的实际币值一致，并且在下月1日开始实施。

在当前的国际经济形势下，世界各国货币与美元的比价经常发生变动，货币兑换率也几乎每3个月就会随之发生变动。因此，即使当地货币运价在一定期间内保持不变，受货币兑换率的影响，中性货币单位运价仍会发生变化。

4. 当地货币运价与中性货币单位运价之间的兑换

货币兑换率是当地货币运价与中性货币单位运价之间兑换的媒介，其兑换关系如下：

$$NUC = LCF/IROE \qquad 公式（1）$$
$$LCF = NUC \times IROE \qquad 公式（2）$$

其中，公式（2）是国际运价计算过程中最为常用的公式。

（二）国际航协兑换率表的查阅

在 PAT – Worldwide Fares 4.1 中，国际航协公布了全球所有国家在国际航空运输中所使用的货币（大多为本国货币）与中性货币单位运价的兑换率，并给出了该当地货币的进位规则。

能熟练、正确阅读和使用国际航协兑换率样表（见表3-1）是一项重要的技能，下面进行简要介绍。

表3-1 国际航协兑换率样表

IATA Rates of Exchange ①
(IROE)

NOTE:
The ROE used to convert NUC into the currency of the country of commencement of transportation shall be that in effect on the date of ticket issuance. ②

To calculate fares, rates or charges in currencies listed below: ③				Multiply NUC fare rate/charge by the following rate of exchange:	And round up the resulting amount to the next higher unit as listed below:			
Country (+ local currency acceptance limited) ④	Currency Name ⑤	ISO Codes		From NUC ⑦	Rounding Units			Notes
		Alpha	Numeric ⑥		Local Curr. Fares ⑧	Other Charges	Decimal Units	
	Afghanistan	US Dollar	USD	840	1.000000	1	0.1	2	5
+	Afghanistan	Afghani	AFN	971	49.500000	1	1	0	2, 8
	Albania	euro	EUR	978	0.802525	1	0.01	2	
+	Albania	Lek	ALL	008	NA	1	1	0	22
+	Algeria	Algerian Dinar	DZD	012	72.159000	10	1	0	
	American Samoa	US Dollar	USD	840	1.000000	1	0.1	2	5
	Angola	US Dollar	USD	840	1.000000	1	0.1	2	5
+	Angola	Kwanza	AOA	973	89.202650	1	1	2	2, 8
	Anguilla	US Dollar	USD	840	1.000000	1	0.1	2	5
	Anguilla	East Caribbean Dollar	XCD	951	2.700000	1	0.1	2	2
	Antigua Barbuda	US Dollar	USD	840	1.000000	1	0.1	2	5
	Antigua Barbuda	East Caribbean Dollar	XCD	951	2.700000	1	0.1	2	2
	Argentina	US Dollar	USD	840	1.000000	1	0.1	2	5
+	Argentina	Argentine Peso	ARS	032	2.907400	1	0.1	2	1, 2, 5, 8
	Armenia	US Dollar	USD	840	1.000000	1	0.1	2	5
+	Armenia	Armenian Dram	AMD	051	463.500000	1	1	0	2, 8
	Aruba	Aruban Guilder	AWG	533	1.790000	1	1	0	
	Australia	Australian Dollar	AUD	036	1.301754	1	0.1	2	8, 17
	Austria	euro	EUR	978	0.802525	1	0.01	2	8
	Azerbaijan	US Dollar	USD	840	1.000000	1	0.1	2	5
+	Azerbaijan	Azarbaijanian Manat	AZM	031	4604.500000	1	0.1	2	2, 8
	Bahamas	US Dollar	USD	840	1.000000	1	0.1	2	5
	Bahamas	Bahamian Dollar	BSD	044	NA	1	0.1	2	
	Bahrain	Bahraini Dinar	BHD	048	0.376100	1	1		
	Bangladesh	US Dollar	USD	840	1.000000	1	0.1	2	5
+	Bangladesh	Taka	BDT	050	65.698000	1	1	0	2
	Barbados	US Dollar	USD	840	1.000000	1	0.1	2	5
+	Barbados	Barbados Dollar	BBD	052	NA	1	0.1	2	2
	Belarus	US Dollar	USD	840	1.000000	1	0.1	2	5
+	Belarus	Belarussian Ruble	BYR	974	2153.500000	10	10	0	2, 4, 8
	Belgium	euro	EUR	978	0.802525	1	0.01	2	8
	Belize	US Dollar	USD	840	1.000000	1	0.1	2	5
+	Belize	Belize Dollar	BZD	084	2.000000	1	0.1	2	2
	Benin	CFA Franc	XOF	952	526.421739	100	100		
	Bermuda	US Dollar	USD	840	1.000000	1	0.1	2	5
	Bermuda	Bermudian Dollar	BMD	060	1.000000	1	0.1	2	2, 5
	Bhutan	Ngultrum	BTN	064	43.856500	1	1	0	
	Bolivia	US Dollar	USD	840	1.000000	1	0.1	2	5
+	Bolivia	Boliviano	BOB	068	8.052500	1	1	0	1, 2, 8
	Bosnia and Herzegovina	euro	EUR	978	0.802525	1	0.01	2	
+	Bosnia and Herzegovina	Convertible Mark	BAM	977	NA	1	1	0	22
	Botswana	Pula	BWP	072	5.340521	1	0.1	2	

国际航协兑换率样表包含的主要信息如下所示。

① IATA Rates of Exchange（IROE）：国际航协兑换率。

② NOTE：The ROE used to convert NUC into the currency of the country of commencement of transportation shall be that in effect on the date of ticket issuance.：该兑换率适用于将中性货币单位运价转换成运输始发国的当地货币运价，以出票时间为准。

③ 该栏是④~⑧的总结性概述信息。

④ 国家名称，以国家英文首字母排序。"＋"表示该国本国货币使用受限。

⑤ 该国的官方货币的英文名称。

⑥ 货币国际标准代码，分为字母代码和数字代码。货币字母代码的前两位为国家代码，第三位是该国货币名称的缩写。

⑦ IROE 兑换率，即中性货币单位运价与当地货币运价的兑换关系。

⑧ 货币进位法。Local Curr. Fare：票价的进位规定；Other Charges：其他收费的进位规定，主要适用于除税款、逾重行李费等运价外费用的进位；Decimal Units：货币显示法，即小数点之后保留的位数，以保留两位的情况居多；Notes：注解，为正确判读、计算当地货币进位的关键。

另外，通常注释列（Notes）的内容是有关四舍五入的，对应的当地货币尾数取舍遵循四舍五入的规则，其他注释号没有描述尾数的取舍，则认为是余额进位的规则。不了解注释 4 的内容，人们就容易对美国境内始发的航程做出错误的进位操作。

注释 4：Rounding of fares and other charges shall be to the nearest rounding unit except US tax charges shall be rounded to the nearest 0.01.：除美国的税应该四舍五入保留到 0.01 外，其他的票价和各种费用应四舍五入保留到相应的进位单元。美国的货币进位规则如表 3-2 所示。

表 3-2 美国的货币进位规则

Currency Name	ISO Code	Form NUC	Rounding units			
			Local Curr. Fare	Other Charges	Decimal Units	Notes
US Dollar	USD	1.000000	1	0.1	2	4
美元	USD	1.000000	票价保留到个位	其他费用保留到 0.1	小数点之后保留 2 位有效数字	注释 4

由此可见，不了解注释 4 的内容，会造成操作错误。几种常见的国际货币的进位规则总结如表 3-3 所示。

表 3-3　几种常见国际货币的进位规则

货币	代码	与 NUC 的兑换率①	票价进位	税费进位	有效数字	注释	符号
人民币	CNY	7.645920	10	1	0		H10
美元	USD	1.000000	1	0.1	2	4	N1
欧元	EUR	0.802525	1	0.01	2	8	H1
英镑	GBP	0.503812	1	0.1	2	5,8	N1
澳元	AUD	1.301754	1	0.1	2	8,17	H1
日元	JPY	121.551000	100	10	0	7,8	H100

（三）货币转换与进位

1. 当地货币运价转换成中性货币单位运价

当地货币运价与中性货币单位运价之间的转化，基于前述公式（1）和公式（2）。

在已知当地货币运价的情况下，使用公式（1）：NUC = LCF/IROE，将取得的中性货币单位运价值，从小数点之后的第三位开始，全部舍掉，保留小数点之后两位有效数字即可。

例如，将澳大利亚元（AUD）3401.84 转换成用 NUC 表示的运价。

NUC = LCF/IROE = 3401.84/1.301754 = 2613.2741

将 NUC 值保留两位有效数字，从第三位开始全部舍掉得到结果为 NUC2613.27。

2. 当地货币进位规则

当地货币进位规则较为复杂。一般在运价计算过程中，得出以中性货币单位运价表示的运价之后，要将中性货币单位运价通过公式（2）转换成当地货币运价，在这个过程中最为重要的是当地货币值尾数的取舍。

目前计算当地货币的进位方法有两种，如下所示。

（1）余额进位法，又称全进位法（Full Adjustment）。按照兑换率表中规定的舍入单位，计算结果的尾数只要不是 0，就进到更高的一位，英文为 HIGHER，用 H 表示。

尾数按余额进位法处理的货币主要有人民币、澳元、日元等。如果要求进位的货币的进位单位为 1、5、10 等，应将当地货币的票价尾数取到小数点的后一位，舍去其余部分，检查该数字。即百分位之后的尾数舍去，若从其保留位数的后一位起、到十分位的各位上不全为 0，则余数进位；若全为 0，则不进位。

---

① 由于 IROE 值处于变动之中，本书中所有涉及的 IROE 只作练习之用。

人民币（国际标准代码：CNY）的进位规则为余额进位，最小单位为10元，表示为H10，且小数点之后不要求保留有效数字。例如，CNY1234.5678，进位后为CNY1240。

澳元（国际标准代码：AUD）的进位规则为余额进位，最小单位为1元，表示为H1，小数点之后要求保留两位有效数字。例如，AUD1234.1567，进AUD1235.00；AUD1234.0567，进位后为AUD1234.00。

日元（国际标准代码：JPY）的进位规则为余额进位，最小单位为100元，表示为H100，且小数点之后不要求保留有效数字。例如，JPY1234 56.789，进位后为JPY123500。

泰国货币（国际标准代码：THB）的进位规则为5进制，即小于5的数字应进位至5，超过5的数字进到整10位数，表示为H5，且小数点之后不要求保留有效数字。例如，THB123 4.56，进位后为THB1235；THB123 5.67，进位后为THB1240。

（2）四舍五入法，又称半进位法（Half Adjustment）。英文表示为NEAREST，即进到最接近的小数位，用N表示。尾数按四舍五入法处理的货币主要有美元，若其保留位数的后一位大于或等于5则进位，小于5则舍去。

美元USD的进位规则为四舍五入，最小单位为1元，表示为N1，要求保留小数点之后两位有效数字。例如，USD1234.56，进位后为USD1235.00；USD1234.46，进位后为USD1234.00。

3. 中性货币单位运价与当地货币运价的转换

在进行国际运价计算的过程中，最终需要将计算所得的NUC运价，通过公式（2）转换成实际的始发国当地货币运价。

例如，将NUC306.68转换成澳大利亚元（AUD）。

LCF = NUC × IROE = 306.68 × 1.301754 = 399.221

澳大利亚元的进位规则为H1，要求保留两位有效数字，因此进位后的LCF为AUD400.00。

例如，一张从中国出发的某国际客票票价为NUC1000.00，旅客用人民币付款，请计算票款。

LCF = NUC × IROE = 1000.00 × 7.645920 = 7645.920

人民币的进位规则为H10，小数点后不要求保留有效数字，因此进位后的LCF为CNY7650。

（四）不同国家货币之间的转换

在国际客票销售中，不仅需要考虑当地货币和中性货币单位的转换，而且很多情况下还涉及不同国家之间的货币转换问题。例如，很多国家对于国际航班的进出港旅客有各种各样、名目繁多的税费要求，这些税费均是以当地货币来表示的，在销售客票时需要以当日的外汇买卖价格将其转换成本国货币。

货币之间的转换率是由外汇交易市场上买卖双方的交易决定的（见表3-4）。银行作为金融机构，代理顾客用现钞在外汇交易市场上进行交易。货币转换的主要比率是现钞的银行卖出价（Bankers' Selling Rate，BSR）和现钞银行买入价（Bankers' Buying Rate，BBR）。

表3-4 某日人民币对主要币种兑换率报价①

币种	交易单位	中间价	现钞买入价	现钞卖出价
美元（USD）	100	635.8	628.81	637.71
港币（HKD）	100	81.96	81.22	82.12
欧元（EUR）	100	781.46	753.72	784.59
英镑（GBP）	100	997.57	962.16	1001.56
日元（JPY）	100	8.13	7.84	8.16

人民币是中华人民共和国大陆境内唯一合法流通使用的货币，且人民币只在经常项目下可兑换，所以售票业务人员不能接受旅客用外币支付的票款，即使是按照银行兑换率进行兑换也不可以。

初学者经常在使用BSR和BBR时出现混淆，但对于国际客票销售来说，我们需要用的是银行卖出价，简言之，需要拿人民币去银行购买外币。

第二节 民航国际客票普通运价计算

一、普通运价基础知识

普通运价是国际航空运输的基础性运价，国际航协制定了一整套规则来规范运价计算。

（一）公布直达运价

公布直达运价（Published Through Fare）是指全球范围内公布的两点之间的直达运价，包括普通运价（Normal Fare）和特殊运价（Special Fare），可以从 PAT – Worldwide Fares 中查阅。具体查阅方法如表3-5所示。

---

① 数据来源：中国人民银行官网。

表 3-5 公布直达运价表示例

	FARE TYPE	LOCAL CURRENCY	NUC	CARR CODE	RULE	GI MPM & ROUTING	
①	**JAKARTA (JKT)**						
	INDONESIA					US DOLLAR (USD)	
	To MOSCOW (MOW)					EH 8972	
						FE 6974	
						RU 9930	
						TS 9930	
						AP 16328	
②	Y	3000	3000.00		Y146	EH	⑦
	Y	5456	5456.00		Y146	EH	
	LONDON (LON)						
	UNITED KINGDOM					POUND STERLING (GBP)	
	To SYDNEY (SYD)					EH 13206	
						TS 13294	⑧
						AP 15007	
	Y	2854	4453.73		Y169	EH	
	Y	4391	6852.26		Y169	EH	
	Y	3003	4686.25		Y169	TS AP	
	Y	4622	7212.74		Y169	TS AP	
	J2QF1	4413	6886.59	QF	E823	EH	
	F2QF1	6252	9756.40	QF	E823	EH	
③	Y	2771	4324.21	VS	E871	EH	
	YR	4263	6652.51	VS	E871	EH	
	MUMBAI (BOM)						
	INDIA					INDIAN RUPEE (INR)	
④	To AHMEDABAD (AMD)						
	(USD)						
	Y	75	75.00	IC	D051	EH 9998	
	JRT	185	185.00	IC	D051	EH 9998	⑨
	J	115	115.00	IC	D051	EH 9998	
	VANCOUVER (YVR)						
	CANADA					CANADIAN DOLLAR (CAD)	
	To BEIJING (BJS)					PA 6333	
						AT 12819	
	Y	1836	1171.74		X1143	PA	
⑤	Y	3465	2211.37		X1143	PA	⑩
	C	2799	1786.32		X1146	PA	
	C	5282	3370.98		X1146	PA	
	F	4264	2721.29		X1146	PA	
	F	8046	5134.97		X1146	PA	
	YLEE6M	2209	1409.79		X1119	PA	
	YHEE6M	2401	1532.32		X1119	PA	
	C	2643	1686.77	CI	P0100	PA	
	CCT	5286	3373.54	CI	P0338	PA 0315	
	F	4390	2801.71	CI	P0100	PA	
⑥	FCT	8780	5603.42	CI	P0338	PA 0315	
	BLAP3M	2300	1467.86	CX	P0223	PA 0174	
	BHAP3M	2600	1659.32	CX	P0223	PA 0174	

① 始发站和目的站。公布直达运价是指从始发站前往目的站的运价，国际运价和国内运价最大的区别是国际运价是有方向的，JFT-MOW 的运价和 MOW-JFT 的运价往往并不相同。JAKARTA（JKT）是始发站的英文全称和三字代码，INDONESIA 是 JAKARTA（JKT）所在的国家，US DOLLAR（USD）是该国国际运价所使用的货币，US DOLLAR 是指美元，USD 是美元的货币代码。

② 运价等级（FARE TYPE）。细体字表示单程运价，粗体字表示来回程运价。在普通运价中，若没有公布来回程运价，可以使用二倍的单程运价来代替。

③ 当地货币运价（LOCAL CURRENCY），是用当地货币表示的自始发站至目的站

80

之间的运价。

④ 例外情况（Exception）。在始发站所适用货币不适用于目的站的情况下，所使用的货币应标注在两个星号之间。

⑤ NUC 运价，是用中性货币单位表示的自始发站至目的站之间的运价。

⑥ 承运人代码（CARR CODE），标注了承运人代码的运价为指定承运人运价，若没有标注，则为行业运价，各承运人均可以使用。

⑦ 国际运输方向性代码（GI），表示该运价所适用的具体航行方向。

⑧ 最大允许里程（MPM）[①]，以英里为单位，表示在始发站和目的站之间适用相应的 GI 的情况下，所允许的最大航行里程。

⑨ 航程代码（ROUTING），航程代码，由 4 位阿拉伯数字组成，若该栏有内容，则表示相应的始发站和目的站之间有指定航程[②]内容，在 PAT – Fare Rules 运价规则手册的指定航程表中给出了相应的要求和限制。

⑩ 运价适用规则（RULE），在 PAT – Fare Rules 运价规则手册中可以查找到相应代码的具体内容。

（二）公布直达运价的选用

在 PAT – Fare Rules 运价规则手册中，两点之间通常会出现多种运价，应根据具体情况选择其中一种。选择运价时需要综合考虑以下因素。

1. 运价等级

普通运价相对于特殊运价来说，运价较高，但是相应的限制也比较少。普通运价还可以分为以下两类。

（1）不受限制的普通运价，主要以 Y 或 Y1、C 或 C1、F 或 F1 等来表示。

（2）受限制的普通运价，通常以 Y2、C2、F2 等来表示。

对普通运价的限制通常有 3 个方面：对中途分程和转机次数的限制；对适用的季节性运价和周中/周末运价的限制；对承运人的限制。

在运价等级栏还会标明运价的季节性代码，如 L（淡季）、S（平季）、H（旺季）；周末工作日代码，如 W（周末）、X（工作日）；夜航代码 N；特殊运价代码，如 EE（个人短期游览运价）、PX（现购游览运价）、AP（预先购买的游览运价）；有效期，如 30（30 天）、3M（3 个月）等。

2. 承运人运价

在进行运价等级选择时，还需要注意有关承运人运价的选择。按照国际航空运输规则，如果航程运价上既有公布直达运价，又有指定承运人运价，则优先适用指定承运人运价。在国际联程运输时，一个航程的多个航段可能由多个不同的承运人共同完成，这

---

① 最大允许里程（MPM），里程制运价计算系统的关键概念，后文有述。
② 指定航程（Specified Routing），后文有述。

时应选择主承运人，并适用主承运人的指定承运人运价。

3. 运价规则

运价规则在运价选择中起着关键性作用，尤其是对于 Y2 等受限制的普通运价和所有的特殊运价来说，运价规则的使用对于票价的适用至关重要。

运价规则有两种，分别是适用于特殊运价的标准运输条件 SC100 和适用于普通运价的标准运输条件 SC101，本节只介绍适用于普通运价的标准运输条件 SC101，如图 3－1 所示。

为了便于理解，本书将标准运输条件 SC101 对应译成中文如下。

第一部分标准条件（A 部分），第二部分除非特定运价条件另有支配性说明，下列限定条件和一般规则适用（B 部分）。

0）运价的适用

 A）1）适用

   见运价决议

  2）运价

   表明在运价决议的附件中

  3）旅客费用

   允许

 B）1）旅行种类

   参见一般规则 2.7

   单程、来回程、环程、缺口程

  2）旅客费用

   参见一般规则 8.4

1）资格

 A）没有要求

  例外：无成人陪伴婴儿：不符合条件

2）日期/时间

 A）没有限制

  承运人运价适用规则除外：平日或周末运价适用的旅行期间

   平日：星期一、星期二、星期三、星期四

   周末：星期五、星期六、星期日

 B）平日/周末运价的适用

  每一运价区间的第一个国际段的出发日期决定适用的运价

  承运人运价规则例外：由各运价区间跨大西洋或跨太平洋的日期决定运价区间适用的运价

SC101 - Standard Condition for Normal Fares (based on IATA Resolution 101)

Part 1 Standard Condition (Definitions are in General Rule 1.2) **Part 2** the following Governing Conditions and General Rules always apply unless specifically overridden in the fare rule

0) APPLICATION
A) 1) Application
see the fare rule
2) Fares
shown in the fares pages
3) Passenger Expenses
permitted

B) 1) Types of Trip
General Rule 2.7
one way, round trip, circle trip, open jaw
2) Passenger Expenses
General Rule 8.4

1) ELIGIBILITY
A) no requirements
Exception: unaccompanied infant: not eligible

2) DAY/TIME
A) no requirements
Carrier Fares Rules Exception: midweek and weekend periods
midweek: Mon, Tue, Wed, Thu
weekend: Fri, Sat, Sun

B) Midweek/Weekend Application
the day of departure on the first international sector of each fare component determines the applicable fare
Carrier Fares Rule Exception: transatlantic/transpacific midweek/weekend fares: the date of departure on each transatlantic/transpacific sector determines the applicable fare

3) SEASONALITY
A) no restrictions

B) Seasonal Application
the date of departure on the first international sector of each fare component determines the applicable fare
Carrier Fares Rules Exception: transatlantic/transpacific seasonal fares: the date of departure on the outbound transatlantic/transpacific sector determines the applicable fare for the entire pricing unit

4) FLIGHT APPLICATION
A) no restrictions
Carrier Fares Rules Exception: travel is restricted to services of carriers listed in Paragraph 0) Application

B) General Rule 2.4

5) RESERVATIONS AND TICKETING
A) no restrictions

6) MINIMUM STAY
A) no requirement

7) MAXIMUM STAY
A) no requirement

8) STOPOVERS
A) unlimited permitted

B) General Rule 2.1.9

9) TRANSFERS
A) unlimited permitted

B) 1) General Rule 2.1.10
2) if there are limitations on the number of transfers: each stopover uses one of the transfers permitted

10) CONSTRUCTIONS AND COMBINATIONS
A) 1) Constructions
unspecified through fares may be established by construction with applicable add-ons
2) Combinations
permitted

B) 1) Constructions
General Rule 2.5.6.1

11) BLACKOUT DATES
A) no restrictions

12) SURCHARGES
A) no requirements

13) ACCOMPANIED TRAVEL
A) no requirements

14) TRAVEL RESTRICTIONS
A) no restrictions

15) SALES RESTRICTIONS
A) 1) Advertising and Sales
no restrictions
2) Extension of Validity
as provided in General Rule

B) 1) Advertising and Sales
a) sales shall include the issuance of tickets, miscellaneous charges orders (MCOs), multiple purpose documents (MPDs) and prepaid ticket advices (PTAs)
b) advertising: any limitations on advertising shall not preclude the quoting of such fares in company tariffs, system timetables and air guides
2) Extension of Validity
General Rules 15.5.1 and 15.5.2

16) PENALTIES
A) no restrictions

B) 1) Cancellation, No-Show, Upgrading
General Rule 9.3
2) Rebooking and Rerouting
a) voluntary: General Rule 15.11, 15.7, 15.8 and provisions for rebooking and rerouting in case of illness
b) involuntary: General Rule 15.11 and 15.9

17) HIGHER INTERMEDIATE POINT AND MILEAGE EXCEPTIONS
A) specific exceptions are shown in the fare rule

B) General Rules 2.9 and 2.4.2

18) TICKET ENDORSEMENTS
A) no restrictions

19) CHILDREN AND INFANT DISCOUNTS
A) 1) Children
a) accompanied children aged 2-11 years: charge 75% of applicable adult fare
b) unaccompanied children aged 2-11 years: charge 100% of applicable adult fare
2) Infant
a) accompanied infant
i) no seat: charge 10% of applicable adult fare
ii) booked seat: charge 75% of applicable adult fare
b) unaccompanied infant: not permitted

B) General Rule 6.2

20) TOUR CONDUCTOR DISCOUNTS
A) permitted

B) General Rule 6.6

21) AGENT DISCOUNTS
A) permitted

22) OTHER DISCOUNTS/SECONDARY FARE APPLICATIONS
A) 1) Fares
specific requirements are shown in the fare rule
2) Eligibility
specific requirements are shown in the fare rule
3) Documentation
specific requirements are shown in the fare rule
4) Accompanied Travel
specific requirements are shown in the fare rule

23) not used

24) not used

25) not used

26) GROUPS
A) no requirements

27) TOURS
A) no requirements

B) General Rule 18

28) not used

29) DEPOSITS
A) no requirements

图 3-1　标准运输条件 SC101

3）季节性

　　A）没有限制

　　B）季节性运价的适用

　　　　每一运价区间的第一个国际段的出发日期决定适用的运价

　　　　承运人运价规则例外：由去程跨大西洋或跨太平洋的日期决定整个计价单元适用的运价

4）航班适用条件

　　A）没有限制

　　　　承运人运价规则例外：旅行受0）运价的适用中的条件限制

　　B）参见一般规则2.4

5）订座和出票

　　A）没有限制

6）最短停留期限

　　A）没有要求

7）最长停留期限

　　A）没有要求

8）中途分程

　　A）无限许可

　　B）参见一般规则2.1.9

9）转机

　　A）无限许可

　　B）1）参见一般规则2.1.10

　　　　2）如果对转机次数有限制，则每一次中途分程均应算作一次转机

10）构成和组合

　　A）1）构成

　　　　　非指定直达运价可以使用该运价与比例附加值构成

　　　　2）组合

　　　　　允许

　　B）1）构成

　　　　　参见一般规则2.5.6.1

11）锁定日期

　　A）没有限制

12）附加费

　　A）没有要求

13) 相伴旅行

    A) 没有要求

14) 旅行限制

    A) 没有限制

15) 销售限制

    A) 1) 广告和销售

          没有限制

       2) 有效期的延长

          服从一般规则的条件

    B) 1) 广告和销售

         a) 销售包括发售客票、旅费证、多用途票证和预付票款通知

         b) 广告：任何有关广告的限制不妨碍在公司运价表、系统时刻表和航空指南中公布该运价

       2) 有效期的延长

         参见一般规则 15.5.1 和 15.5.2

16) 罚金

    A) 没有限制

    B) 1) 取消、误机、升舱

         参见一般规则 9.3

       2) 改变订座和改变航程

         a) 自愿：参见一般规则 15.11、15.7、15.8，以及在患病情况下改变订座和改变航程的条款适用

         b) 非自愿：参见一般规则 15.11 和 15.9

17) 中间较高点和里程例外

    A) 特定的例外情况将在该运价规则中说明

    B) 参见一般规则 2.9 和 2.4.2

18) 客票签转

    A) 没有限制

19) 儿童和婴儿折扣

    A) 1) 儿童

         a) 有成人同行的 2~11 岁儿童：收取成人适用运价的 75%

         b) 无成人陪伴的 2~11 岁儿童：收取成人适用运价的 100%

       2) 婴儿

         a) 和成人同行的

           无座：收取成人适用运价的 10%

占座：收取成人适用运价的75%

　　　　　b）无成人陪伴婴儿：不允许

　　B）见一般规则6.2

20）导游折扣

　　A）允许

　　B）参见一般规则6.6

21）代理人折扣

　　A）允许

22）其他折扣/第二水平运价的使用

　　A）1）运价

　　　　　特定要求将在该运价规则中说明

　　　　2）资格

　　　　　特定要求将在该运价规则中说明

　　　　3）文件

　　　　　特定要求将在该运价规则中说明

　　　　4）陪伴旅行

　　　　　特定要求将在该运价规则中说明

23）~25）无

26）团体

　　A）没有要求

27）旅游

　　A）没有要求

　　B）一般规则18

28）无

29）保证金

　　A）没有要求

除标准条件外，每个运价的使用均要符合运价规定的要求，下面以运价规则Y296（见图3-2）为例介绍运价规则的使用方法。

观察运价规则Y296，可以得到以下结论。

（1）该运价规则适用于从菲律宾至日本/韩国的受限的经济舱运价。

（2）该运价规则中只有第0）、第8）和第9）项，其余项默认，即使是在列出的0）、8）和9）项中，也有很多子项省略。在该规则的右上角箭头指向SC101，其含义是，除该规则中列明的项和子项外，其余默认项与标准运输条件SC101相同，换言之，在规则中列出的条款，只是与标准运输条件SC101不同的条款。

```
Y296      RESTRICTED ECONOMY CLASS FARES                    ⇒SC101
          FROM PHILIPPINES TO JAPAN, KOREA (REP. OF)
0)   APPLICATION
     A) 1) Application
            restricted economy class one way, round, turnaround, open jaw trip
            normal fares
            from Philippines to Japan, Korea (Rep. of)
8)   STOPOVERS
     A) not permitted
9)   TRANSFERS
     A) one way fare or half round trip fare: one permitted
```

图 3-2 运价规则 Y296

（3）在该航程中不允许出现中途分程点，但是允许在单程或环程的一半中出现一个转机点。

根据以上规则，可以得知：MNL – JP – TYO、MNL – KE – X/SEL – KE – TYO、MNL – JP – TYO – JP – MNL 符合 MNL – TYO 的 Y2 运价适用规则，但是航程 MNL – KE – SEL – JP – TYO 不符合 MNL – TYO 的 Y2 运价适用规则，在规则 Y296 中不允许出现中途分程点。

二、指定航程运价计算方法

（一）指定航程的概念

除点到点的直达航程外，计算非直达航程运价通常需要考虑最大允许里程和实际航行里程，并进行中间较高点检查，由此得出的两点间的联程运价称为里程制运价。但对于某些非直达航程，其起讫点、经由点均符合一定的条件，则可以直接使用运价构成点间的直达运价，无须考虑里程和较高点，这样的航程称为指定航程（Specified Routings）。

（二）指定航程表识读

指定航程表公布于 PAT – Fare Rules 运价规则手册的 2.4.5 节，其结构表示如表 3-6 所示。

表 3-6 IATA 三区内的指定航程表

Between	And	Via
Adelaide	Jakarta	Sydney/Melbourne
Beijing	Nagasaki	Shanghai
Beijing	Osaka	Shanghai – Nagasaki（Note 3）
Beijing	Tokyo	Shanghai – Nagasaki – Osaka（Note 2）
Calculator	Hong Kong SAR/Taipei	Bangkok
Delhi	Tokyo	Bangkok

续表

Between	And	Via
Fukuoka	Beijing	Shanghai
Faisalabad、Karachi、Islamabad、Lahore、Mutan、Peshwar	Tokyo/Osaka/Nagoya	Bangkok – Manila
Hong Kong SAR	Kuala Lumber	Kota Kinabalu/Manila
Hong Kong SAR	Singapore	Manila
Karachi	Hong Kong SAR	Manila（Note 4）
Karachi	Seoul	Bangkok/Manila – Tokyo
Kathmandu	Hong Kong SAR	Bangkok
Lahore	Colombo	Karachi
Sapporo	Seoul	Fukuoka/ Nagoya/ Osaka/ Tokyo
Shanghai	Osaka	Nagasaki
Shanghai	Tokyo	Nagasaki/ Osaka（Note 1）
Taipei	Kota Kinabalu	Hong Kong SAR
Tokyo	Beijing	Dalian

NOTES：
1. Only one stopover shall be permitted at Nagasaki/ Osaka
2. Only one stopover shall be permitted at Shanghai/Nagasaki/ Osaka
3. Only one stopover shall be permitted at Shanghai/Nagasaki
4. Fare to be at KHI – MNL or MNL – KHI level as applicable

（1）该表按起讫点所在的 IATA 航空区域划分。例如，表中适用于运价区间的端点均在 IATA 三区内的航程。

（2）表中的第一栏和第二栏表明该运价区间的起点和终点（Between/And）；第三栏表明允许出现在该区间中的指定经由点（Via）。

（3）当两个或两个以上的城市（或区域）被"/"分开时，可以经由其中的一个城市，即"/"表示"or"。例如，表中的 Sydney/Melbourne，即 Sydney 或者 Melbourne 之意。

（4）当两个城市被"–"分开时，表明该航程必须经由上述两个城市或其中一个城市，即"–"表示"and/or"。例如，表中的 Shanghai – Nagasaki，即同时经过 Shanghai 和 Nagasaki 或者二者经过其一。

（5）使用指定航程表时，经由点可以省略，但是不能增加。

（6）使用指定航程表时，经由点顺序不可改变。例如，BJS – X/SHA – X/NGS – OSA – TYO，符合指定航程条件，但是 BJS – X/NGS – X/SHA – OSA – TYO 则不符合。

（7）指定航程表可以正向使用，也可以反向使用。例如，FUK – SHA – BJS 和 BJS – SHA – FUK 均符合指定航程条件。

(8) 使用指定航程表时，还应该注意注释条件。例如，BJS – X/SHA – X/NGS – OSA – TYO，满足指定航程条件，但是 BJS – SHA – NGS – OSA – TYO 则不满足指定航程条件（注释2：在上海、名古屋和大阪三个城市中，只有一个中途分程点被允许）。

(三) 指定航程运价计算

例如，Journey KHI PK BKK TG MNL NH TYO　Fare Type：Y

```
TPM           2039      1364      1879
                  OW NUC    RULEs    MPM
KHITYO    1148.27    Y277    EH5185
IROE   60.848000    H (10, 0) PKR
Fare Construction
FCP        KHITYO (NH – YY)
NUC        Y OW (EH) NUC1148.27
RULE       Y277/SR
AF         NUC1148.27
IROE       ×60.848000
LCF        PKR69869.9 (H10) – PKR69870
Fare Calculation Box：
6JUN13KHI PK BKK TG MNL NH TYO1148.27NUC1148.27END ROE60.848000
```

三、非直达航程运价计算基础

针对非直达航程的运价计算，国际航协制定了标准的运价计算步骤，虽然航程千差万别，但是计算过程基本一致。一般的非直达航程通常采用里程制运价，国际航协制定的里程制运价计算标准步骤如表 3 – 7 所示。

表 3 – 7　里程制运价计算标准步骤

步骤	缩写	释义	说明
1	FCP	Fare Construction Points 运价组合点	确定运价区间及其起讫点（运价构成点）
2	NUC	Neutral Unit of Construction 中性货币单位	确定上述运价构成点间的用 NUC 表示的直达运价
3	RULE	Rules or Conditions 运价适用规则/限制条件	检查上述直达运价是否满足适用条件，或是否为指定航程运价
4	MPM	Maximum Permitted Mileage 最大允许里程	确定上述运价构成点间的最大允许里程

续表

步骤	缩写	释义	说明
5	TPM	Ticketed Point Mileage 开票点里程	计算该运价区间各段开票点里程之和
6	EMA	Extra Mileage Allowance 额外里程优惠	检查该运价区间是否有里程优惠（如有，则从 MPM 中减去 EMA）
7	EMS	Excess Mileage Surcharge 超里程附加	当 TPM（-EMA）大于 MPM 时，计算超里程附加收费的百分比
8	HIP	Higher Intermediate Points 中间较高点	按照运价规则指定的范围，检查该运价区间是否有较高点
9	RULE	Rules or Conditions 运价适用规则/条件	检查上述较高点运价是否满足其适用条件
10	AF	Applicable Fare 适用的运价	考虑里程和较高点，构成该运价区间的里程制运价
11	CHECK	Minimum Check 最低限额运价检查	对各种航程或次航程应进行各种最低限额运价检查（如 BHC、CTM、COM、CPM、DMC 等）
12	TOTAL	Total Fare 运价总额	根据步骤 1 至步骤 11，计算全航程的 NUC 运价
13	ROE	Rates of Exchange IATA 兑换率	确定该航程的始发国货币的 IATA 兑换率
14	LCF	Local Currency Fare 当地货币运价	计算全航程的始发国货币运价（NUC × ROE）

在表 3-7 里程制运价计算标准步骤中，前 3 个步骤前已经讲述过，下面从步骤 4 开始对里程制运价计算过程中关键的几个概念进行阐述。

（一）最大允许里程

最大允许里程（Maximum Permitted Mileage，MPM）是指非直达航程使用航程从始发站到终点站的直达运价时，所允许旅行的最大航程距离（单位：英里）。最大允许里程一般是两点之间最短运营里程（SOM）的 120% 左右。

如前文所述，同一个城市对之间的运价与航程的方向有关，航程的方向决定了旅客的实际旅行里程。最大允许里程是在两点之间直达航行旅程的基础上，增加适当里程额度。旅客在非直达旅行时可以适用直达运价的最大限额，当旅客的实际旅程没有超过最大允许里程时，可以直接适用从始发站到终点站的直达公布运价作为运价计算的基础；当旅客实际旅行里程超过了最大允许里程，则旅客需要为多旅行的里程支付相应的附加费用。特别需要强调的是，想要确定一个航程的最大允许里程，必须先确定该航程的航程方向性代码，即最大允许里程是有方向性的。

例如，伦敦（LON）—悉尼（SYD）经济舱单程有两种运价：2854 英镑，对应的航程方向性代码为 EH，最大允许里程为 13206 英里；3003 英镑，对应的航程方向性代码为 TS 和 AP，最大允许里程分别是 13294 英里和 15007 英里。

（二）实际里程

实际里程也称为开票点里程（Ticketed Point Mileages，TPM），是指在客票的航程栏中列明的航程中所有的连续两个开票点（包括始发站、终点站和转机点）之间的实际航段里程。与最大允许里程不同，实际里程是没有方向性的。

开票点里程可以在 PAT – Fare Rules 运价规则手册中 TPM 表中查阅，如表 3 – 8 所示。在计算航程 TPM 时，将每一个航段的 TPM 加总求和即可。

表 3 – 8 实际里程（TPM）表

BETWEEN/AND		TPM	GI
BEIJING			CN
Amsterdam	NL	4864	EH
Bangkok	TH	2057	EH
Moscow	RU	3600	FE
New York NY	US	6817	PA
Paris	FR	5086	EH
Seoul	KR	568	EH
Tokyo	JP	1313	EH

（三）简单里程制运价计算

例如，Journey   AKL   NZ   X/ADL   QF   X/SIN   SU   MOW   Fare Type：Y
TPM   2039   3359   5234
                 OW NUC   RULEs   MPM
AKLMOW   5872.20   Y169   FE12111
IROE 1.463335 H（1，2）NZD

Fare Construction	
FCP	AKLMOW（SU – YY）
NUC	Y OW（FE）NUC5872.20
RULE	Y169
MPM	FE12111
TPM	10632
EMA	NA
EMS	M
HIP	NIL
RULE	NIL
AF	NUC 5872.20

```
CHECK    NA
TOTAL    NUC5872.20
IROE     ×1.463335
LCF      NZD8592.99（H1,2）NZD8593.00
Fare Calculation Box：
5JUN13AKL NZ X/ADL QF X/SIN SU MOW M5872.20NUC5872.20END ROE1.463335
```

四、额外里程优惠

额外里程优惠（Extra Mileage Allowance，EMA），也称实际里程附减（TPM Deduction），是指航程经过某些特定的路线或地点出现实际里程总和大于最大允许里程的情况时，可按规定给予里程优惠，即将优惠的里程数额从实际里程总和之中减去，然后再和最大允许里程进行比较，进行超里程附加的检查与计算。这种方法可以降低超里程附加额。一个运价区间内，只能享受一次里程优惠。

额外里程优惠在运价计算过程中，要将实际里程总和和最大允许里程相比较，如果实际里程大于最大允许里程，则检查航程是否满足里程优惠表中所列明的条件（若实际开票点里程小于最大允许里程，则不考虑额外里程优惠情况），如果符合，则在实际里程的基础上进行优惠里程附减，用附减之后新的实际里程与最大允许里程进行比较，再进行里程制运价计算的其余步骤。

额外里程优惠的出票代码是"E"，"E"后面紧接指定经由点的城市代码。如果航路中并无指定经由点，就用XXX表示所经过的任何点。

在《航空旅客规则》中列有"超里程优惠"表。该表按IATA区域分类，即按运价区间的起讫点所在区域查找。与IATA三区有关的EMA表如表3-9所示。

表3-9　与IATA三区有关的EMA表

Between	And	Via	TPM Dedution
Europe	Australia	Harare – Johannesburg	518
Europe	South Asian Subcontinent	via both Mumbai and Delhi	700
Europe	Mumbai	Delhi	700
Europe	Delhi	Mumbai	700
Middle East	TC3（except South West Pacific）	Via both Mumbai and Delhi or via both Islamabad and Karachi	700
Middle East	Mumbai	Delhi	700
Middle East	Delhi	Mumbai	700
Middle East	Karachi	Islamabad	700
Middle East	Islamabad	Karachi	700
USA（except Hawaii）/Canada	Area 3	Hawaii – for North/Central Pacific fares only	800

额外里程优惠表中规定了能够享受超里程优惠的航程的起讫点（Between/And）、经由点（Via）和里程优惠额（TPM Deduction）。例如，在中东（Middle East）和西南太平洋次分区之外的 IATA 三区［TC3（except South West Pacific）］之间，同时经过孟买和德里或者同时经过伊斯兰堡和卡拉奇，就可以享受 700 英里的超里程优惠。

使用超里程优惠时，应注意以下问题。

（1）当两个或两个以上的城市（或区域）被"/"分开时，可以经由其中的一个城市（或区域），即"/"表示"or"。例如，USA（except Hawaii）/Canada，即 USA（except Hawaii）或者 Canada 之意。

（2）当两个城市被" - "分开时，表明该航程必须经由上述两个城市或其中一个城市，即" - "表示"and/or"。例如，Harare – Johannesburg，即同时经过 Harare 和 Johannesburg，或者 Harare 和 Johannesburg 二者经过其一。

（3）当两个城市用"both/and"连接时，表明航程必须同时经由上述两个城市，例如，both Mumbai and Delhi，即要求航程必须同时经过孟买和德里才能享受里程优惠。

（4）在超里程优惠的情况下，航程可以增加其他经由点，但不能省略任何指定经由点，这一点是超里程优惠和后文要叙述的指定航程①的显著不同之处。

（5）如没有特别说明，指定经由点也可以是航程的起点或终点。例如，CAI – AMM – BOM – DEL – SIN，属于中东和 IATA 三区（西南太平洋之外）之间，同时经过孟买和德里，享受 700 英里的超里程优惠，如果航程换成 CAI – AMM – BOM – DEL，仍然可以享受 700 英里的超里程优惠。

（6）在同一航程（或运价区间中），仅允许一次里程附减优惠。

（7）跨大洋或西半球内（IATA 一区和 IATA 二区之间/IATA 一区和 IATA 三区之间/IATA 一区内）的航程，有大量指定承运人同时存在的特殊情况。因此，在使用 EMA 时，不仅要考虑航程的起讫点和经由点，还要考虑对指定承运人的要求。

（8）使用超里程优惠表时，应注意某些脚注中的使用限制。例如，经由点是否为中途分程点的限制。

（9）涉及超里程优惠的运价计算

例如，Journey DXB PK ISB PK KHI CA BJS Fare Type：Y
　　　TPM　　　　1213　　　　701　　　3024

	OW NUC	RULEs	MPM
DXBBJS	1576.81	Y205	EH4362
IROE 3.671950 H (10, 0) AED			

Fare Construction
　　FCP　　　　DXBBJS (PK – YY)

---

① 指定航程（Specified Routing），后文有述。

NUC	Y OW (EH) NUC1576.81
RULE	Y205
MPM	EH4362
TPM	4938
EMA	E/ISBKHI – 700
EMS	M
HIP	NIL
AF	NUC1576.81
CHECK	NA
TOTAL	NUC1576.81
IROE	×3.671950
LCF	AED5789.97 (H10) – AED5790

Fare Calculation Box：
6JUN13DXB PK E/ISB PK E/KHI CA BJS M1576.81NUC1576.81END ROE3.671950

五、超里程附加

当非直达航程的各客票点之间的里程之和超过该运价区间的最大允许里程时，该航程称为超里程航程。根据国际航协里程制运价计算规则，可在 FCP 对应的直达运价基础上，根据里程超额的比例加收超里程附加费（Excess Mileage Surcharges，EMS），允许超出的最大限度为 25%。如超过应采用分段相加最低组合的方法计算票价。超里程附加值具体的计算方法如下：

$$EMS = \frac{\sum TPM(-EMA)}{MPM}$$

即航程所有航段的实际里程之和，如果航程存在额外里程优惠，则减去优惠里程，除以航程的最大允许里程，所得数字保留 5 位有效数字，其余数字舍掉，观察结果，确定相应的超里程附加额（见表 3 – 10）。

表 3 – 10 超里程附加额

结果 (x)	运价至少在直达运价基础上附加的额度
$1.00 < x \leqslant 1.05$	5%
$1.05 < x \leqslant 1.10$	10%
$1.10 < x \leqslant 1.15$	15%
$1.15 < x \leqslant 1.20$	20%
$1.20 < x \leqslant 1.25$	25%
$x > 1.25$	最低组合运价

例如，从 OSL（奥斯陆）- GVA（日内瓦），航程如下：

OSL		
CPH	OSL - CPH	TPM314
FRA	CPH - FRA	TPM422
PAR	FRA - PAR	TPM289
GVA	PAR - GVA	TPM250
TPM 合计：		1275
MPM：	OSL - GVA	1173

$1275/1173 = 1.08695$，处于大于 1.05 小于或等于 1.10 的区间，则运价至少应该在 OSL - GVA 公布直达运价的基础上附加 10%。

下面举例说明涉及超里程附加的运价计算。

```
Journey  SYD    EY  X/AUH  EY  JNB  BA  LON   Fare Type：C
TPM             7492        3909       5640
                OW NUC         RULEs      MPM
          SYDLON  6930.93     Y169       EH13220
IROE 1.287127 H（1, 2）AUD
Fare Construction
FCP          SYDLON（EY-YY）
NUC          C OW（EH）NUC6930.93
RULE         Y169
MPM          EH13220
TPM          17041
EMA          E/JNB  -518
EMS          25M
HIP          NIL
AF           NUC8663.66
CHECK        NA
TOTAL        NUC8663.66
IROE         ×1.287127
LCF          AUD 11151.2（H1）- AUD11152.00
```

Fare Calculation Box：

6JUN13SYD EY X/AUH EY E/JNB BA LON25M8663.66NUC8663.66END ROE1.287127

六、中间较高点运价

在国际联程运输中，由于种种原因，大量存在如下情况。从始发站开始到航程中间的某点，或者航程中从某一点到终点站，或者航程中的某两点之间的直达运价比从始发站到终点站的直达运价还要高。在这种情况下，仍然使用从始发站到终点站的公布直达运价显然不合适。为了解决这一问题，国际航协里程制运价计算规则中制定了专门的规范，这个较高的运价称为中间较高点运价。

（一）中间较高点的定义

中间较高点（Higher Intermediate Point，HIP）是指涉及该点的运价大于公布直达运价的点。中间较高点的使用规则是里程制规则的一部分，是对运价区间的检查。这种检查保证了从票价区间的始发站到终点站的 NUC 运价数额不低于同一票价区间内任一始发站和中途分程点之间、中途分程点和终点站之间或中途分程点之间的直达 NUC 运价。所要进行比较的 NUC 运价数额必须属于同一票价等级或服务等级。

（二）中间较高点检查步骤

首先，中间较高点检查仅适用于航程中的中途分程点，而不适用于非中途分程点，即在航程中加了"X/"的点。中间较高点可以分为以下 3 种类型。

（1）航程从始发站到任一中途分程点的直达运价高于航程从始发站到终点站的直达运价，即始发站中间较高点，简写为 O – HIP。

（2）航程从一个中途分程点到另一个中途分程点的直达运价高于航程从始发站到终点站的直达运价，即中间点中间较高点，简写为 I – HIP。

（3）航程从中途分程点到运价区间的终点站的直达运价高于航程从始发站到终点站的直达运价，即终点站中间较高点，简写为 D – HIP。

例如，航程 BJS – TYO – MOW – X/FRA – LON。

应该检查的城市对为 BJSTYO/BJSMOW/TYOMOW/TYOLON/MOWLON。其中，如果 BJSTYO/BJSMOW 的运价高于 BJSLON 的运价，则会产生 O – HIP；如果 TYOMOW 的运价高于 BJSLON 的运价，则会产生 I – HIP；如果 TYOLON/MOWLON 的运价高于 BJSLON 的运价，则会产生 D – HIP；FRA 是非中途分程点，不参与 HIP 检查。

（三）中间较高点检查要点

（1）如果在一个航程中有多个中间较高点，做 HIP 检查时应选用运价最高的 HIP 作为整个航程检查时用的中间较高点。

（2）如果在一个航程中，既有中间较高点 HIP，又有超里程附加费，那么，超里程附加部分应附加到 HIP 运价上，作为整个航程的运价。

（四）涉及中间较高点的运价计算

例如，Journey   MAD   IB   AMS   KL   X/TYO   JL   HKG   Fare Type：Y

    TPM   909   6007   1822

        OW NUC   RULEs   MPM

    MADAMS   1307.77   Z002

MADHKG	5617.12	Y146	TS10340
AMSHKG	6507.37	Y146	TS9870

IROE 0.761600 H（1，2）EUR

Fare Construction

FCP	MADHKG（KL-YY）
NUC	Y OW（TS）NUC5617.12
RULE	Y146
MPM	TS10340
TPM	8738
EMA	NIL
EMS	M
HIP	AMSHKG（KL-YY）Y OW（TS）NUC6507.35
RULE	Y146
AF	NUC6507.35
CHECK	NIL
TOTAL	NUC6507.35
IROE	×0.761600
LCF	EUR4955.99（H1）-EUR4956.00

Fare Calculation Box：

6JUN13MAD　　IB　　AMS　　KL　　X/TYO　　JL　　HKG　　M
AMSHKG6507.35NUC6507.35END ROE0.761600

七、单程运价计算方法

单程运价计算是较为简单的运价计算，是来回程、环程、儿童和婴儿运价计算的基础。在单程运价中，会全面用到里程制运价计算的理论基础，掌握了单程运价，也就基本掌握了国际航协里程制运价计算的步骤和规则。

（一）单程回拽检查概念

单程回拽检查（One Way Backhaul Check，BHC）是指在非直达航程中，对运价区间内从始发站至任一中途分程点的运价，是否高于该区间从始发站到终点站的直达运价的检查。单程回拽检查仅在使用单程运价时适用。

（二）单程回拽检查步骤

找出从始发站到中途分程点的 NUC 运价中最高的 O-HIP 运价，并将这一运价与 FCP 对应从始发站到终点站的 NUC 运价进行比较。如果选用的 O-HIP 运价高于 FCP 所对应的从始发站到终点站的 NUC 运价，则需要进行单程回拽检查，计算出单程最低限额，并最终确定单程回拽检查差额（存在较高的 O – HIP 时，一定能得出单程最低收费，但不一定存在回拽差额）。

单程回拽检查的步骤如下：

　　　　HI　　NUC（从始发站到中途分程点的最大的 O – HIP 运价）
　　－ LO　　NUC（从始发站到终点站的运价）
　　＝ BHD　　（回拽差额）
　　＋ HI　　NUC（从始发站到中途分程点的最大的 O – HIP 运价）
　　＝ OWM　　（单程最低收费，又称回拽最低限额运价 BHM）

得出单程最低收费后，将 OWM 和 AF 进行比较：

如果 OWM ＞ AF，则计算单程回拽差额（Plus – P），客票填开代码为"P"；

如果 OWM ＜ AF，则不存在单程回拽差额，运价仍然使用 AF 运价。

（三）涉及单程回拽检查的运价计算

例如，Journey MRU　MK　BOM　MH　KUL　TG　BKK　Fare Type：Y

```
          TPM         2919         2240        754
                      OW NUC       RULEs       MPM
MRUBOM                417.43       Y010
MRUKUL                851.97       Y010
MRUBKK                751.84       Y010        EH5755
IROE    32.460000    H (5, 0) MUR
Fare Construction
FCP         MRUBKK（MK – YY）
NUC         Y OW（EH）NUC751.84
RULE        Y010
MPM         EH5755
TPM         5913
EMA         NIL
EMS         5M
HIP         MRUKUL（MK – YY）Y OW（EH）NUC851.97
AF          NUC894.56
CHECK       BHC
               HI      MRUKUL        NUC851.97
              – LO     MRUBKK        NUC751.84
              = BHD                  NUC100.13
              + HI     MRUKUL        NUC851.97
              = OWM                  NUC952.10
```

```
          OWM > AF                    P = 57.54
TOTAL                    NUC952.10
IROE                     ×32.460000
LCF                      MUR30905.166（H5）- MUR30910
```

Fare Calculation Box：

6JUN13MRU MK BOM MH KUL TG BKK5M MRUKUL894.56 PMRUKUL MRUBKK57.54NUC952.10END ROE32.460000

在单程运价计算中，有以下几个要点需要特别注意。

（1）确定航程方向性代码（GI）。这是确定航程最大允许里程和运价的基础。

（2）确定航程是否为指定航程。若航程符合指定航程的条件，则可以用从始发站到终点站的直达运价来代替运价计算。

（3）确定航程是否存在超里程优惠。如果符合超里程优惠的条件，则从 TPM 中扣除优惠里程。

（4）计算超里程附加。在实际学习中，虽然这个计算很简单，但是也往往是初学者容易出错的地方。

（5）做中间较高点检查。首先，非中途分程点不参与中间较高点检查；其次，中间较高点和超里程附加同时存在，则应在中间较高点运价的基础上进行附加。

（6）如果全航程存在 O - HIP，则要进行全航程运价的单程回拽检查。

八、来回程运价计算方法

来回程（Round Trip，RT）是指旅行由一点出发，经某一折返点（Turnaround Point），然后又回到始发站，并且全程使用航空运输的航程。不论其去程和回程的旅行路线是否相同，它仅含两个运价区间并且使用相同的 1/2 来回程运价，即 1/2RT 运价，这也是区别来回程的主要标志。

（一）来回程运价计算规则

（1）来回程的去程和回程区间均应使用从始发站到折返点方向计算的 1/2RT 运价[①]。

（2）在去程和回程中，如果是非直达的运价区间，则里程制运价计算规则适用，包括中间较高点（HIP）检查，但是不包括单程回拽（BHC）检查。

（3）一般情况下，如果去程和回程的 FCP 所对应的城市对没有公布 RT 运价，可以用 OW 运价代替 1/2RT 运价。

---

① 始发国运价原则。

(4) 对来回程运价通常无须进行最低限额检查①。

（二）涉及来回程的运价计算

例如, Journey BJS LH X/FRA LH LON BA BJS Fare Type：Y

	TPM		4840		396		5053		

	RT NUC	RULEs	MPM
BJSFRA	4624.75	Y146	EH7029
BJSLON	5431.91	Y146	EH7474
FRALON	1169.90	Z002	

IROE 7.743120 H（10,0） CNY

Fare Construction

	OUTBOUND	INBOUND
FCP	BJSLON（LH-YY）	BJSLON（BA-YY）
NUC	Y 1/2RT（EH）NUC2715.95	Y 1/2RT（EH）NUC2715.95
RULE	Y146	Y146
MPM	EH7474	POINT
TPM	5236	TO
EMA	NA	POINT
EMS	M	
HIP	NIL	–
AF	NUC2715.95	NUC2715.95
SUBTOTAL	RT NUC5431.90	
CHECK	CTM NA	
TOTAL	NUC5431.90	
IROE	×7.743120	
LCF	CNY42059.85（H10）-CNY42060	

Fare Calculation Box：

6JUN13BJS LH X/FRA LH LON M 2715.95BA BJS M 2715.95NUC5431.90END ROE7.743120

九、环程运价计算方法

环程（Circle Trip，CT）是指旅行从一点出发，经一条环形、连续的航空路线，最后又回到始发站的航程。环程可以由两个以上的运价区间组成，针对初学者，本书只涉

---

① 除无须进行上述单程回拽检查（BHC）外，也无须进行环程最低收费检查（CTM）。

及由两个运价区间组成的环程案例。此外，在进行环程运价计算时，通常去程区间和回程区间有不同的从始发点到折返点的 1/2RT 运价，可能是由去程和回程不同的旅行方向造成的，也可能是由去程和回程出现了不同的 TPM、EMA、EMS 和 HIP 导致的。来回程和环程除以上区别外，还有一个重要的区别，即进行环程运价计算时，需要进行环程最低收费检查（CTM）。

（一）环程运价计算规则

环程运价计算规则与来回运价计算规则基本相同，具体如下。

（1）有两个运价计算区间的环程，去程区间和回程区间均应使用从始发点到折返点方向计算的 1/2RT 运价；有多个运价计算区间的环程，除最终回到运输始发站的运价计算区间使用与旅行方向相反的运价外，其余运价计算区间均使用与旅行方向相同的运价。

（2）在环程的每一个运价计算区间中，如果是非直达的运价区间，则里程制运价计算规则适用，包括中间较高点检查，但是不包括单程回拽检查。

（3）一般情况下，如果某个运价计算区间的 FCP 所对应的城市对没有公布 RT 运价，可以用 OW 运价代替 1/2RT 运价。

（4）对环程运价计算来说，需要进行环程最低收费检查。

（二）环程最低收费检查

环程最低收费（Circle Trip Minimum，CTM）检查是指环程运价不得低于从始发站到该航程任意一个中途分程点（包括折返点）的直达来回程票价。

（三）环程最低限额检查的步骤

找出从始发站到所有中途分程点（包括折返点）的来回程运价，取最高者（即环程最低收费限额）与计算所得环程运价进行比较。

（1）若 CTM 大于 SUBTOTAL（预先加总或未进行检查的票价）值，则 CTM − SUBTTL = CTM 差额（P），则全程运价提高到 CTM 的水平上来。

（2）如果 CTM 小于 SUBTOTAL 值，则不需要计算 CTM 差额（P），采用原来的 SUBTOTAL 运价作为全航程运价即可。

（四）涉及环程的运价计算

例如，Journey NOU SB X/NAN FJ TYO OZ SEL KE SYD SB NOU
　　　　　　　TPM　　783　　　4428　　　740　　　5172　　　　1241
　　Fare Type：Y

	1/2RT NUC	RULEs	MPM
NOUTYO	1183.97	Y312	EH7591
NOUSEL	1342.26	Y312	EH7293
NOUSYD	619.43	Y276	EH1489

NOUNAN	410.82	Y312	EH1122
SYDTYO	1494.30	Y312	
SYDSEL	1325.77	Y312	

IROE 90.882975 H (100, 0) XPF

Fare Construction

	OUTBOUND	INBOUND
FCP	NOUTYO (FJ – YY)	OUTYO (KE – YY)
NUC	Y 1/2RT (EH) NUC1183.97	Y 1/2RT (EH) NUC1183.97
RULE	Y312	Y312
MPM	EH7591	EH7591
TPM	5211	7153
EMA	NA	NA
EMS	M	M
HIP	NIL	SYDTYO (KE – YY) Y 1/2RT (EH) NUC1494.30
RULE	NIL	Y312
AF	NUC1183.97	NUC1494.30
SUBTOTAL		CT NUC2678.27
CHECK		CTM
		NOUSEL Y RT NUC2684.52 > SUBTOTAL
		P NUC6.25
TOTAL		NUC2684.52
IROE		×90.882975
LCF		XPF243977.16 (H100) – XPF244000

Fare Calculation Box：

6JUN13NOU SB X/NAN FJ TYO M1183.97OZ SEL KE SYD SB NOU MSYD-TYO1494.30 PNOUSEL6.25NUC2684.52END ROE90.882975

十、儿童票和婴儿票的计算方法

在国际旅行中，通常会给儿童和婴儿相应的折扣，这种机票称作儿童和婴儿折扣票。在普通运价标准运输条件 SC101 的第 19 条中，也有相应的条款对该运价予以界定（见图 3 – 3）。

```
19) CHILDREN AND INFANT DISCOUNTS
   A) 1) Children
         a) accompanied children aged 2-11 years: charge 75% of applicable adult
            fare
         b) unaccompanied children aged 2-11 years: charge 100% of applicable
            adult fare
      2) Infant
         a) accompanied infant
            i)  no seat: charge 10% of applicable adult fare
            ii) booked seat: charge 75% of applicable adult fare
         b) unaccompanied infant: not permitted
```

图 3-3　标准运输条件 SC101 中关于儿童和婴儿折扣的规定

（一）在国际航空运输中的儿童和婴儿的定义

（1）儿童（Child），是指旅行开始之日已满 2 周岁但不满 12 周岁的旅客。

（2）婴儿（Infant），是指旅行开始之日不满 2 周岁，并且不单独占用座位的旅客。

（3）有成人陪伴儿童（Accompanied Minors），是指跟随一个支付成人票价（包括全票、折扣票或免票）、已达到或超过 12 周岁的旅客一同旅行的儿童或婴儿。

（4）无成人陪伴儿童（Unaccompanied Minors），通常是指没有一个支付成人票价（包括全票、折扣票或免票）、已达到或超过 12 周岁，并且有办理登机、转机、海关等各种手续的充分能力的旅客随同旅行的儿童或婴儿。

需要注意的是，上述年龄要求以旅行开始之日为准，即旅行开始之日的年龄适用于旅客的整个航程，旅行过程中超过界定年龄不影响其运价折扣。

（二）儿童和婴儿的适用运价

从标准运输条件 SC101 的第 19 条中可知，在国际航空运输中儿童和婴儿的使用标准运价如下。

（1）儿童适用运价：有成人陪伴的 2~11 岁儿童收取成人适用运价的 75%；无成人陪伴的 2~11 岁儿童收取成人适用运价的 100%。

（2）婴儿适用运价：有成人陪伴、不占座位的婴儿收取成人适用运价的 10%；有成人陪伴、占座位的婴儿收取成人适用运价的 75%；无成人陪伴的婴儿，不允许登机。

需要注意的是，儿童和婴儿的相应运价折扣率，同样适用于其在旅行过程中需要支付的税费，即儿童和婴儿在旅行过程中的各种税费也可以享受折扣。除此之外，在儿童和婴儿折扣运价计算过程中的各种检查，如 HIP、BHC 和 CTM 等，也适用相应折扣率的运价。

（三）涉及儿童的运价计算

例如，一名 7 周岁的儿童，随父母一起旅行，其航程有关信息如下，计算该儿童的运价。

查运价得知，OSLBJS 的运价规则为 Y146（见图 3-4）。规则 Y146 中有成人陪伴的儿童运价例外条款为从瑞士出发的头等舱儿童，运价为成人适用运价的 100%。本例中儿童从挪威出发，因此不属于例外条款，适用普通运价标准运输条件 SC101 的 19）关于儿童运价的规定，有成人陪伴的 2~11 岁儿童运价为成人适用运价的 75%。

```
Y146    FIRST, INTERMEDIATE/BUSINESS, ECONOMY CLASS FARES⇒SC101
        BETWEEN EUROPE AND SOUTH EAST ASIA VIA EH, FE, RU, TS
0) APPLICATION
   A) 1) Application
         first, intermediate/business, economy class normal fares
         between Europe and South East Asia via EH, FE, RU, TS
      2) Fares
         b) via EH, FE: whenever sectors between the last point of departure in Europe
            and the first point of arrival in South East Asia, or vice versa, are flown in
            intermediate/business class and other sectors are in the same or lower
            class, the applicable through intermediate/business class fare shall be
            applied
         c) via RU, TS: whenever sectors between the last point of departure in Europe
            and the first point of arrival in Japan, Korea (Dem. Rep. of), Korea (Rep.
            of), or vice versa, are flown in intermediate/business class and other
            sectors are in the same or lower class, the applicable through intermediate/
            business class fare shall be applied
19) CHILDREN AND INFANT DISCOUNTS
    A) 1) Children
          a) accompanied children
             Exception: first class fares: from Switzerland: charge 100% of applicable
             adult fare
       2) Infant
          a) accompanied infant
          ii) Exception: first class fares: from Switzerland: charge 100% of applicable
              adult fare
20) TOUR CONDUCTOR DISCOUNTS
    A) not permitted
```

图 3－4　运价规则 Y146

Journey　OSL　SK　BUD　SU　MOW　CZ　BJS　　Fare Type：C

　TPM　　　　941　　　970　　　　3600

　　　　　　OW NUC　　　　　　RULEs　　　　MPM

OSLBUD　　1294.03　　　　　　Z002

OSLMOW　　1225.54　　　　　　Z001

OSLBJS　　3941.74　　　　　　Y146　　　　EH7642

BUDMOW　　899.82　　　　　　Y146

BUDBJS　　4125.27　　　　　　Y146

MOWBJS　　2400.21　　　　　　Y146

IROE　6.205380 H (5, 0) NOK

Fare Construction

FCP　　　OSLBJS（CZ－YY）

NUC　　　C OW（EH）NUC3941.74×75％＝2956.30

RULE　　Y146

MPM　　　EH7642

TPM　　　5511

EMA　　　NA

EMS　　　M

HIP　　　BUDBJS（CZ－YY）C OW（EH）NUC4125.27×75％＝3093.95

RULE　　Y146

AF	NUC3093.95
CHECK	BHC NIL
TOTAL	NUC3093.95
IROE	×6.205380
LCF	NOK19199.13（H5）-NOK19200

Fare Calculation Box：

6JUN13OSL SK BUD SU MOW CZ BJS M BUDBJS3093.95NUC3093.95END ROE6.205380

（四）涉及婴儿的运价计算

例如，一名1周岁的儿童，随父母一起旅行，其航程有关信息如下，计算该婴儿的运价。

查运价得知，OSLBJS的运价规则为Y146（见图3-4）。本例中婴儿从挪威出发，因此不属于规则Y146有成人陪伴的婴儿运价例外条款，适用普通运价标准运输条件SC101的19）关于有成人陪伴婴儿的运价规定，2周岁以下、不占座位的有成人陪伴婴儿运价为成人适用运价的10%。

Journey	OSL SK BUD SU MOW CZ BJS		Fare Type：C
TPM	941　　　970　　　3600		
	OW NUC	RULEs	MPM
OSLBUD	1294.03	Z002	
OSLMOW	1225.54	Z001	
OSLBJS	3941.74	Y146	EH7642
BUDMOW	899.82	Y146	
BUDBJS	4125.27	Y146	
MOWBJS	2400.21	Y146	

IROE 6.205380 H（5,0）NOK

Fare Construction

FCP	OSLBJS（CZ-YY）
NUC	C OW（EH）NUC3941.74×10%=394.17
RULE	Y146
MPM	EH7642
TPM	5511
EMA	NA
EMS	M
HIP	BUDBJS C OW（EH）NUC4125.27×10%=412.52
RULE	Y146
AF	NUC412.52

```
CHECK        BHC NIL
TOTAL        NUC412.52
IROE         ×6.205380
LCF          NOK 2559.84（H5）- NOK2560
```

Fare Calculation Box：

6JUN13OSL SK BUD SU MOW CZ BJS M BUDBJS412.52NUC412.52END ROE6.205380

第三节　民航国际客票出票知识

一、国际电子客票识读

目前，国际客票领域已经实现100%电子客票化。电子客票根据其票号来源可分为航空公司本票和中性客票，电子客票和原有纸票相比可以节省航空公司的分销成本。电子客票是一种无纸化的旅客运输销售记录和服务追踪凭证。消费者航空旅行的动态信息被保存在电子客票文件中，并以电子数据的方式储存在出票航空公司的数据库中，可以做到对整个航空旅行的动态信息保障。下面简要介绍国际电子客票票面信息，如图3-5所示。

```
                    ELECTRONIC TICKET RECORD
INV:                CUST:CUST00              PNR:BNXEDB
TKT:0123456789      ISSUED:19APR06  PCC:04D9 IATA:69500104
NAME:SMITH/JOAN MS
NAME REF:                           TOUR ID:B1
FOP :CA5527310000019322*0906/006476  S
CPN A/L FLT  CLS DATE  BRDOFF TIME ST   F/B       STAT
 1  KL 1924  Y   19JUL GVAAMS 0700 OK Y/YLEE6M   OPEN
 2  KL 1323  Y   19JUL AMSRIX 0920 OK Y/YLEE6M   OPEN
 3  KL 1320  Y   26JUL RIXAMS 0600 OK Y/YLEE6M   OPEN
 4  KL 1927  Y   26JUL AMSGVA 0955 OK Y/YLEE6M   OPEN
              NON ENDORSABLECO BUS
FARE  CHF1591.00  TAX  16.87CH  TAX  11.46CJ  TAX  35.24XT
TOTAL CAD1476.57            EQUIV FARE PD CAD1413.00
GVA KL X/AMS KL RIX M607.73 KL X/AMS KL GVA M607.73 NUC
1215.46 ENDROE1.30855XT12.70RN5.56VV16.98LV
```

图3-5　国际电子客票票面

（1）ELECTRONIC TICKET RECORD：电子客票记录。

（2）PNR：电子客票的记录编码，由6位英文字母和数字组成，是系统自动分配给每个电子客票记录的标识代码。

（3）TKT：电子客票票号。

（4）ISSUED：电子客票出票时间。

(5) IATA：电子客票出票人的国际航协认可编号。

(6) NAME：乘机人姓名。

(7) TOUR ID：旅游代码，在国际客票销售中，这一栏往往注明特殊票价的代码，以此判断该特殊票价的适用规则和代理佣金的额度。

(8) FOP：付款方式，本例中为信用卡支付票款，具体内容后面讲解。

(9) CPN：票联，从左到右涉及的信息点依次为航空公司、航班号、舱位、出发日期、起止城市、起飞时间、订座情况、票价类型、航段状态。

(10) 1~4：航段信息。CPN1航段是航班号KL1924、经济舱，7月19日从日内瓦飞阿姆斯特丹，航班在0700起飞，座位已订妥，票价类型为经济舱淡季最长有效期6个月的旅游票价，航段状态为可以使用；CPN2航段是航班号KL1323、经济舱，7月19日从阿姆斯特丹飞里加（拉脱维亚首都），航班在0920起飞，座位已订妥，票价类型为经济舱淡季最长有效期6个月的旅游票价，航段状态为可以使用；CPN3航段是航班号KL1320、经济舱，7月26日从里加飞阿姆斯特丹，航班在0600起飞，座位已订妥，票价类型为经济舱淡季最长有效期6个月的旅游票价，航段状态为可以使用；CPN4航段是航班号KL1927、经济舱，7月26日从阿姆斯特丹飞日内瓦，航班在0955起飞，座位已订妥，票价类型为经济舱淡季最长有效期6个月的旅游票价，航段状态为可以使用。

(11) FARE：当地货币表示的票价。

(12) TAX：旅行涉及税费。

(13) TOTAL：旅客实付货币。

(14) EQUIV FARE PD：旅客实付等值货币票款。

(15) GVA KL X/AMS KL RIX M607.73 KL X/AMS KL GVA M607.73 NUC 1215.46 ENDROE1.30855XT12.70RN5.56VV16.98LV：票价计算横式，也称自动式。

二、信用卡付款规则

随着金融服务的不断创新，消费的支付方式更加多样和便捷。航空公司和销售代理人都可以接受消费者使用信用卡来支付票款和其他费用。如今用信用卡支付日渐成为人们使用广泛的付款方式。信用卡允许其持有人在商家处实现立即购买商品或服务但后付款，商家当然也包括航空公司和销售代理人。在使用信用卡消费的过程中，航空公司和销售代理人需要审查持卡人的身份，认真核对持卡人姓名和签名字迹是否相符，有时还需要查看信用卡持卡人的照片。销售代理人只能向他们的客户提供信用卡支付的硬件设施，商家身份识别号码由信用卡公司或银行分配。在每一笔信用卡支付的过程中，销售代理人需要向信用卡公司或者银行支付服务费。信用卡付款最大的风险就是信用卡持有人拒绝或没有能力支付其消费金额。

商业信用卡在航空机票销售领域被广泛使用，在支付时，每个种类的信用卡都有两字代码的标识，如下所示。

旅游休闲信用卡：

American Express	AX
Diners Club	DC
Carte Blanche	CB

银行或金融机构信用卡：

Visa International	VI
Discover Card	DS
MasterCard	CA
Eurocard	EC

三、国际客票涉及税费知识

在国际航空运输中所涉及的国家和航空公司往往会收取一些除机票票价外的其他费用，称为税费（Taxes, Fees and Charges, TFCs）。根据税费的类型，税费可以分为离境税（Departure TFC）、到达税（Arrival TFC）、销售税（Sales Tax）、出票税（Ticket Tax）。国际客票涉及税费举例如图3-6所示。

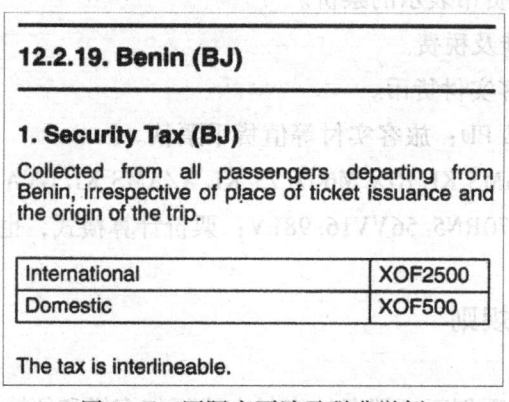

图3-6 国际客票涉及税费举例

（1）Benin（BJ）：贝宁和贝宁的国家两字代码。国际航协在公布税费时是以国家来归类的，因此，在确定国际航程涉及的税费时，需要找到各个航点所在国家，逐一查找有无需要的税种。

（2）Security Tax（BJ）：安全税和税号代码。任何一种税都有其名称和税号代码，税号代码和金额一起出现在电子客票票面的TAX栏目内。

（3）税项内容：需要向所有从贝宁出发的旅客收取该税项，不论客票的出票地和航程的始发站在哪里，国际航段收取XOF2500、国内航段收取XOF500。

（4）税费收取办法：Interlineable表示联网税，需要在出票的时候和票价一并收取；Not Interlineable表示非联网税，需要在当地机场另行收取。

部分国际客票涉及税费举例如图3-7所示。

图3-7 部分国际客票涉及税费举例

第四节 民航国际客票特殊运价计算

一、特殊运价基础知识

（一）特殊运价定义

特殊运价（Special Fares）是比普通运价有着更多约束和限制的低价促销运价。此类运价的限制条件如下所示。

（1）最短和最长停留时间（Length of Stay such as Minimum and Maximum Stay Requirements）。

（2）提前购票要求（Advance Purchase Requirements）。

（3）订座、付款和出票的限制（Reservations, Payment and Ticketing Limits）。

（4）旅行的日期和时间要求（Day/Time of Travel）。

（5）资格限制（Eligibility Restrictions）。

（6）退票和变更的限制（Refundability and Changeability）。

（二）特殊运价的分类

1. 适合公众的特殊票价（Public Special Fares）

（1）迟订座的票价（Late Booking Fare），飞机起飞前或者24小时以内购票，往往是最便宜的票价。

（2）提前购买旅游票价（Advance Purchase Excursion，APEX），需要按照票价规则要求完成付款，如APOW、SAPEX、SAPOW。

（3）购买旅游票价（Purchase Excursion，PEX），不需要提前购票，但要求每段航程都确定。

（4）游览票价（Excursion，EE），往往是最贵的一种票价类型。

2. 适合个人综合旅行的票价（Inclusive Tour Fares）

（1）团体综合旅行票价（Group Inclusive Tour Fares）。

（2）散客综合旅行票价（Individual Inclusive Tour Fares）。

3. 适合公众的团体旅行票价（Public Group Fares）

（1）共同爱好兴趣的团体票价（Common Interest Group Fares）。

（2）奖励旅行团体票价（Incentive Group Fares）。

（3）非亲属团体票价（Non – affinity Group Fares）。

（4）亲属团体票价（Affinity Group Fares）。

大多数的特殊票价均在公布的PAT运价表中列出，并且在RULE的栏目中附上相关的号码。

二、特殊运价使用规则识读

运价规则在特殊运价的选择中起着关键性作用，本节介绍适用于特殊运价的标准运输条件 SC100。标准运输条件 SC100 如图 3-8 所示。

图 3-8　标准运输条件 SC100

SC100 - Standard Condition for Special Fares (based on IATA Resolution 100)

10) CONSTRUCTIONS AND COMBINATIONS
A) 1) **Constructions**
   unspecified through fares may be established by construction with applicable add-ons
2) **Combinations**
   a) end-on and side trip combinations permitted
   b) in the case of round trip special fares, one half of a fare established under one fare rule may not be combined with
      i) one half of a fare established under another fare rule
      ii) normal fares between the country of unit origin and the country of turnaround
   c) notwithstanding b), half round trip combination permitted with carrier specified fares if the carrier fare authorises such combination, provided
      i) combination only permitted within the same conference area
      ii) combination only permitted with the same fare type
      iii) the most restrictive conditions apply
	B) 1) **Constructions**
	   General Rule 2.5.6.1
	2) **Combinations**
	   when combining fares within a pricing unit, the more restrictive conditions apply; this requirement shall apply to all paragraphs except Paragraphs 2) Day/Time, 3) Seasonality, 4) Flight Application, 9) Transfers, 11) Blackout Dates, 12) Surcharges, 17) Higher Intermediate Point and Mileage Exceptions, 19) Children and Infant Discounts
	3) except as otherwise specified in a fare rule
	   a) where end-on combination is permitted the conditions of the special fare (including Paragraph 0) Application) apply only to the use of the special fare and not to any combined fares
	   b) any end-on combination restriction applies to the entire journey
	   Exception: notwithstanding any other rule, end-on combinations to/from USA

11) BLACKOUT DATES A) no restrictions	
12) SURCHARGES A) no requirements	
13) ACCOMPANIED TRAVEL A) no requirements	
14) TRAVEL RESTRICTIONS A) no restrictions	

15) SALES RESTRICTIONS
A) 1) **Advertising and Sales**
   no restrictions
2) **Extension of Validity**
   as provided in General Rule
	B) 1) **Advertising and Sales**
	   a) sales shall include the issuance of tickets, miscellaneous charges orders (MCOs), multiple purpose documents (MPDs) and prepaid ticket advices (PTAs)
	   b) advertising: any limitations on advertising shall not preclude the quoting of such fares in company tariffs, system timetables and air guides
	2) **Extension of Validity**
	   General Rules 15.5.1 and 15.5.2

16) PENALTIES
A) 1) **Cancellation, No-Show, Upgrading**
   no restrictions
2) **Rebooking and Rerouting**
   Individual Fares
   a) voluntary: permitted
   b) involuntary: permitted
   Group Fares
   a) voluntary: not permitted
   b) involuntary: permitted
	B) 1) **Cancellation, No-Show, Upgrading**
	   a) General Rule 9.3
	   b) inclusive tour fares: General Rule 18
	2) **Rebooking and Rerouting**
	   a) voluntary: General Rule 15.11, 15.7, 15.8 and provisions for rebooking and rerouting in case of illness
	   b) involuntary: General Rule 15.11 and 15.9
	3) **Multiple Penalties**
	   a) for half round trip combination if a penalty applies to each half round trip fare, then the highest penalty charge applies for the pricing unit
	   b) when 2 or more pricing units are combined on one ticket and each pricing unit has a penalty charge, then the penalty established for each pricing unit applies

17) HIGHER INTERMEDIATE POINT AND MILEAGE EXCEPTIONS A) specific exceptions are shown in the fare rule	B) General Rules 2.9 and 2.4.2
18) TICKET ENDORSEMENTS A) APEX/Super APEX/PEX/Super PEX 1) tickets must show by insert or sticker in accordance with the Important Notice in the How to Use the Fares Rules, that travel is at a special fare and subject to special conditions 2) tickets and any subsequent reissue must be annotated NONREF/APEX or NONREF/SAPEX or NONREF/PEX or NONREF/SPEX 3) tickets and any subsequent reissue must be annotated VOLUNTARY CHNGS RESTRICTED in the Endorsement Box. *This will not preclude any carrier from producing its own notice if so desired* **Other Individual Fares** no restrictions	

19) CHILDREN AND INFANT DISCOUNTS
A) 1) **Children**
   a) accompanied children aged 2-11 years: charge 75% of applicable adult fare
   b) unaccompanied children aged 2-11 years: charge 100% of applicable adult fare
2) **Infant**
   a) accompanied infant
      i) no seat: charge 10% of applicable adult fare
      ii) booked seat: charge 75% of applicable adult fare
   b) unaccompanied infant: not permitted
	B) General Rule 6.2

20) TOUR CONDUCTOR DISCOUNTS A) not permitted	B) if permitted, General Rule 6.6
21) AGENT DISCOUNTS A) not permitted	

22) OTHER DISCOUNTS/SECONDARY FARE APPLICATIONS
A) 1) **Fares**
   specific requirements are shown in the fare rule
2) **Eligibility**
   specific requirements are shown in the fare rule
3) **Documentation**
   specific requirements are shown in the fare rule
4) **Accompanied Travel**
   specific requirements are shown in the fare rule	

23) not used	
24) not used	
25) not used	

图 3-8 标准运输条件 SC100（续）

```
                    SC100 - Standard Condition for Special Fares (based on IATA Resolution 100)
26) GROUPS                                              B) 1) Minimum Group Size
   A) 1) Eligibility                                          General Rule 2.1.11.1
         Affinity, Incentive Fares                         2) Accompanied Travel
         requirements as shown in General Rule                for groups of 20 or more passengers, if lack of space prevents the group
         Exception: unaccompanied infant: not eligible       from travelling together, some members of the group may travel on the next
         Other Fares                                         preceding and/or succeeding flight with available space
         no requirements                                   3) Affinity, Incentive Fares
         Exception: unaccompanied infant: not eligible       General Rule 10
      2) Minimum Group Size
         see the fare rule
         contracted seat fares: the minimum number of contracted seats shown in
         the fare rule
      3) Accompanied Travel
         group required to travel together for the entire pricing unit
      4) Documentation
         Affinity, Incentive Fares
         required
         Other Fares
         no requirements
      5) Name Changes and Additions
         specific requirements are shown in the fare rule
27) TOURS                                               B) General Rule 18
   A) 1) Minimum Tour Price
         specific requirements are shown in the fare rule
      2) Tour Features
         specific requirements are shown in the fare rule
      3) Tour Literature
         specific requirements are shown in the fare rule
      4) Modifications of Itinerary
         specific requirements are shown in the fare rule
28) not used
29) DEPOSITS
   A) no requirements
```

图 3-8　标准运输条件 SC100（续）

特殊运价规则的关键限制条件说明如下。

1. 有效期条件的阅读及理解

（1）MONTHS VALIDITY：07JUN 至 07JUL。

（2）MONTHS VALIDITY：07JUN 至 07AUG。

如果下个月为小月时，只能计算到该月的最后一天。

1MONTH VALIDITY：30JAN 至 28FEB

当给出的日期为该月的最后一天，则有效期只能计算到那个月的最后一天。

例如，　1MONTH VALIDITY：　　31JAN 至 28FEB

　　　　2MONTHS VALIDITY：　　28FEB 至 30APR

　　　　3MONTHS VALIDITY：　　30APR 至 31JUL

2. 最短停留时间

最短停留时间（Minimum Stay Requirements）决定了旅客航程的最短停留日期，关键信息集中在以下几个方面。

（1）需要附加的天数（Number of Days to Add）。

（2）决定从何时开始计算：始发后、到达后或者星期日规则（Counting from when day after departure or after arrival or sunday return）。

（3）计算至点或者地区：在折返区或者从始发站开始或者在折返点计算（Point/area concerned: in area of turnaround or from Point of origin or in point of turnaround）。

3. 最长停留时间

最长停留时间（Maximum Stay Requirements）是指客票的有效期。一般正常票价的客票的有效期为一年，不需要在客票的"有效期"（Not Valid After）栏内显示该客票的有效期。如果是短于一年有效期的特殊客票，则需要根据特殊票价的条件计算并显示最长有效期，该有效期限将显示在客票的"有效期"栏内。

（1）以天计算：以出发日期加最长有效期的限制天数（BY DAYS：Add the number of days of Maximum Stay Requirements to the departure date from the point of origin）。

（2）以月计算：计算出发日开始后的月份限制数（BY MONTH：Count the number of months from the day of departure from the point of origin）。

例如，If   departure date is   16MAY
      If   MAX stay is   1Month
      Then MAX stay date is   16JUN

应在客票"失效日期"栏内填入最长有效期，以防止该栏被填入其他日期（Show this date in the "NOT VALID AFTER" BOX of all the coupons to preclude the fraudulent entry of other dates）。

根据某些特殊票价如 PEX 和 APEX 的要求，旅客航程的日期不得改变，所以针对该类别的运价的客票，在客票的"有效期"栏内均应填写与旅客实际旅行对应的日期，并在"签注"栏内注明"不得更改，否则需要缴纳罚款"的字样（After complying with the MIN and MAX stay requirements, special fares such as PEX or APEX that have penalty fees for change of booking must show the actual travel dates in the NVB（Not Valid After）and NVA（Not Valid Before）boxes）。

4. 季节性代码

有很多运价属于同一类别但有季节、星期的差别，这些运价称为系列票价（Series Fares）。为了确定正确的季节，应该查阅特殊票价规则。

（1）季节一般从低至高排列：旺季（For Peak of High Season，票价代码为 H）；平季（For Middle of Shoulder Season，票价代码为 S 等）；淡季（For Low or Basic or Off‑Peak Season，票价代码为 L）。

（2）关于季节的选择：关于季节的选择应查阅标准运输条件 SC100，即运价计算单元中的第一个国际段决定了整个航程的季节选择（The date of departure on the first international sector of the pricing unit determines the fare for the entire pricing unit. The seasonality applies to the entire journey）。

5. 转机点和中间点的数量

1）转机点和中间点的定义

转机点通常是指旅客在该点的停留时间小于或等于 24 小时的票价点。中间点是指除了始发站、终点站、折返点之外的任何票价点，它包括转机点和中途分程点两类。

2）计算中间点（Counting Transfers）

例如，航程 BRU KL X/AMS BA LON AM MEX AF PAR AF BRU，假设 MEX 为折返点，在去程中有 2 个中间点，即 AMS 和 LON，在回程中有 1 个中间点，即 PAR。

3）计算中途分程点（Counting Stopovers）

例如，航程 BRU KL X/AMS BA LON AM MEX AF PAR AF BRU，假设 MEX 为折返点，在去程中有 1 个中途分程点，即 LON，在回程中有 1 个中途分程点，即 PAR。

4）中途分程费的收取

中途分程费的收取有两种情况：指定中途分程费的收取（Stopover charge for a specific point）；非指定中途分程费的收取（Stopover charge for additional stopover in excess of those allowed by the fare）。

5）涉及中途分程费的例题

（1）指定中途分程费的收取。

航程：MEX—ATL—AMS—MEX，折返点为 AMS，票价符合规则 X0765（见图 3-9）。因为本航程的折返点为 AMS，则在去程中有一个额外的中途分程点 ATL。因此，根据票价规则 X0765 的规定，该航程应收取中途分程费 75 美元。

```
X0765    APEX FARES                              =) SC100
         FROM MEXICO TO EUROPE
8)STOPOVERS
A) One   permitted in USA per pricing unit at a charge of USD 75.
```

图 3-9　票价规则 X0765

FARE CALCULATION：

7JUN13MEX DL ATL S75.00M664.50AM MEX664.50NUC1404.00END ROE1.000000

（2）非指定中途分程费的收取。

航程：TYO – LAX – BUE – LAX – SEA – TYO，折返点为 BUE，票价符合规则 X1111（见图 3-10）。因为本航程中共有 3 个中途分程点，其中 1 个指定中途分程点为免费，另外 2 个非指定中途分程点需要收费，每个非指定中途分程点的收费标准为 17500 日元，合计 35000 日元，通过始发国家的 ROE 转换为 NUC300.25。

```
X1111    PEX FARES                               =) SC100
         JAPAN TO CENTRAL AMERICA，SOUTH AMERICA
8)STOPOVERS
A) 1) One   permitted per pricing unit
   2) 2 additional permitted per pricing unit, each at a charge of JPY17500
```

图 3-10　票价规则 X1111

FARE CALCULATION：

7JUN13TYO JL LAX AA BUE M1428.35UA LAX AA SEA JL TYO M1428.35 2S300.25NUC3156.95END ROE116.56800

三、单程特殊运价计算方法

Journey LIS – KL – AMS – KL – X/HKG – CX – PEK　　Fare Type：YAP30

TPM　　　　1149　　　　5763　　　　1239

	OW NUC	RULEs	MPM
LISAMS	YAP30 1692.48	Z002	EH1378
LISPEK	YAP30 5187.76	Y146	EH7831
LISHKG	YAP30 5523.89	Y146	EH8527
AMSPEK	YAP30 5690.65	Y146	EH7300

IROE 0.761600 H (1, 2) EUR

航程符合规则 Y146 的限制要求。

Fare Construction

FCP	LISPEK (KL - YY)
NUC	YAP30 OW (EH) 5187.76
RULE	Y146
MPM	EH7831
TPM	8151
EMA	NIL
EMS	5M
HIP	AMSPEK YAP30 OW (EH) NUC5690.65
RULE	Y146
AF	NUC5975.18
CHECK	NO - BHC X/HKG Q 4.22
TOTAL	NUC5979.40
IROE	×0.761600
LCF	EUR4553.911 (H1) - EUR4554.00

Fare Calculation Box：

8JUN13LIS KL AMS KL X/HKG CX PEK Q4.22 5M AMSPEK NUC5979.18END ROE0.761600

四、环程特殊运价计算方法

Journey MRU –MK –LON –AF –PAR –AF –ZRH –MK –X/PAR –MK –MRU Fare Type：YEE6M

TPM	6074	216	292	292	5867
		RT NUC	RULEs		MPM
MRUPAR		YEE6M 1673.75	Y058		EH7040
MRUZRH		YEE6M 1660.96	Y058		EH7040
MRULHR		YEE6M 1703.78	Y058		EH7040
IROE		32.460000 H (5, 0) MRU			

航程符合规则 Y058 的限制要求。

Fare Construction

	OUTBOUND	INBOUND
FCP	MRUZRH (MK-YY)	MRUZRH (MK-YY)
NUC	1/2RT YEE6M (EH) 830.48	1/2RT YEE6M (EH) 830.48
RULE	Y058	Y058
MPM	EH7040	EH7040
TPM	6582	6159
EMA	NA	NA
EMS	M	M
HIP	MRULON 1/2RTYEE6M (EH) 851.89	NIL
RULE	Y058	NIL
AF	NUC851.89	NUC830.48
SUBTOTAL		CT NUC1682.37
CHECK		CTM MRULON RT 1703.78 > SUBTOTAL
		P 21.41
TOTAL		NUC1703.78
IROE		×32.460000
LCF		MUR 55304.6988 (H5) - MUR55305

Fare Calculation Box：

8JUN13MRU MK LON AF PAR AF ZRH M MRULON851.89MK X/PAR MK MRU M 830.48 PMRULON 21.41NUC1703.78END ROE32.460000

五、国际客票销售净价报价方法

净价又称整合价（Consolidator/Net Fares），是整合者（或称为批发商）分销给销售代理人的在线网络价格。在此基础上，销售代理人设置自己的加价水平再销售给终端消费者。

（一）净价销售对于航空公司的好处

通过整合者提供票价的主要优点是它形成了航空公司销售产品的另外一条渠道。通常而言，某一地市场通常由一个或两个航空公司主导，因此，非主导运营的航空公司必须争夺市场份额和旅行社的忠诚度。两个城市之间的非经停或直达航线通常会在全球分销系统屏幕上突出显示，可以首先被销售代理人看到。使用枢纽或联程方式执行这些相同的两个城市之间的航班的航空公司将处于劣势，它们需要使用更加有激励性的定价机制来提升其销售渠道占比。对于航空公司而言，这是在利用最少资源情况下，更有效地和少量分销商联系的方法。假设一个航班可以提供 100 个座位，而又不希望直接面对这 100 名个人客户，航空公司会更愿意选择和 20 个旅行社打交道，让每个销售代理人使用其系统卖出 5 个座位。同样的道理，作为整合者的销售代理人将进一步减少个别交易的航空公司数量。航空公司通过集合很多旅行社的销售，从而可以为其开通销售更多座位数的销售渠道。

（二）净价销售对于销售代理人的好处

过去航空公司提供的国际机票销售佣金水平通常为 9%，由航空公司直接支付给每个国际航空运输协会认可的销售代理人。现在，航空公司可能会提供 0% 的机票销售佣金给传统的旅行社网络，但愿意支付更高的激励佣金给销售量更高的销售代理人。虽然，现在仍然可以从销售普通票价和促销票价机票赚取佣金，但净价销售给销售代理人提供了一个可控的能从每张机票上赚取更多销售佣金的方式。在净价基础上的销售价格上浮代替了原本由航空公司提供的销售佣金，它有助于消除航空公司向客户收取服务费或票务费的不利影响。这些费用往往会惹恼客户，因为客户预计这是一项免费服务。

国际航协认可的代理人和非国际航协认可的代理人均可以销售净价机票。整合商通常会安排客服人员为销售代理人提供关于规则、限制及适用税费的帮助。当使用整合商渠道时，所有出票和国际航协要求的财务报表将由销售代理人自己完成。

（三）净价销售的报价组织结构

整合商会为公布的头等舱、公务舱和经济舱票价提供不同的费率。有时候，净价销售会将同一航空公司或者不同的航空公司的头等舱/经济舱、公务舱/经济舱进行组合。销售代理人会考虑客户的要求匹配其所需行程使用的净价。有时净价是不能使用的，如客户希望优先使用其常旅客卡的积点，这种操作必须在服务网上进行，可能会和净价的销售规则发生冲突。航空公司通常都会在每个航班上预留出一定数量的座位作为特殊预订舱位交由整合商销售。销售代理人会在他们的全球分销系统中查询公布运价的水平，一旦公布运价适用政策表明没有销售佣金或者销售佣金小于净价，他们会引导消费者购买净价机票，以使自己获得更多的利润。

（四）涉及净价销售运价计算

航程：SYD – LON – SYD。

查询全球分销系统的相关网页，两大主要国际航空公司 BA、QF 公布的悉尼往返伦敦的经济舱促销票价为 AUD1850.00。其中 BA 给澳大利亚整合商的净价为 AUD1500.00，其使用规则和公布直达运价类似。AUD1500.00 是航空公司从整合商处收到的每张机票的售价。整合商可以选择提价，假设整合商给销售代理人的价格是 AUD1650.00，则整合商每张机票赚 AUD150.00。销售代理人也可以加价销售给客户，但是其售价不得超过公布的促销票价即 AUD1850.00。假设销售代理人以 AUD1800.00 的价格将机票销售给客户，则销售代理人每张机票赚 AUD150.00。

总之，如果客户只关注两家航空公司的票价因素，采用净价销售模式的航空公司会获得比竞争航空公司更大的销售机会。整合商会从中赚取 AUD150.00，销售代理人会从中赚取 AUD150.00，客户会从中节省 AUD50.00。

自 我 检 测

（1）简要描述世界航空区划。
（2）熟练掌握国际航程类型的定义。
（3）熟练掌握判断国际运输方向性代码的方法。
（4）熟练掌握指定承运人的选择方法。
（5）掌握指定航程的判断办法和基本运价计算步骤。
（6）熟练掌握普通运价单程计算步骤。
（7）熟练掌握普通运价来回程计算步骤。
（8）熟练掌握普通运价环程计算步骤。
（9）能识别国际电子客票票面信息。
（10）了解国际客票信用卡支付规则。
（11）了解国际客票涉及税费的查询。
（12）了解简单情况下特殊运价的计算步骤。

第四章 民航客票销售系统

学习目标

(1) 掌握分销系统控制指令；
(2) 掌握航班信息查询指令；
(3) 掌握建立旅客订座记录的步骤；
(4) 掌握分销系统自动出票的步骤；
(5) 了解开账与结算计划的基本情况；
(6) 了解环球分销系统的基本情况。

学习内容

(1) 民航客票销售系统控制指令及格式；
(2) 民航客票销售系统航班信息查询指令及格式；
(3) 民航客票销售系统建立旅客订座记录的步骤及示例；
(4) 民航客票销售系统分销系统自动出票的步骤及示例；
(5) 国际航协开账与结算计划基本情况介绍；
(6) 环球分销系统基本情况介绍。

第一节 民航代理人分销系统

民航代理人分销系统，即中国民航计算机订座系统（CRS），是航空及相关旅游产品的分销系统，主要为国际航协认可的销售代理人及航空公司销售所使用。中国民航计算机订座系统通过与全球各个航空公司控制系统相连接，为销售代理人提供国内外数百家航空公司的航班信息、座位预订及销售体系。其开账与结算计划（BSP）自动出票系统在衔接代理人同航空公司的同时，亦保证了销售代理人与航空公司双方的利益。

中国民航计算机订座系统需要掌握的常用功能如下所示。

(1) 国内及国际航班时刻及相应航班座位可利用情况查询。

(2) 国内及国际航空运价查询。

(3) 旅客信息记录的生成。

(4) 机上座位预订。

(5) 客票信息的查看。

(6) BSP 中性客票的销售。

(7) BSP 中性客票的销售统计、作废及退票。

(8) 行程单打印。

一、分销系统控制指令

(一) 系统注册指令

分销系统终端接通后，便可以进入系统，完成航班信息查询和座位销售等功能。系统反馈信息如下。

输入：> $ $ OPEN TIPC3

输出：SESSION PATH OPEN TO：TIPC3

已经进入民航代理人分销系统。

1. 查看工作号及配置号（指令名称：DA）

指令格式：>DA：

指令举例：输入：>DA：

输出：

用"输入：指令"和"输出：结果"的方式呈现内容。

A   AVAIL

B   AVAIL

C   AVAIL

D   AVAIL

E   AVAIL

PID = 20200   HARDCOPY = 1112

TIME = 0847   DATE = 14JUN   HOST = LUCY

AIRLINE = 1E   SYSTEM = CAAC08   APPLICATION = 3

需要注意的是，用户在日常工作中，应明确"DA"指令的显示结果中的"PID"信息，这是配置在系统中的唯一识别代码。当终端不能工作时，维护人员经常要问到终端的"PID"号码，以便排除故障。

2. 输入工作号（指令名称：SI）

指令格式：>SI：工作号/密码/级别

指令举例：输入：>SI：22222/987C/41

输出：CAN111 SIGNED IN A

使用"DA"指令查看 SI 的效果：

A *	22222	14JUN	0854	41	CAN111
B	AVAIL
C	AVAIL
D	AVAIL
E	AVAIL

PID = 20200　　　　HARDCOPY = 1112
TIME = 0847　　　　DATE = 14JUN　　　HOST = LUCY
AIRLINE = 1E　　　 SYSTEM = CAAC08　 APPLICATION = 3

出错信息提示说明：

PROT SET——密码输入错误；

USER GRP——级别输入错误；

PLEASE SIGN IN FIRST——先输入工作号，再进行查询。

3. 密码修改（指令名称：AN）

指令格式：＞AN：旧密码/新密码

密码修改步骤：

（1）进入系统，输入工作号（使用旧密码）；

（2）用"AN"指令修改密码；

（3）退出系统；

（4）重新进入系统（使用新密码）。

指令举例：工作号为 22222，旧密码为 987C，想改新密码为 123B。

　　　　　＞SI：22222/987C/41
　　　　　＞AN：987C/123B
　　　　　＞SO
　　　　　＞SI：22222/123B

使用"DA"指令查询状态显示为

A *	22222	14JUN	0854	41	CAN111
B	AVAIL
C	AVAIL
D	AVAIL
E	AVAIL

PID = 20200　　　　HARDCOPY = 1112
TIME = 0847　　　　DATE = 14JUN　　　HOST = LUCY
AIRLINE = 1E　　　 SYSTEM = CAAC08　 APPLICATION = 3

4. 临时退出系统（指令名称：AO）

指令格式：＞AO

指令举例：

使用"AO"指令前用"DA"指令查询配置状态显示为

A ＊ 22222 14JUN 0854 41 CAN111
B　　AVAIL
C　　AVAIL
D　　AVAIL
E　　AVAIL
PID = 20200　　　HARDCOPY = 1112
TIME = 0847　　　DATE = 14JUN　　　HOST = LUCY
AIRLINE = 1E　　SYSTEM = CAAC08　APPLICATION = 3

使用"AO"指令后用"DA"指令查询配置状态显示为

A　　22222　　14JUN　　0854　　41　　CAN111
B　　AVAIL
C　　AVAIL
D　　AVAIL
E　　AVAIL
PID = 20200　　　HARDCOPY = 1112
TIME = 0905　　　DATE = 14JUN　　　HOST = LUCY
AIRLINE = 1E　　SYSTEM = CAAC08　APPLICATION = 3

由上可知，输入"AO"指令后，A工作区的活动标识"＊"已经消失，这说明输入"AO"指令后，A区已由活动区变为非活动区。此时如果进行航班查询等工作，系统将显示："PLEASE SIGN IN FIRST"，需要工作人员重新进入系统。

5. 恢复临时退出（指令名称：AI）

指令格式：＞AI：工作区/工作号/密码

指令举例：输入：＞AI：A/22222/123B

　　　　　 输出：AGENT A – IN

使用"AI"指令前用"DA"指令查询配置状态显示为

A　　22222　　14JUN　　0854　　41　　CAN111
B　　AVAIL
C　　AVAIL
D　　AVAIL
E　　AVAIL
PID = 20200　　　HARDCOPY = 1112

TIME = 0905   DATE = 14JUN   HOST = LUCY
AIRLINE = 1E   SYSTEM = CAAC08   APPLICATION = 3
使用"AI"指令后用"DA"指令查询配置状态显示为
A *   22222   14JUN   0854   41   CAN111
B   AVAIL
C   AVAIL
D   AVAIL
E   AVAIL
PID = 20200   HARDCOPY = 1112
TIME = 1038   DATE = 14JUN   HOST = LUCY
AIRLINE = 1E   SYSTEM = CAAC08   APPLICATION = 3

6. 退出系统（指令名称：SO）

指令格式：＞SO：

指令举例：输入：＞SO

　　　　　输出：CAN111 22222 SIGNED OUT A

使用"DA"指令查询状态显示为
A   AVAIL
B   AVAIL
C   AVAIL
D   AVAIL
E   AVAIL
PID = 20200   HARDCOPY = 1112
TIME = 1042   DATE = 14JUN   HOST = LUCY
AIRLINE = 1E   SYSTEM = CAAC08   APPLICATION = 3

出错信息提示说明：

PENDING——表示有未完成的 PNR，在退号前必须完成或放弃它；

TICKET PRINTER IN USE——表示未退出打票机的控制，退出即可；

QUEUE PENDING——表示未处理完信箱中的 QUEUE、QDE 或 QNE；

PROFILE PENDING——表示未处理完旅客的订座信息；

PSS——处理完所有未完成旅客信息。

7. 工作号、终端号和部门代码简介

中航信需要把代理人信息建立在民航代理人分销系统中，通过部门代码（OFFICE CODE）来管理，民航代理人分销系统通常还包括终端 PID 号码、打票机号码、工作人员号和代理人得到的授权航空公司信息等。

一个代理人通常有一个部门代码，如 CAN777、SHA182。

一个部门中可以有多台终端，而每一台终端只能属于一个部门。

同一个部门中的终端可以共享打票机。

每台终端或打票机都有唯一的一个 PID 号码。

每个工作号包括密码、等级等内容，在系统中营业员工作号的级别都是 41 级。

每个工作号只能在自己部门中使用。

（二）打票机简介

打票机是一种专用的航空客票打印设备，主要用于国内及国际客票、行程单及行程单发票的打印。我们在系统中出票所使用的打票机是虚拟打票机，没有实体。其配套的实体打票机一般用来打印旅客的行程单及行程单发票。每台打票机在系统中都会有一个配置号（打票机 PID），它是唯一的。当一个部门（OFFICE）中有多台打票机时，每台打票机都会有一个序号，可以通过"DDI"指令查看。

实体打票机需要同一台终端（一般指计算机）连接才可以使用，一台打票机只能由一台终端来控制；建立控制后，部门中的任何一台终端（无论其物理位置在哪里）都可以在打票机上打票。

配置定义为国内票打票机的，可打印国内客票；配置定义为国际票打票机的，可打印国际客票。

（三）打票机的控制指令

1. 显示打票机状态（指令名称：DI）

指令格式：＞DI：打票机序号

指令举例：输入：＞DI：6（指令说明：显示本部门的第一台打票机的状态。）

输出：（见图 4-1）

图 4-1 打票机状态显示

打票机状态说明如下。

(1) 左侧部分:

STATUS——打票机的工作状态, UP 为工作状态, DOWN 为非工作状态。

INPUT——输入的两种状态, ACTIVE 为工作状态, INACTIVE 为非工作状态。

OUTPUT——输出的两种状态, ACTIVE 为工作状态, INACTIVE 为非工作状态。

NACK——数据传输的两种状态, 空白为正常状态, "X" 为线路不通。

TICKETS——当前正等待打印的客票数。

BOARDING PASS——打印登机牌, 少数客户可使用。

(2) 右侧部分:

TYPE——打票机的类型, 分为航空公司国际客票、BSP 中性国际客票、航空公司国内客票、BSP 中性国内客票。

CURRENCY——打票机可以接收的货币代码, 以及货币所要求保留的小数点位数。

(3) 票号部分:

上述例子的最后两行分别记录了最后一张打印客票的票号, 以及目前使用的票号范围。若此处为空白, 则表示打票机还未输入过票号范围或者票号范围已被卸除。

2. 建立打票机控制 (指令名称:EC)

指令格式: >EC:打票机序号

指令举例:

输入: >EC:6 (指令说明: 对本部门的第 6 台打票机建立控制。)

输出: >ACCEPTED

需要注意的是, 打票机只有在建立了控制之后才能使用, 而建立了控制的终端就称为控制终端, 它可以对打票机进行相应的操控。例如, 输入票号范围, 不可多于 500 张; 控制打票机的各种状态; 作废当日打印的客票; 退出打票机的控制。

系统中一台打票机一次只能由一台终端进行控制, 一台终端最多可以控制 5 台打票机。建立控制时, 要确保终端配置与打票机配置属于同一个 OFFICE, 并且打票机未被其他终端所控制。

出错信息提示说明:

DEVICE——打票机的序号不正确;

MAX DVC——该终端已经控制了 5 台打票机;

UNABLE——该打票机已经有了控制终端。

3. 打开打票机输入 (指令名称:TI)

指令格式: >TI:打票机序号

指令举例:

输入: >TI:6 (指令说明: 打开第 6 台打票机的输入。)

输出: >ACCEPTED

需要注意的是，该指令允许本部门的终端向打票机输送打票的命令，指令操作成功后，DI 中的 INPUT 项将由 INACTIVE 变为 ACTIVE。该指令必须在建立了打票机控制后执行。

出错信息提示说明：

DEVICE——打票机号不正确；

UNABLE——打票机的输入状态已经是 ACTIVE；

AUTHORITY——权限问题，即该终端对这台打票机没有建立控制。

4. 打开打票机输出（指令名称：TO）

指令格式：＞TO：打票机序号

指令举例：

输入：＞TO：6（指令说明：打开第 6 台打票机的输出。）

输出：＞ACCEPTED

需要注意的是，电子客票的出票不是必须要执行"TO"指令，OUTPUT 项为 INACTIVE 状态也可以出票。该指令必须在建立了打票机控制后执行。

出错信息提示说明：

DEVICE——打票机号不正确；

UNABLE——打票机的输出状态已经是 ACTIVE；

AUTHORITY——权限问题，即该终端对这台打票机没有建立控制；

FORMAT——指令格式错误；

STOCK——未输入票号范围，需要先输入票号范围。

5. 关闭打票机输入（指令名称：XI）

指令格式：＞XI：打票机序号

指令举例：

输入：＞XI：1（指令说明：关闭第 1 台打票机的输入。）

输出：＞ACCEPTED

需要注意的是，该功能必须在控制终端上进行。

出错信息提示说明：

DEVICE——打票机号不正确；

UNABLE——打票机的输入状态已经是 INACTIVE；

AUTHORITY——权限问题，即该终端对这台打票机没有建立控制；

FORMAT——指令格式错误。

6. 关闭打票机输出（指令名称：XO）

指令格式：＞XO：打票机序号

指令举例：

输入：>XO：1　指令说明：关闭第 1 台打票机的输入。

输出：>ACCEPTED

出错信息提示说明：

DEVICE——打票机号不正确；

UNABLE——打票机的输出状态已经是 INACTIVE；

AUTHORITY——权限问题，即该终端对这台打票机没有建立控制；

FORMAT——指令格式错误。

7. 退出打票机的控制（指令名称：XC）

指令格式：>XC：打票机序号

指令举例：

输入：>XC：1（指令说明：退出第 1 台打票机的控制。）

输出：>ACCEPTED

需要注意的是，退出控制后，DI 显示中的 CONTROL PID 和 CONTROL AGENT 将清空。

8. 显示本部门的所有打票机（指令名称：DDI）

指令格式：>DDI：

指令举例：

输入：>DDI：

输出：

```
              = AUTHORIZED AIRLINE CODES
                MU 1# CZ 1# MF 1# UA
              = = = AGENCY INFORMATION = = =
PEK/T PEK099/T-66017755/TRAVEL SKY LIMIT/DONGSI WEST STREET 155：TESTING TEX
                    AGNT：12345
              = = = DEVICE INFORMATIO = = = 
DEV  PID  TYPE  CTL  CTL  CURRENCY  TKT  NUMBER  RANGE   IATA NUMBER  PID  AGENT
8    12345 4-BSPD#            CNY   BS  P9000001020-001120            0830006
```

该指令的作用是显示本部门的 BSP 用户信息，包括部门代码、代理人代码、授权航空公司代码，以及用户名称、地址、电话、工作号、PID、打票机信息等内容。使用"DDI"指令时，后面一定要有冒号，即>DDI：。

各项内容的含义如下：

OFFICE——本部门的 OFFICE 号；

IATA-NBR——本部门的 IATA NUMBER；

AUTHORIZED AIRLINE CODES——授权航空公司代码；

AGENCY INFORMATION——代理人信息，包括电话、地址、工作号、PID 等信息；

DEVICE INFORMATION——打票机信息，包括打票机序号、打票机 PID 号、打票机等。

营业员在没有退出打票机的控制之前，不能执行"SO"指令，否则终端上会显示"TICKET PRINTER IN USE"，即打票机正在使用，未退出控制。营业员应先执行"XC"指令退出控制，然后才可以执行"SO"指令退出工作号。

二、航班信息查询指令

（一）航班可利用情况查询（指令名称：AV）

指令格式：＞AV：显示参数/城市对/指定日期/限制条件

指令解释：

显示参数：可组合使用且具体规定。A——按照到达时间先后顺序排列；E——按飞行时间排列；H——完整显示所有舱位信息；若不选，则系统默认为按照起飞先后顺序排列。

城市对：出发地目的地。

指定日期：出发日期，"＋"表示明天，省略表示今天。

限制条件：可指定时间或承运人。

指令举例：

输入：＞AV：PEKCAN/14JUN

输出：

AV PEKCAN/14JUN

14JUN（FRI）BJSCAN

```
1 - *SC1351   PEKCAN 0800 1115   330 0^B E   DS# FA YA BA HA KA LA QS VS SA US *
2   *OS8009   PEKCAN 0800 1115   330 0 B  E   DS# YA BA MA UA HA GA QL VL WL SL *
3   *ZH1351   PEKCAN 0800 1115   330 0^B E   DS# FA YA BA MA HA KA LA QS GS SA *
4    CA1351   PEKCAN 0800 1115   330 0^B E   DS# FA AS YA BA MA HA KA LA QS GS *
5    CZ3108   PEKCAN 0830 1145   77A 0^C E   DS# FA AX PA CX DX IX JX WA ZQ YA *
6    HU7805   PEKCAN 0840 1200   738 0^   E   DS# FA PQ AQ YA BQ HQ KQ LQ MQ QQ *
  * * PLEASE CHECK YI：CZ/TZ144 FOR ET SELF SERVICES CHECK – IN KIO
```

输出内容解读：

14JUN（FRI）BJSCAN——出发日期（星期显示）出发地目的地；

1——航班序号；

*——代码共享航班；

SC1351——航班号；

PEKCAN——航段；

0800、1115——起飞时间、降落时间；

330——机型；

0——无经停点；

^——已开通机上座位预订功能；

B——餐食标识；

E——销售电子客票航班标识；

DS#——航空公司与航信系统的连接级别；

FA YA BA HA KA LA QS VS SA US——航班包括的各舱位及其剩余座位数；

*——有未显示完整的舱位信息。

航位剩余座位情况代码：

A——可以提供9个以上座位；

1~9——可以提供1~9个座位，系统显示具体的可利用座位数；

L——没有可利用座位，但旅客可以候补；

Q——永久申请状态，没有可利用座位，但可以申请（HN）；

S——因达到限制销售数而没有可利用座位，但可以候补；

C——该等级彻底关闭，不允许候补或申请；

X——该等级取消，不允许候补或申请；

Z——座位可利用情况不明。

指令练习1：显示明天北京到广州的国航航班座位可利用情况。

指令输入：>AV：PEKCAN/＋/CA

指令输出：15JUN（SAT）PEKCAN VIA CA

```
1-  CA1321  PEKCAN 0900  1200  772 0 M  DS# CA DA YA SA BA HA KA LA MA NA*
2   CA1315  PEKCAN 1130  1430  733 0 M  DS# FA YA SA BA HA KA LA MA NA QA*
3   CA1301  PEKCAN 1450  1740  74E 0^M  DS# FA CA DS YA SA BA HA KA LA MA*
4+  CA1339  PEKCAN 1735  2030  340 0 M  DS# FA CA DA YA SA BA HA KA LA MA*
       * * CZ HAS SPECIAL FARE, PLEASE SEE GI/YI：CZ/FARE1
```

指令练习2：显示明天上午11点以后北京到广州航班座位可利用情况。

指令输入：>AV：PEKCAN/＋/1100

指令输出：15JUN（SAT）PEKCAN

```
1- CZ3162  PEKCAN 1035  1325  320 0 M    DS# CA DQ JS YA TA KA HA MA GA SQ*
2  CA1315  PEKCAN 1130  1430  733 0 M    DS# FA YA SA BA HA KA LA MA NA QA*
3  LH2928  PEKCAN 1130  1430  EQV 0      DS* FZ AZ CZ DZ YZ BZ MZ HZ QZ VZ*
4  CZ3102  PEKCAN 1205  1500  777 0 M    DS# CA DQ JA YA TA KA HA MA GA SA*
5  CZ3106  PEKCAN 1305  1600  757 0 M    DS# CA DQ JS YA TA KA HA MA GA SA*
6  CZ346   PEKCAN 1345  1645  77B 0 M    AS# CA DQ JA WA OA NA YA TA KA HA*
```

7 + XW871　PEKCAN 1425　1730　737 0 M　　DS# FA YA IQ DQ EA KA LA NA RA V1 *
　　* * CZ HAS SPECIAL FARE，PLEASE SEE GI/YI：CZ/FARE1

指令练习 3：显示明天上午 11 点以后北京到成都的国航航班座位可利用情况。

指令输入：＞AV：PEKCTU/+/1100/CA

指令输出：25MAY（SAT）PEKCTU VIA CA

1 - CA1315 PEKCTU 1130 1430 733 0 M　　DS# FA YA SA BA HA KA LA MA NA QA *
2　 CA1301 PEKCTU 1450 1740 74E 0^M　　DS# FA CA DS YA SA BA HA KA LA MA *
3 + CA1339 PEKCTU 1735 2030 340 0 M　　DS# FA CA DA YA SA BA HA KA LA MA *
　　* * CZ HAS SPECIAL FARE，PLEASE SEE GI/YI：CZ/FARE1

（二）国内航空公司航班飞行情况查询（指令名称：FF）

指令格式：＞FF：航班号/日期

指令解释："FF" 指令用于查询航班的经停城市、起降时间和机型。

指令举例：查询 14JUN 的 CA929 航班。

指令输入：＞FF：CA929/14JUN

指令输出：FF：CA929/14JUN13

　　　　　PEK　　　　　1240　　　767
　　　　　SHA　　1350　1550
　　　　　SFO　　1320

（三）国际航空公司航班飞行情况查询（指令名称：IT）

指令格式：＞IT：航班号/日期

指令解释："IT" 指令用于查询国外航空公司航班的经停城市、起降时间和机型。

指令举例：查询 14JUN 的 UA888 航班。

指令输入：＞IT：UA888/14JUN

指令输出：IT：UA888/14JUN13

　　　　　PEK　　　　　　　　1330　　　767
　　　　　SFO　　1830 +1　2140 +1　733　14：00 FLYING TIME
　　　　　NYC　　2355 +1　　　　　　　　02：15 FLYING TIME

（四）航班飞行情况查询（指令名称：DSG）

指令格式：＞DSG：航班号/日期

指令解释："DSG" 指令用于查询除座位可利用情况外的其他数据。例如，航班的起飞降落城市、起飞降落时间、航班的空中飞行时间、航班的空中飞行距离、经停点数、航班机型、餐食等信息。

指令举例：

指令输入：＞DSG：C/CA1343/Y

指令输出：
CA1343　Y（THU）07APR　　　PEK　　0755　　733　S　0　0
1020　　CSX ELAPSED TIME　2：25 DIST 0M

（五）使用航站楼情况查询（指令名称：ADTN）

指令格式：＞ADTN：D/航空公司/城市代码

指令举例：

指令输入：＞ADTN：D/MU/PEK

指令输出：ADTN：D/MU/PEK

　　　　　MU/PEK/T－T2，T2

　　　　　MU/PEK/F－8735，8740，0，/T－T3，T3

　　　　　MU/PEK/F－8901，8901，0，/T－T3，T3

　　　　　MU/PEK/F－8714，8715，0，/T－T3，T3

　　　　　MU/PEK/F－8720，8721，0，/T－T3，T3

（六）航班班期情况查询（指令名称：SK）

指令格式：＞SK：选择项/城市对/日期/时间/航空公司代码/舱位

指令解释："SK"指令可以查询一城市对在特定周期内所有航班的信息，包括航班号、出发到达时间、舱位、机型、周期和有效期限。

指令举例：显示14JUN前后三天北京到上海国航的航班。

指令输入：＞SK：PEKSHA/14JUN/CA

指令输出：11JUN13（TUE）/17JUN（MON）PEKSHA VIA CA

1　CA1577A PEKSHA 0700　0855　767 0 M　　6　08JUN18JUN CDZYSBHKLM＊

2　CA1935　PEKPVG 0740　0940　JET 0 M　　X15 01JUN15JUN FCDYSBHKLM＊

3　CA155　 PEKSHA 0745　0950　767 0 M　　3　05JUN12JUN CDYSBHKLMN＊

4　CA155　 PEKSHA 0745　0950　763 0 M　　7　09JUN09JUN FCDYSBHKLM＊

5　CA1915　PEKPVG 0800　1000　763 0 M　　4　13JUN13JUN FCDYSBHKLM＊

6＋CA1501　PEKSHA 0840　1035　772 0 M　　67 08JUN16JUN CDYSBHKLMN＊

＊＊NOTE：CA3＊＊＊OPERATED BY FM & FM9＊＊＊OPERATED BY CA

三、建立旅客订座记录

销售代理人通过PNR订座，并通过PNR告知航空公司旅客信息、航程、日期、舱位、座位数，以及用SSR注明旅客所要求的特殊服务等。PNR生效后，系统会给出一个记录编号，记录编号由6位字母或数字组成。

（一）旅客姓名项（指令名称：NM）

指令格式：＞NM：数量字母姓/字母名1/字母名2……1中文姓名

指令解释：NM 姓名项是 PNR 最基本的记录构成。订座时，一般首先要在订单中输入的是客人的姓名。

数量：9人（含9人）以下的订座，称为散客，订单中的旅客要一次性输入全部姓名；

字母姓：以字母方式输入旅客的姓时，同姓旅客可一次输入总人数；

字母名1：以字母方式输入的名；

字母名2：以字母方式输入的名；

1中文姓名：以字母方式输入的同姓旅客名，中文姓与名间无分隔，需要单独写入。

指令举例1：输入一名旅客中文姓名。

指令输入：>NM：1 陈家颖

指令输出：1. 陈家颖

        2. BJS/T PEK/T - 84018401/CACI HELPDESK

        3. PEK099

输出释义：

序号1：订单中行号1 姓名为陈家颖；

序号2：订座单位的联系组，系统根据单位配置设置，在订单中自动加入；

序号3：订座单位，即责任组。

指令举例2：输入多名旅客姓名。

指令输入：>NM：1 陈家颖 1WU/HAIYAN

指令输出：2. WU/HAIYAN 1. 陈家颖

        3. BJS/T PEK/T - 84018401/CACI HELPDESK

        4. PEK099

输出释义：序号1、2——名字在输入后会先字母后汉字排列。

指令举例3：输入字母同姓旅客。

指令输入：>NM：2WU/HAIYAN/HAIFEN

指令输出：1. WU/HAIYAN 2. WU/HAIFEN

        3. BJS/T PEK/T - 84018401/CACI HELPDESK

        4. PEK099

指令举例4：输入儿童姓名。

指令输入：>NM：1CAO/HAOZHE CHD

指令举例5：输入婴儿姓名。

指令输入：>NM：1GUO/YU

        >XN：IN/QI/MIAOJIA INF（SEP13）/P1

需要注意的是，姓名组由英文字母或汉字组成。英文姓名间由"/"分隔，每个旅客姓名中只能有一个"/",中文姓名间无"/"。名字的长度最长不得超过 28 个字符,英文的姓不能为一个单一的字母。

(二)航段项(指令名称:SD/SS/SA/SN)

1. 直接建立航段组(指令名称:SS)

指令格式:>SS:航班号/航位/日期/航段/行动代码/座数/起飞时间/到达时间

指令举例:>SS:CA1351/Y/+/PEKCAN/NN1

2. 间接建立航段组(指令名称:SD)

指令格式:>SD:航班序号/航位/行动代码/座数(需要先用 AV 指令查询航班)

指令举例:

指令输入:>AV PEKSHE/14JUN

指令输出:

14JUN (FRI) PEKSHE

1 — CA984 PEKSHE 0740 0900 763 0^S E DS# FA PS AS CA D4 JS Z2 YA BA HA *

2 HU7117 PEKSHE 0755 0905 734 0^ E DS# FA C3 AS YA BA HA KA LA MA NA *

3 CZ6116 PEKSHE 0900 1010 M90 0^ DS# FA A6 P4 R2 YA TA KA HA MA GA *

4 CA1651 PEKSHE 0950 1105 733 0^S E DS# F6 A2 YA SA BA HS KS LS MS NS *

指令输入:>SD 1Y1

指令输出:

(1) CA984 Y FR08APR PEKSHE DK1 0740 0900 763 S O R E

(2) BJS/T PEK/T 010 – 65243388 – 3105/CHINA CYTS TOURS CO., LTD/YUAN QINGHAI

(3) BJS180

3. 建立地面运输段(指令名称:SA)

指令格式:SA:日期/城市对

4. 建立不定期航段(指令名称:SN)

指令格式:SN:航空公司代码/日期/城市对

(三)联系组项(指令名称:CT)

1. 代理人联系组(订座时由系统自动生成的)

指令举例:BJS/T BJS/T 010 – 64666624/PEK LAN TIAN XIANG YUN AVATION SERVICE CENTRE/LIU YUE ABCDEFG

2. 旅客联系组(指令名称:CT)

指令格式:>CT:城市编码/旅客联系信息

指令举例:>CT:CAN/020 – 12345678

(四)出票情况项(指令名称:TK)

指令格式:>TK:TL/时间/日期/出票部门(出票时限的输入)

指令举例:>TK:TL/1200/14JUN/CAN777

需要注意的是,航班起飞前两个小时订座,系统将自动生成TK:TL项,不需要代理人手工输入,一次性封口的航班除外。

(五)订单生成项(指令名称:@或\)

指令格式:>@ 或 >\

强行封口:

指令格式1:>@K(行动代码处有闪烁光标或航空公司改动过记录时使用)

指令格式2:>@I(航段不连续时使用)

四、分销系统自动出票操作

(一)备注信息项(指令名称:RMK)

指令格式1:>RMK TJ AUTH CAN777

指令格式2:>RMK 自由文本(最多可以输入76个字符,内容可中英文混合输入)

(二)备注申请项(指令名称:SSR)

身份信息指令格式:>SSR FOID Airline–Code HK/NI 证件号码/Pn

指令举例:>SSR FOID CA HK/NI1101082003060160l2/P1

特殊餐食指令举例1:>SSR:VGML CA NN1 PEKFRA 931 Y14JUN/P1

特殊餐食指令举例2:>SSR:VGML CA NN1/P1/S4

常旅客指令格式:>SSR:FQTV CA HK/CA 卡号(正式卡)/P1(常旅客卡号的输入)

指令举例:>SSR:FQTV CA HK/CA 115679362/P1

(三)备注说明项(指令名称:OSI)

指令格式:>OSI:航空公司两字代码 自由文本/P#

(四)机上预留座位项(指令名称:ASR)

预留座位流程如下:

(1)用"AV"指令查询航班,ASR航班在AV显示的时候有一个"^"标识。

(2)为旅客建立基础PNR信息,必须包括姓名组航段组(所订航班必须是ASR航班)。

(3)要确认航段后面有"R"标识才可以使用该功能。

(4)使用"ADM"指令查看该ASR航班的座位图。

(5)使用"ASR"指令对ADM提供的座位中标记为"*"的座位,为旅客进行机上座位的预订。

(6) 旅客的订座记录中会自动加入 SSR SEAT 项，以及营业员为旅客预订的座位号。

使用 "ASR" 指令前航班座位图显示：
FM110/Y/14JUN/PEKSHA/757

```
Y              1                   2                   3
   1 2 3 4 5 6 7 8 9 0 1 2 3 4 5 6 7 8 9 0 1 2 3 4 5 6 7 8 9 0 1 2 3 4
RF X X C C         * * * * X X X X X X X X X X X X X X X X X X X X X FR
RE X X C C         * * * * X X X X X X X X X X X X X X X X X X X X X ER
RD X X C C         * * * * X X X X X X X X X X X X X X X X X X X X X DR
R  = = = = = = = = = = = = = = = = = = = = = = = = = = = = = = = = = = R
L  = = = = = = = = = = = = = = = = = = = = = = = = = = = = = = = = = = L
LC X X C C X X X * * * * * X X X X X X X X X X X X X X X X X X X X X CL
LB X X C C X X X * * * * * X X X X X X X X X X X X X X X X X X X X X BL
LA X X C C X       * * * * * X X X X X X X X X X X X X X X X X X X X X AL
   1 2 3 4 5 6 7 8 9 0 1 2 3 4 5 6 7 8 9 0 1 2 3 4 5 6 7 8 9 0 1 2 3 4
```

输入指令：ASR 2（航班序号）/16A 后，航班座位图显示：
FM110/Y/14JUN/PEKSHA/757

```
Y              1                   2                   3
   1 2 3 4 5 6 7 8 9 0 1 2 3 4 5 6 7 8 9 0 1 2 3 4 5 6 7 8 9 0 1 2 3 4
RF X X C C         * * * * X X X X X X X X X X X X X X X X X X X X X FR
RE X X C C         * * * * X X X X X X X X X X X X X X X X X X X X X ER
RD X X C C         * * * * X X X X X X X X X X X X X X X X X X X X X DR
R  = = = = = = = = = = = = = = = = = = = = = = = = = = = = = = = = = = R
L  = = = = = = = = = = = = = = = = = = = = = = = = = = = = = = = = = = L
LC X X C C X X X * * * * * X X X X X X X X X X X X X X X X X X X X X CL
LB X X C C X X X * * * * * X X X X X X X X X X X X X X X X X X X X X BL
LA X X C C X       * * * * * X X ! X X X X X X X X X X X X X X X X X X AL
   1 2 3 4 5 6 7 8 9 0 1 2 3 4 5 6 7 8 9 0 1 2 3 4 5 6 7 8 9 0 1 2 3 4
```

（五）票价组（指令名称：FN）

指令格式：>FN

指令举例：

指令输入：FN：FCNY900.00/SCNY900.00/C3.00/ TCNY50.00CN/ TCNY100.00YQ

指令输出：FN/FCNY900.00/SCNY900.00/C3.00/XCNY200.00/TCNY50.00CN/ TCNY150.00YQ/ACNY1100.00

需要注意以下两点。

(1) FN 中的 SCNY 项（实收票价）中的价钱不能超过 FCNY 项（公布票价）中的价钱，否则显示 AMOUNT。

(2) FN 中现可输入 1000 万元以下票款，税款可输入 10 万元以下票款。

（六）票价计算组（指令名称：FC）

1. 单程全价客票

PNR 中：1. CZ6802 Y FR14JUN SHASHE DK2 1555 1735

2. BJS187

指令输入：＞FC：SHA CZ SHE 1680.00Y CNY1680.00END

2. 往返全价客票

PNR 中：1. HU182 Y FR14JUN PEKHAK HK1 1205 1535

2. HU181 F SU16JUN HAKPEK HK1 0800 1120

指令输入：＞FC：PEK HU HAK 2130.00Y HU PEK 4050.00F CNY6180.00END

3. 折扣票价

PNR 中：1. HU182 K FR14JUN PEKHAK RR1 1205 1535

2. HU181 K SU16JUN HAKPEK RR1 0800 1120

指令输入：＞FC：PEK HU HAK 1920.00K HU PEK 1920.00K CNY3840.00END

需要注意的是，FC 中应输入折扣后票价。

（七）付款方式（指令名称：FP）

指令格式1：＞FP：CASH，CNY　　　指令解释：付款方式为现金，人民币。

指令格式2：＞FP：CHECK，CNY　　指令解释：付款方式为支票，人民币。

指令格式3：＞FP：IN/CASH，CNY　　指令解释：婴儿票 FP 项。

（八）签注信息（指令名称：EI）

指令格式1：＞EI：NONEND NONREF

指令格式2：＞EI：BUDEQUANZHUAN

指令格式3：＞EI：不得签转

需要注意的是，输入的内容不应超过 58 个字符，第 29 个字符应空出。

（九）自动生成运价指令（指令名称 PAT）

指令格式1：＞PAT：A*CH　（指令解释：自动计算儿童运价。）

指令格式2：＞PAT：A*IN　（指令解释：自动计算婴儿运价。）

指令格式3：＞PAT：　　　（指令解释：自动计算成人运价。）

（十）旅游信息（指令名称：TC）

指令格式：＞TC F/自由文本（按航空公司指定内容输入）

需要注意的是，输入的内容不应超过 12 个字符。

(十一) 出票指令 (指令名称: ETDZ)

指令格式 1: ＞ETDZ: 1 （指令解释: ＞ETDZ: 打票机序号。）
指令格式 2: ＞ETDZ: 1/P1, INF （指令解释: ＞ETDZ: 1/P1, 婴儿标识。）
指令格式 3: ＞ETDZ: 1/P1, ADL （指令解释: ＞ETDZ: 1/P1, 成人标识。）
指令格式 4: ＞ETDZ: 1/P1/P3/P5 （指令解释: 选择打印。）

1. 预先订妥座位出票流程

指令举例: 3 个已订妥座位的旅客, 前来出票。

＞RT: 142T11

1. 陈家颖 2. 吴海燕 3. 杨晨
4. CA1302 Y FR14JUN CANPEK HK3 1200 1445
5. BJS/T BJS/T ABCDEFG
6. PEK/010－84019200
7. TL/1200/11JUN/PEK099
8. SSR FOID CA HK1 NI110108197906193712/P1
9. SSR FOID CA HK1 NI110104197405182518/P2
10. SSR FOID CA HK1 NI110104197405177515/P3
11. BJS999

指令操作步骤:

＞4RR

＞XE7

＞FP: CASH, CNY

＞FN: FCNY1360.00/SCNY1360.00/C3.00/TCNY50.00CN/TCNY150.00YQ

＞FC: CAN CA PEK 1360.00Y CNY1360.00END

＞ETDZ: 1

2. 完成出票 PNR 后的出票流程

指令举例: 将下列 PNR 进行出票操作。

＞RT: QSW056

1. TEST/A QSW056
2. HU7382 Y FR14JUN PEKHAK DR10820 1150 738 0 E
3. BJS/T BJS/T ABCDEFG
4. PEK/010－84019200
5. FC/PEK HU HAK 2130.00Y CNY2130.00END
6. SSR FOID HU HK1 NI987078990/P1
7. FN/FCNY2130.00/SCNY2130.00/C3.00/XCNY200.00/TCNY50.00CN/TCNY150.00YQ/ACNY2330.00

8. FP/CASH，CNY

9. PEK099

指令操作步骤：

>ETDZ：3

指令输出：

CNY2330.00   QSW056

ET PROCESSING...   PLEASE WAIT!

ELECTRONIC   TICKET   ISSUED

需要注意的是，当 ETDZ 显示"DEVICE-01 OOS"时，OOS 是指 OUT OF STOCK，即输入打票机内的票号使用完了，此时应输入新的票号范围。当 ETDZ 显示"SSR FOID ELEMENT MISSING"时，其错误分析 PNR 中没有输入旅客身份信息，即需要输入"SSR FOID …"。

3. 出票后旅客订座记录变化

PNR 增加：票号组（T，SSR TKNE，TN，＊＊）。

PNR 缺少：FC、EI、TC 进入历史部分。

旅客出票记录案例：

＊＊ELECTRONIC TICKET PNR＊＊

1. 王晓 P150MK

2. CA1355 Y SA13FEB PEKHAK RR1 0740 1125

3. BJS/T PEK/T 010-84019200/BEIJING BRANCH

4. PEK/010-84019200

5. T

6. SSR TKNE CA HK1 PEKHAK 1356 Y13FEB 9991698057717/1/P1

7. RMK CA/KC4FN

8. SSR FOID CA HK/NI110105740215658/P1

9. FN/FCNY2130.00/SCNY2130.00/C3.00/XCNY200.00/TCNY50.00CN/TCNY150.00YQ/ACNY2330.00

10. TN/999-6091708068/P1

11. FP/CASH，CNY

12. BJS999

需要注意的是，当客票出票后，应用"DETR"命令提取票面状态；应用"TSL"指令查看当天销售报表。

电子客票的票面提取方式有以下几种。

方法 1：DETR：TN/13 位票号。

方法 2：DETR：NI/身份信息。

方法 3：DETR：NM/旅客姓名。

方法4：DETR：CN/记录编号。

电子客票状态说明：

OPEN FOR USE——客票有效；

VOID——已作废；

REFUNDED——已退票；

CHECK IN——正在办理登机；

USED/FLOWN——客票已使用；

SUSPENDED——挂起状态，客票不能使用；

LIFT/BOARDED——过渡状态（登机）；

EXCHANGE——客票换开。

信息保存时限：OPEN FOR USE 状态的电子客票记录将在代理人系统中保留一年，其他状态的电子客票记录将在代理人系统中保留一个月。

4. 查看销售报表

```
************************************
*            CAAC  MIS  OPTAT  DAILY-SALES-REPORT
*
*
*
*   OFFICE：BJS544   IATA NUMBER：08016514   DEVICE：4/ 72323   *
*   DATE：07JUL
    AIRLINE：ALL                   *
- - - - - - - - - - - - - - - - - - - - - - - - - - - - - - -
TKT-NUMBER       ORIG-DEST   COLLECTION   TAXS   COMM%   PNR    AGENT
- - - - - - - - - - - - - - - - - - - - - - - - - - - - - - -
784-3345635140   BJS HRB     580.00       200.00  3.00   WD2696  25145
784-3345635139   BJS HRB     580.00       200.00  3.00   WD2696  25145
```

5. 出票失败

指令输入：>ETDZ：3

指令输出：CNY1110.00   PF00S

　　　　　ET PROCESSING... PLEASE WAIT！！

　　　　　＊＊ELECTRONIC TICKET PNR＊＊

1. GUO/YU TV2ES7
2. MU563 B FR04JUL PEKPVG RR1   1910 2120   E T2T1
3. MU586 M SU06JUL PVGPEK RR1   2115 2320   E T1T2
4. BJS/T BJS/T 010-65221188-6510/GAOHANG AVATION PASSENGER

CARGO SERVICE
    5. BJS/01065862255
    6. T
    7. SSR FOID MU HK1 NI112316375/P1
    8. SSR ADTK 1E BY BJS04JUL08/1354 OR CXL MU 563 B04JUL
    9. SSR TKNE MU HN1 PEKPVG 563 B04JUL 7813111419594/1/P1
    10. SSR TKNE MU HN1 PVGPEK 586 M06JUL 7813111419594/2/P1
    11. RMK CA/BT60L
    12. FN/FCNY1810. 00/SCNY1810. 00/C3. 00/XCNY400. 00/TCNY100. 00CN/TC-NY300. 00YQ/ACNY2210. 00
    13. TN/781 –3111419594/P1
    14. FP/CASH，CNY
    15. BJS544

        查看销售报表显示：
        指令输入：TSL：3
        指令输出：

                      CAAC MIS OPTAT DAILY – SALES – REPORT
*   OFFICE：PEK099   IATA NUMBER：08311122 DEVICE：3/ 34248
*   DATE：30OCT
    AIRLINE：ALL

TKT – NUMBER   ORIG – DEST COLLECTION TAXS COMM% PNR AGENT
----
880 – 1234568379 PEKSHA BS PET ISSUE FAILED！！！！   PF00SD 8888
880 – 1234568378 SHAPEK 1730. 00 200. 00   3. 00 NWR09G 8888

出票失败后的处理方式：
重新出票指令格式：>ETRY：（操作前请先使用"RT"指令提出PNR）
屏幕显示下列信息表示出票成功：
ETPROCESSING．．．PLEASE WAIT！   PF00S
ET TRANSACTION SUCCESS
此时恢复正常。当ETDZ出错时，请代理人及时查找错误原因，用相应指令进行重新出票操作，否则在当天晚上12:00BSP结算将会视这些票为废票。

6. 客票需再次打印

              * * ELECTRONIC TICKET PNR * *
    1. GUO/YU TV2ESK

2. MU563　B　FR04JUL　PEKPVG RR1　1910 2120　　E T2T1
3. MU586　M　SU06JUL　PVGPEK RR1　2115 2320　　E T1T2
4. BJS/T BJS/T 010 – 65221188 – 6510/GAOHANG AVATION PASSENGER CARGO SERVICE
5. BJS/01065862255
6. T
7. SSR FOID MU HK1 NI112316375/P1
8. SSR ADTK 1E BY BJS04JUL08/1354 OR CXL MU 563 B04JUL
9. SSR TKNE MU HK1 PEKPVG 563 B04JUL 7813111419594/1/P1
10. SSR TKNE MU HK1 PVGPEK 586 M06JUL 7813111419594/2/P1
11. RMK CA/BT60L
12. FN/FCNY1810.00/SCNY1810.00/C3.00/XCNY400.00/TCNY100.00CN/TC-NY300.00YQ/ACNY2210.00
13. TN/781 – 3111419594/P1
14. FP/CASH, CNY
15. BJS544

　　输入指令：>XE6/9/10/13
　　　　　　>FC PEK MU PVG 1020.00B MU PEK 790.00M CNY1810.00END
　　　　　　>EI 不得签转 改期收费
　　　　　　>ETDZ：1
　　输出显示：CNY 2210.00 TV2ESK
　　　　　　ET PROCESSING... 　　PLEASE WAIT!
　　　　　　ELECTRONIC　　TICKET　　ISSUED

需要注意的是，一本客票打印完后，PNR 中一些项，如 FC、EI、TC 会进入 PNR 的历史部分，再次打印时应注意添加这些项。

7. 各种情况出票举例

（1）单人出票实例：旅客杨晨购买 6 月 14 日北京—上海 CA1501 航班经济舱全票价机票一张，票价为 1130.00 元。

指令输入：
>AV：PEKSHA/14JUN
>SD：1Y1
>NM：1 杨晨
>CT：PEK/010 – 84019200
>FN：FCNY1130.00/SCNY1130.00/C3.00/TCNY50.00CN/TCNY150.00YQ
>FC：PEK CA SHA 1130.00Y CNY1130.00END

>FP：CASH，CNY

>SSR FOID CA HK/NI110101660412/P1

(2) 单人折扣客票实例：旅客周滢购买12月18日北京—广州南航H舱机票一张，票价为1360.00元，不得签转。

指令输入：

>NM：1 周滢

>AV：PEKCAN/18DEC

>SD：1H1

>CT：PEK/84019200

>FN：FCNY1360.00/SCNY1360.00/C3.00/TNCY50.00CN/TCNY150.00YQ

>FC：PEK CZ CAN 1360.00H CNY1360.00END

>EI：不得签转

>FP：CASH，CNY

>SSR FOID CZ HK/NI1101040325178/P1

(3) 单人往返客票实例：旅客陈淳丽购买6月14日北京—海口和6月17日海口—北京全价机票一张。（如果旅客选择的两个航班是同一个承运人，则可以打印在同一本客票上；如果旅客选择的两个航班是不同承运人，则应分别打印在一本客票上。）

指令输入：>RT：NZ40BY

输出显示：

1. 陈淳丽 NZ40BY

2. HU7382　Y　FR14JUN　PEKHAK　HK1　0800　1140　E T1 –

3. HU7181　Y　MO17JUN　HAKPEK　HK1　0800　1125　E – T1

4. BJS/T BJS/T 010 – 65157635/BTG TKT CO. /SHI YU ABCDEFG

5. PEK/12345678

6. TL/1200/02DEC/PEK099

7. SSR ADTK 1E BY PEK03DEC08/1646 OR CXL HU7382 Y05DEC

8. RMK CA/DSJ3FP

9. PEK099

指令输入：

>FN：FCNY4500.00/SCNY4500.00/C3.00/TCNY100.00CN/TCNY300.00YQ

>FC：PEK HU HAK 2250.00Y HU PEK 2250.00Y CNY4500.00END

>FP：CHECK，CNY

>SSR FOID HU HK/NI110107700923142/P1

(4) 联程客票实例：旅客张文健购买6月14日北京—海口和6月17日海口—上海机票。票价：PEKHAK Y 2250.00；HAKSHA Y 1660.00。

指令输入：>RT：NZ40BY

输出显示：

1 张文健 NZ40BY

2 HU7382　Y　FR14JUN　PEKHAK　HK1　0800　1140　E　T1　－　－

3 HU7119　Y　MO17JUN　HAKPEK　HK1　0730　1000　E　－　－T1

4 CT：BJS/010－84019200

指令输入：

>FP：CHECK，CNY

>FN：FCNY3910.00/SCNY3910.00/C3.00/TCNY100.00CN/TCNY300.00YQ

>FC：PEK HU HAK 2250.00Y HU SHA 1660.00Y CNY3910.00END

>SSR FOID HU HK/NI110103550718652/P1

（5）多名旅客在同一 PNR 中实例：旅客王晓、潘晓影、李娟、MCHEL/JOHNSON 购买 6 月 14 日北京—杭州和 6 月 17 日杭州—广州的机票。

指令输入：

>NM：1 王晓 1 潘晓影 1 李娟 1MICHEL/JOHNSON

>AV/SD：2M4（去程）

>AV/SD：2M4（回程）

>CT：BJS/010－84019200

>FN：FCNY1580.00/SCNY1580.00/C3.00/TCNY100.00CN/TCNY300.00YQ

>FC：PEK MU HGH 740.00M MU CAN 840.00M CNY1580.00END

>EI：NON－END

>FP：CASH，CNY

>SSR FOID MU HK/NI110108751022581/P1

>SSR FOID MU HK/NI110108751022582/P2

>SSR FOID MU HK/NIG2154625797979/P3

需要注意的是应将旅客不同票价及其对应的票价基础输入 FC 中；FN 应输入一个旅客全程票价，与 PNR 中的人数无关。

（6）成人带儿童实例：一个成人和一个儿童（9 岁）购买 6 月 14 日北京—海口普通舱，6 月 17 日海口—北京头等舱机票。票价：PEKHAK Y CNY2250.00；HAKSHA F CNY2490.00。

指令输入：

>NM：1 郭宇 1 齐妙佳 CHD

>AV/SD：6Y2（去程）

>AV/SD：6F2（回程）

>CT：BJS/010－84019200

144

>FP：CHECK，CNY
>FN：FCNY4740.00/SCNY4740.00/C3.00/TCNY100.00CN/TCNY500.00YQ/P1
>FN：FCNY2380.00/SCNY2380.00/C3.00/TEXEMPTCN/TCNY160.00YQ/P2
>FC：PEK HU HAK 2250.00Y HU SHA 2490.00F CNY4740.00END/P1
>FC：PEK HU HAK 1130.00YCH HU SHA 1250.00FCH CNY2380.00END/P2
>F PCHSH，CNY

（7）成人带婴儿实例：一个成人和一个婴儿（生于2012年9月）购买2013年6月14日深圳—北京CA航班M舱机票。票价：SZX – PEK 1540.00；全价：1750.00元。

指令输入：
>NM：1 郭宇
>AV/SD：1Y1
>CT：PEK/66017755
>FN：FCNY1540.00/SCNY1540.00/C3.00/TCNY50.00CN/TNCY150.00YQ
>FP：CASH，CNY
>FC：SZX CA PEK 1540.00Y CNY1540.00END
>SSR FOID CA HK/NI110103800922412/P1
>EI：不得签转
>XN：IN/齐妙佳 INF（SEP12）/P1
>FN：IN/FCNY180.00/SCNY180.00/C0.00/TEXEMPTCN/TEXEMPTYQ
>FC：IN/SZX CA PEK 180.00YIN CNY180.00END
>FP：IN/CASH，CNY

需要注意的是，可以单独打印婴儿客票，指令为"ETDZ：1/P1，INF"；婴儿不占座位，不考虑婴儿座位数；由于婴儿票价及票价计算与成人不同，因此用 IN 标识特殊指明 FC、FN 和 FP、EI、TC 项；OVF/XN/IN/ DANFORD/MAEVEESTHERINF（MAY11）/P1，OVF 表示婴儿姓名超长。

五、旅客订座记录修改指令

（一）订座记录阅读（指令名称：RT \ RTC \ RTU \ RTA）

（1）根据记录编号提取指令格式：>RT：XXXXXX。
格式举例：
输入指令：>RT：MES6Q2（只显示本 OFFICE 的 PNR，有授权的情况下除外）
输出显示：>RT MES6Q2
1. 陈家颖 2. SAI/GM 3. 吴海燕 MES6Q2
4. CZ6205 Y FR14JUN HRBPEK HK3 1800 1940
5. BJS/T PEK/T 010 – 65538922/CHINA AIR SERVICE COMPANY/ZHONG MING

FENG ABCDEFG

    6. 65881919 ELONG LISA

    7. TL/1800/11JUN13/BJS191

    8. RMK CA/JDYDB

    9. BJS191

提取其他代理人建立的旅客订座记录，需要得到对方的授权，在记录中显示如下：

                ELECTRONIC TICKET PNR

    1. 杨晨 JNPM7Z

    2. MU5199 X   SU08JUL SHAPEK RR1 2030 2305   E T2T2

    3. BJS/T BJS/T 010－68589990/PEK GOLDEN HOLIDAY TRAVEL CO., LTD/XIAO LEI ABCDEFG

    4. 13810603217

    5. T

    6. SSR FOID

    7. SSR CKIN MU

    8. SSR FQTV MU HK1 SHAPEK 5199 X08JUL MU610303562363/P1

    9. SSR ADTK 1E BY BJS02JUL12/1753 OR CXL MU5199 X08JUL

    10. SSR TKNE MU HK1 SHAPEK 5199 X08JUL 7812027502224/1/P1

    11. RMK CA/MGR3QG

    12. RMK TJ AUTH BJS807（授权标识）

    13. RMK AUTOMATIC FARE QUOTE

    14. FN/A/FCNY570.00/SCNY570.00/C3.00/XCNY180.00/TCNY50.00CN/TCNY130.00YQ/ACNY750.00

    15. TN/781－2027502224/P1

    16. FP/CASH，CNY

    17. BJS472

（2）查看 PNR 历史部分指令格式：＞RT：C/记录编号或在 RT 提出记录后做 RTC。返回 PNR 的现部分指令格式：＞RTA（先做 PF1）。

格式举例：

                ELECTRONIC TICKET PNR

    1. 陈家颖 2. 吴海燕 MEY1M3

    3. SC4732 Y FR14JUN WNZTAO RR2 1540 1730   E

    4. T WNZ/WNZ/T 0577－55555555/WNZ LAI TE AIR SERVICE CO. LTD/ZE

    5. T WNZ/NG JIU CHENG

    6. B YOP/T 8006 2012/07/03 1315A

7. T

8. SSR FOID SC HK1 NI370783198708214370/P2

9. SSR FOID SC HK1 NI370783198707014414/P1

10. SSR TKNE SC HK1 WNZTAO 4732 Y14JUN 3242335092631/1/P2

11. SSR TKNE SC HK1 WNZTAO 4732 Y14JUN 3242335092630/1/P1

12. SSR OTHS 1E PNR RR AND PRINTED

输入指令：＞RTC

＊＊ELECTRONIC TICKET PNR＊＊

008　　SDH888 16117 0558 14JUN I

　　　　1. 陈家颖（001）2. 吴海燕（001）MEY1M3

001　　3. SC4732　Y　FR14JUN WNZTAO RR2　1540　1730　E

　　　　DK（001）HK（001）RR（004）

001　　4. T WNZ/WNZ/T 0577－55555555/WNZ LAI TE AIR SERVICE CO. LTD/ZE

001　　5. T WNZ/NG JIU CHENG

001　　6. B YOP/T 8006 2012/07/03 1315A

006　　7. T

（3）查看历史部分中的第二步操作指令格式：＞RTU2。

输入指令：＞RTU6

001/006 TL/0525/14JUN/BJS180

006/006 FC/A/PEK CA HRB 960.00Y CA PEK 960.00Y CNY1920.00END

006/006 FC/A/PEK CA HRB 480.00YCH50 CA PEK 480.00YCH50 CNY960.00END

＊＊（CH）//SHIJIAYUCHD/

006/006 EI/GAIQITUIPIAOSHOUFEI 改期退票收费

006/006 EI/GAIQITUIPIAOSHOUFEI 改期退票收费/SHIJIAYU/

006　　BJS180 15233 0907 14JUN I

（二）航段调整（指令名称：CS）

调整航段顺序指令格式：＞CS 航段序号/航段序号。

格式举例：

1. 王晓 MWE04

2. ARNK　　　　　　　　TAOCAN

3. MU5114 F　FR14JUN　PEKTAO　HK1　1705　1755

4. BJS/T PEK/T 010－67786387/SHUANGJING AGENCY/WANG ZHI HONG ABC-DEFG

5. 84019200

6. TL/1200/11JUN/BJS296

7. RMK CA/KSG1E

8. BJS296

输入指令：＞CS：3/2

输出显示：

1. 王晓 MWE04

2. MU5114 F　FR14JUN　PEKTAO　HK1　　1705　1755

3. ARNK　　　　　　　TAOCAN

4. BJS/T PEK/T 010－67786387/SHUANGJING AGENCY/WANG ZHI HONG ABC-DEFG

5. 84019200

6. TL/1200/10JUN/BJS296

7. RMK CA/KSG1E

8. BJS296

（三）订座记录修改（指令名称：SP/XE）

指令举例：现取消显示的第4项，并更新为53650006。

指令输入：＞RT MJN43

输出显示：

1. 刘佳惠

2. MU5116 M　FR14JUN　PEKTAO　HK1　　1945　2055

3. BJS/T PEK/T 010－67786387/SHUANGJING AGENCY/WANG ZHI HONG ABC-DEFG

4. 84019200

5. TL/1200/11JUN/BJS296

6. RMK CA/KFT66

7. BJS296

指令输入：

＞XE4

＞CT 53650006

＞@

再次提取查看。

输入指令：＞RT MJN43

输出显示：

1. 刘佳惠

2. MU5116 M　FR14JUN　PEKTAO　HK1　　1945　2055

148

3. BJS/T PEK/T 010 – 67786387/SHUANGJING AGENCY/WANG ZHI HONG ABC-DEFG

4. 53650006

5. TL/1200/11JUN/BJS296

6. RMK CA/KFT66

7. BJS296

（四）还原订座记录（指令名称：IG）

指令格式：＞IG 或 ＞I

将正在提取的 PNR 还原成上一次封口时的状态。尽管已经做了修改，只要没生效，即没有做封口操作，就可以将 PNR 还原到原始状态。

（五）删除订座记录（指令名称：XEPNR@）

取消完整的 PNR，提取记录后，输入"＞XEPNR@"指令，订座记录一旦取消便不能恢复。

第二节 开账与结算计划

一、国际航协代理人计划简介

国际航协代理人计划（IATA Agency Programme）是国际航协在 20 世纪 50 年代初创建的航空客货销售代理管理系统。其目的是为航空运输业提供一整套高效、可靠、统一、规范的专业化销售清算系统，用以适应航空运输市场不断发展变化的需要。

（一）国际航协代理人计划的主要服务项目

1. 代理人管理

代理人管理是指国际航协通过所有国际航协的会员航空公司共同制定的客货销售代理规则，对其认可的销售代理人进行全球化管理。国际航协根据各地航空运输市场的具体特点，定期对这些规则进行修改，用以适应不同时期、不同国家或地区的个性化需要。

2. 代理人资格审定

根据所有国际航协的会员航空公司共同制定的标准，对申请成为国际航协认可销售代理人的企业进行财务、人员、营业地点等方面的审查、认可并颁发有关的资格证书。

3. 销售结算系统

BSP 系统和货运结算系统（Cargo Account Settlement Systems，CASS）是国际航协根据航空运输代理行业的切实需要而建立的，供航空公司和其认可的销售代理人之间使用的销售结算系统。这两个销售结算系统的主要特点是采用统一规格的中性运输凭证进行销售，按照国际统一标准的计算机程序制作销售报告，并通过银行集中转账付款。销售结算系统简化了出票、报表及付款程序，使航空公司和销售代理人节约了大量结算领域的开支，大大提高了工作效率和服务质量。

4. 代理人培训

国际航协与世界旅行社协会联合会（UFTAA）、国际货运代理协会联合会（FIATA）共同制订了培训计划，为销售代理人提供专业的培训服务。国际航协按照国际行业标准举办的代理人培训班旨在广泛提高从业人员的专业素质和服务水平。国际航协指派从各专业中挑选的专家负责培训课程的设置，选择、编写和及时更新培训教材，教学质量管理，以及组织实施考试等工作。

5. 代理人产品和出版物

国际航协为销售代理人提供了一系列高效益、高价值的服务，用以提高整个代理人计划的实用性。国际航协还提供了国际航协决议汇编手册和代理人手册，这些出版物是构成航空公司与销售代理人之间契约关系的主要依据。国际航空运输协会代理人卡作为国际航协向中国地区销售代理人提供的一项新增值服务，是专为全球从事旅游代理业务的专业人士设计的身份卡。该卡是旅游代理业专业人士的身份象征，得到了国际上众多航空公司和旅游旅行服务提供商的认可和接受。

（二）成为国际航协认可销售代理人的优越性

（1）有权使用国际航协认可销售代理人的专用标志。该标志在国际航空运输代理业中是专业化、高技能、高效率和良好信誉的识别标志，是能带给客户更多信任感的标志。

（2）国际航协认可销售代理人已被世界各大航空公司广泛接受。

（3）国际航协认可销售代理人将被列入国际航协定期向所有会员航空公司发放的代理人名册，供航空公司选择销售代理人时使用。这样可以提高销售代理人的知名度，有助于其扩大业务范围。

（4）获得世界各大航空公司提供的各种促销资料和业务指导。

（5）参加国际航协和其指定培训中心举办的各类培训课程，以便提高从业人员的业务水平和工作效率，从而增强销售代理人的整体竞争力。

（6）国际航协认可的销售代理人可以使用国际航协通过 BSP 系统和 CASS 系统配发的标准运输凭证，直接代理这些航空公司的客货销售业务。这样统一并简化的操作流程，有效地节省了销售代理人的时间和人力，有助于提高其销售能力和服务质量。

（7）通过国际航协代理人计划在各国的执行委员会，对国际航协代理人计划的修改和发展提出建议。

（三）国际航协代理人计划的有关决议

国际航协是全世界航空公司的行业协会。它依据会员航空公司的提案，以专业大会的形式开展各项活动,以经由各会员航空公司举手表决而通过的决议实施对国际航空运输业的管理,旨在促进世界航空运输业的平等、合作、有序发展。

1. 客运销售代理规则——中国决议（国际航协 810C 决议）

客运销售代理规则——中国决议,简称 810C。该决议是以国际航协旅客代理人大会通过的有关决议为准则,结合中国航空运输业的实际情况制定的。其主要内容为代理人资格认可和保持条件,开账与结算计划规则。中国 BSP 是客运销售代理规则——中国决议中的一项核心内容,是航空公司用以规范其销售代理人销售行为的有效办法。对经由国际航协认可的,在中国境内从事国际和/或国内航空运输销售代理业的销售代理人具有规范行为的严肃性和指导性。

2. 中国国内客运销售代理规则决议（国际航协 810Z 决议）

中国国内客运销售代理规则决议,简称 810Z。该决议是以国际航协 810C 决议为准则,结合中国国内客运销售代理人的实际情况制定的,是国际航协 810C 决议的延伸。其旨在约束从事国内客运销售代理业务的销售代理人。国际航协 810C 决议的条款充分体现在中国国内客运销售代理规则中,是国际航协中国国内客运销售代理事务的指导性决议。

3. 国际航协 832 决议

国际航协 832 决议的主要内容包括通过 BSP 运作的报告与清算程序,直接与会员航空公司进行的报告和清算,以及违规与违约行为处理。

二、代理人资格认可和保持条件

1. 申请国际航协认可销售代理人需要具备的资质

（1）营业执照。申请人应具备独立法人资格,持有企业法人营业执照（售票处地址与法人营业执照注册地址的同时,需要提供售票处的非法人营业执照）。

（2）人员证书。申请人（国际销售代理人/国内销售代理人）应有至少 3 名工作人员持有由中国航空运输协会颁发的（国际/国内）有效的销售代理人上岗证;申请人应有至少 3 名工作人员持有国内 BSP 培训证书（国内销售代理人）;申请人应有至少 3 名工作人员持有由中航信颁发的 BSP 自动打票培训合格证书。

（3）财务要求。申请人应有令人满意的财务状况;申请人应按月平均运输销售量的 50% 提供经济担保。

（4）营业场所。申请人的营业场所应有明显的销售代理人标志,公众可以自由出入;申请人的营业场所不应位于与另一销售代理人或某航空公司共同使用的办公区域内;代理人的营业场所应符合国际航协代理人手册中公布的最低安全标准。

（5）名称要求。申请人不得与国际航空运输协会或某会员或某航空公司的名称相同或相似；申请人的营业地不得被人们认作某会员或某组会员航空公司的办公地点。

（6）其他要求。申请人不应为任何航空公司的销售总代理；申请人或其主要股东或其董事或其中层管理人员或其经理，在遵守合乎职业道德的商业准则方面，不应有令人不满意的记录，也不应是债务尚未清偿的破产人；申请人的董事或股东或管理人员，均不应为已从代理人名册中予以除名的销售代理人的董事或股东或管理人员，或已收到违约通知但仍未清偿债务的销售代理人的董事或股东或管理人员。

2. 申请及批准程序

（1）递交申请材料。有意被录入代理人名册并将其营业地址同时作为经批准的地点录入代理人名册的销售代理人，或有意将其又一营业地作为经批准的地点录入代理人名册的代理人，应向代理人事务经理提交完整的申请表和如下文件。国际航协认可国际（国内）销售代理人申请表；企业法人营业执照复印件；中国航空运输协会颁发的一类（二类）营业批准证书；经国家注册会计师事务所确认的验资报告的复印件；经国家注册会计师事务所审计的反映最近财务状况的财务审计报告的原件；企业法人营业执照的工商注册时间不足半年的销售代理人，仅提供开业时的验资报告正本；培训证书（3个国际（国内）客运上岗证书、3个国内 BSP 培训证书、3个自动打票培训合格证书）；航空销售代理人主要印鉴备案表；售票处租房合同；法人公司章程复印件；售票处人员状况表（仅限国际销售代理人）；营业场所内外照片4张；缴纳相关费用的凭证复印件（仅限国内销售代理人）；法定代表人身份证复印件；已填妥的国际航协存档记录；主要经办人及负责人的名片（姓名/电话/手机/传真）；销售代理人的信签样本（印有公司名称的信封和信纸）。

（2）缴纳相关费用。申请国际航协认可的销售代理人（国际销售代理人）应缴纳的费用有申请费（一次性，总部：USD375、分支机构：USD375）、加入费（一次性，总部：USD565、分支机构：USD450）、年费（每年，总部：USD125、分支机构：USD85）、专员费（总部：USD5、分支机构：USD5）、证书费（总部：USD20、分支机构：USD20）、代理人卡费（每年，总部：USD75、分支机构：USD75）。申请国际航协认可销售代理人（国内销售代理人）应缴纳的费用有申请费（一次性，总部：CNY650、分支机构：CNY520）、加入费（一次性，总部：CNY1030、分支机构：CNY830）、年费（每年，总部：CNY500、分支机构：CNY400）。销售代理人应在接到通知后以人民币支票和电汇的形式直接向国际航协北京办事处缴纳上述费用。

（3）经济担保的办理。国际航协认可销售代理人资格审查办公室收到销售代理人的申请文件后，按照规定的担保标准为销售代理人核定一个经济担保额。国际销售代理人的担保额标准为连续12个月月平均销售额的50%且不得低于150万元人民币。国内销售代理人的担保额标准为连续12个月月平均销售额的50%且不得低于50万元人民币。销售代理人应在销售代理人资格批准前向国际航协提交担保函。

（4）申请的批准。国际销售代理人的批准要求：国际航协认可销售代理人资格审查办公室向全世界会员航空公司公布销售代理人的申请，销售代理人的所有申请文件提交完备后，如航空公司无异议，国际航协将批准销售代理人的申请。国内销售代理人的批准要求：国际航协认可销售代理人资格审查办公室向中国所有 BSP 航空公司公布的销售代理人的申请，自申请发出之日起满 15 个工作日，如航空公司没有异议，销售代理人的所有申请文件提交完备后，国际航协将批准销售代理人的申请。

（5）协议的签署。国际航协认可销售代理人资格审查办公室批准销售代理人的申请后，将向代理人发出批准通知并与销售代理人签署《客运销售代理协议》，并将已批准的销售代理人名单通知所有会员及中国 BSP 航空公司。签署《客运销售代理协议》时应注意以下几点。协议应由法定代表人或其被授权人签署，且其被授权人需要出示法人授权委托证明原件；协议应加盖法人公司的公章；营业分点应同时加盖分公司的印章。

三、中国开账与结算计划概述

中国开账与结算计划（以下简称中国 BSP）是国际航空运输协会根据航空公司及其销售代理人的需要，依据适用的决议而建立的，由国际航协 BSP 委员会第 67 届大会通过并经中国民用航空局批准后实施。供 BSP 航空公司和经中国民用航空局或其地区管理局批准的，并被国际航协认可的，供客运销售代理人使用的，以清算和结算账为目的的销售结算系统。

（一）中国 BSP 的主要特点

（1）代理人以中性的标准运输凭证为各 BSP 航空公司进行销售。

（2）代理人按统一的标准管理表格和程序向 BSP 数据处理中心报告销售情况。由数据处理中心采用先进的 BSP 处理系统计算并产生各类报表和账单。

（3）代理人的销售款定期通过 BSP 清算银行，以"直接借记"（不用账户所有人同意，自动扣款）的方式同 BSP 航空公司进行一次性结算。

（二）中国 BSP 对于航空公司的优越性

（1）按时收集集中传送的账单和票证，加强收入结算管理，随着电子客票的全面使用，目前 BSP 的数据收集也实现电子化传递。

（2）按时进账，及时收款加强财务控制，改善资金流通。

（3）利用录有账单数据的磁带，促进自动结算过程。

（4）使用可靠的统计数据，提高销售管理水平。

（三）中国 BSP 对于代理人的优越性

（1）使用统一的标准运输凭证，以所授权的 BSP 航空公司名义开票，简化运作程序。

（2）简明统一的标准管理表格适用于所有 BSP 航空公司，操作程序简单且成本降低。

(3) 在规定时间内向同一指定地点提交销售报告和其他有关单据。

(4) 通过"直接借记"的方式简化汇款手续。

(5) 举办 BSP 培训班，提高代理人服务质量。

第三节 环球分销系统

一、环球分销系统概述

目前，全球的旅游代理行业，特别是国际客票销售领域，广泛通过环球分销系统完成机票、酒店、邮轮、保险甚至剧院门票等各种旅游产品的销售。环球分销系统（Global Distribution System，GDS）是可以实现服务可用性检查，完成座位预订，并在大多数情况下能够通过打印机完成出票的计算机分销系统。

在全球范围内，有 4 个大型的环球分销系统（见图 4 – 2），分别是艾玛迪斯（Amadeus）系统、伽利略（Galileo）系统、军刀（Sabre）系统和算盘（Abacus）系统。

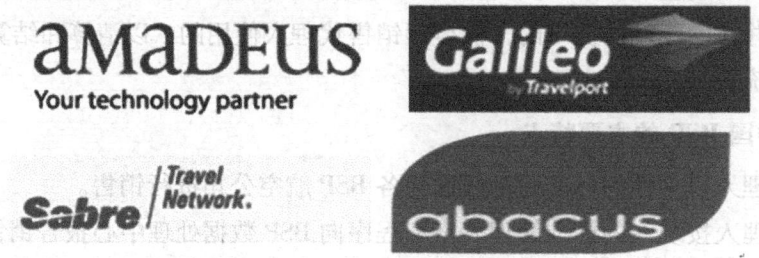

图 4 – 2　四大环球分销系统标志

环球分销系统发展的历史可以追溯到早期的航空公司计算机预订系统（Computer Reservation Systems，CRS）。计算机预订系统是航空公司为了解决其早期手工预订的业务需求而设计的。这些早期的航空公司计算机预订系统演变、升级为环球分销系统的过程大体上可以划分为 3 个阶段。

第一阶段：从手工到计算机化预订（1950—1974 年）。在 1952—1961 年这一时期，航空公司用老式打印机代替了原来的旧式的统计表格，使航空公司的工作人员可以通过将卡片插入读卡器来预订和取消座位，但这时还没有实现航班座位预订和旅客需求预订联网。1962 年，IBM 公司为美国航空公司开发出可以自动获取旅客预订信息的系统——Semi – Automatic Business Environment Research，简称 SABER。SABER 是第一个现代意义上的环球分销系统，实现了航空公司之间和销售代理人之间信息的联通。

第二阶段：自动分销系统和真正意义的计算机预订系统（1974—1984 年）。在这一时期，销售代理人处安装了终端，使其可以在不依赖打电话给航空公司的情况下完成座位的预订。航空公司开始积极推进终端在销售代理人处的普及，但是由于通信成本较高，限制了其安装数量。各种项目的实施涉及对整个旅游行业的产品分销可行性的分析。研究结果表明其不仅可行，而且有利可图。1976年1月，美国宣布在销售代理人处安装阿波罗系统，这标志着由自动化出票时代到计算机订座系统时代的跨越。

第三阶段：从计算机预订系统到环球分销系统（1984—1994年）。在环球分销系统发展的早期，航空公司一直倾向于自己拥有计算机预订系统。这导致了中立问题的出现，并最终形成了跨越多个航空公司的环球分销系统概念。1987年，美国95%的销售代理人已经建立了计算机预订系统。其中主要的计算机预订系统是军刀系统和阿波罗（Apollo）系统。美国联合航空公司、英国航空公司、瑞士航空公司和意大利航空公司在1987年基于阿波罗系统创办了伽利略系统。法国航空公司、汉莎航空股份公司、伊比利亚航空公司、斯堪的纳维亚航空公司在1987年共同推出了艾玛迪斯系统。

大型计算机预订系统在一些方面有了长足的进步，如下所示。

（1）它在系统上增加了可以提供的产品，包括其他旅游产品，如租车、酒店、保险、邮轮等。

（2）它扩大了在国际领域业务的服务范围，目前的环球分销系统都是基于全球互联网络的。

纵观主流的环球分销系统，主要呈现以下四大功能。

（1）提供及时的信息。

（2）完成预订的流程。

（3）为出票和行程单提供便捷方式。

（4）促进销售和管理销售流程。

二、艾玛迪斯系统介绍

艾玛迪斯（AMADEUS）是于1987年由德国汉莎、北欧航空、法航和西班牙航空公司所成立的一家全球旅游分销系统供应商，自成立以来在欧洲占有重要的市场份额。1995年，艾玛迪斯获得美国大陆航空公司所使用的第一系统（SYSTEM ONE）的加盟，更增加了艾玛迪斯系统在美国及全球其他市场的竞争力。

艾玛迪斯全球旅游预订系统总部设在西班牙马德里，由3个子公司组成一个控股集团。作为全球旅游分销系统供应商——艾玛迪斯公司在中国的分支，艾玛迪斯中国从1995年开始服务于中国大陆的旅游业。

艾玛迪斯中国致力于在中国大陆推广优质的旅游行业技术解决方案，包括全球航空订位、酒店预订、租车、客户查询等，使众多旅游企业可以通过艾玛迪斯系统准确、快捷地销售各种旅游相关产品，同时不断推出本地化产品以方便中国大陆的用户。另外，艾玛迪斯作为中国航空信息中心的合作伙伴，也为中国民航的预订系统提供了大量实时、准确的信息,并把大量外国航空公司的数据信息传送给中航信订座平台。

目前艾玛迪斯中国的总部设在北京,在上海及广州分别建立了办事处。

三、伽利略系统介绍

伽利略是环球分销系统行业的全球领先者之一,其旗下的 Travelport 于 2006 年创立,作为一个基础业务广泛的服务供应商为全球旅游业服务。但是,伽利略根植于旅游行业的历史可以追溯到 1971 年,它引进了世界上第一个航空公司计算机预订系统。如今,环球分销系统已经演变成航空公司和许多其他类型的旅游服务供应商及旅行世界各地的买家完成交易的平台。

美国联合航空公司于 1971 年推出阿波罗系统。15 年后,"美国阿波罗旅游服务"成为一个独立的子公司,并更名为 Covia。1987 年,Covia 售出一组欧洲航空公司 50%的股份,和伽利略结成全球合作伙伴关系,形成了今天的伽利略公司。伽利略于 1997年在纽约证券交易所上市,2001 年被胜腾公司收购。

有了这些成功的品牌运作经验,2006 年,伽利略组建新的独立小组进行策略性收购,以加强其 Travelport 的价值主张的"基于全球旅游产业,增强其在行业领先的平台和技术优势。"例如,2007 年收购环球分销系统供应商 Worldspan 和 2010 年收购搜索引擎 Sprice。

伽利略的战略目标是"成为世界领先的旅游信息供应商"。为了实现这一目标,伽利略将重心放在四大支柱业务发展方面,如下所示。

(1) 无与伦比的旅游内容。提供最广泛的出行方式、票价、利率和多源的内容,涉及邮轮、铁路、旅游、机票、酒店和汽车等众多领域。全球范围内均衡符合本地特色的相关内容,通过高效的分销和销售的配套服务,让供应商满足客户不断变化的需求。

(2) 智能搜索。它具有轻松访问的票价和出票的最佳功能匹配,可以充分满足客户需求。高性能智能搜索引擎具有业界领先的精度、针对性和反馈速度。

(3) 强化销售经验。确保最高水平的相关旅游内容在分销系统中呈现,通过尽可能多的渠道和设备,为客户提供更多使用选择。伽利略通过革命性的销售解决方案和自动化工作流程,使供应商和旅行社分销及销售他们的产品。

(4) 开放式平台。客户通过开放式平台可以充分灵活地访问更多内容和服务,通过更易于访问的方式获得相关信息。技术框架提供快速将产品推向市场的服务,并鼓励创新和开发下一代出行工具和应用程序。

前方的道路是开放的,充满机遇的旅行和技术继续发展。伽利略不断投资于突破性的技术研发,使其能够保持竞争力和持续繁荣。

自 我 检 测

(1) 简述中国民航计算机订座系统需要掌握的常用功能?
(2) 简述打票机的作用?
(3) 简述航空可利用情况查询质量显示参数的含义?
(4) 简述国际航协代理人计划的含义?
(5) 简述申请国际航协人口代理人需要具备的资质?
(6) 简述中国BSP对航空公司的优越性?

第五章　职业技能综合训练

第一节　民航国内客票销售职业技能训练

一、国内客票销售经典习题

(一) 单项选择题

1. 《民航售票员——国家职业技能标准》是由（　　）批准,（　　）开始实施。
   A　中国民用航空局；2010年4月19日
   B　人力资源和社会保障部；2010年11月21日
   C　中国民用航空局；2010年11月21日
   D　人力资源和社会保障部；2010年4月19日

2. 组成国际航班编号开头的两个英文字母代表的是（　　）。
   A　随意的编排，没有特别意义　　B　出发地所属国的两字代码
   C　到达国所属国的两字代码　　　D　执行该任务航空公司两字代码

3. （　　）是民航运输生产的主要形式。
   A　定期航班　　B　不定期航班　　C　包机航班　　D　国内干线航班

4. 以下航线中属于国际航线的是（　　）。
   A　CAN – WUH – PEK
   B　CAN – HAN – SIN
   C　SHA – HKG – TPE
   D　URC – XNN – CTU

5. 以下航线中属于地区航线的是（　　）。
   A　NKG – MFM　　　　　　　　B　CAN – TYO
   C　WUX – HRB　　　　　　　　D　KMG – BKK

6. 普通客票有效期自旅行之日开始（　　）运输有效。
   A　30天　　　　B　6个月　　　C　12个月　　　D　24个月

7. 下列航空公司两字代码有误的是（　　）。
   A　南方航空 CZ　　　　　　　　B　厦门航空 FM
   C　山东航空 SC　　　　　　　　D　四川航空 3U

8. 下列航空公司数字结算号有误的是（　　）。
   A 中国航空 999　　　　　　　　B 南方航空 784
   C 东方航空 774　　　　　　　　D 海南航空 880
9. 下列哪个代码表示客票为已经订座但未获得证实的情况（　　）。
   A OK　　　　B RQ　　　　C NS　　　　D SA
10. 下列旅客不属于重要旅客的是（　　）。
    A 广东省省长　　　　　　　　B 交通部部长
    C 人大代表　　　　　　　　　D 美国国务卿
11. 下列旅客不属于限制运输旅客的是（　　）
    A 有成人陪伴婴儿　　　　　　B 有成人陪伴儿童
    C 无成人陪伴儿童　　　　　　D 犯罪嫌疑人
12. 下列旅客不属于拒绝运输旅客的是（　　）。
    A 拒绝接受安全检查　　　　　B 不听从机组人员指挥
    C 出生未满 14 天的新生儿　　 D 怀孕 32 周的孕妇
13. 下列不属于重要旅客分类的是（　　）。
    A 最重要旅客　　　　　　　　B 一般重要旅客
    C 政治界重要旅客　　　　　　D 工商界重要旅客
14. 下列代码不属于轮椅旅客的情况是（　　）。
    A WCHR　　　B WCHC　　　C WCHS　　　D WCHA
15. 世界上第一张电子客票是由（　　）航空公司于（　　）年推出的。
    A 美国联合航空；1995 年　　 B 英国航空；1994 年
    C 美国西南航空；1994 年　　 D 亚洲航空；1995 年
16. 下列符号属于航空公司国际客票的是（　　）。
    A ARL－I　　　　　　　　　　B ARL－D
    C BSP－I　　　　　　　　　　D BSP－D
17. 下列电子客票状态码表示客票已挂起的是（　　）。
    A PRINTED　　　　　　　　　B SUSPENDED
    C VIOD　　　　　　　　　　 D REFUNDED
18. 下列代码表示客票付款方式为信用卡支付的是（　　）。
    A CHQ　　　　B TKT　　　　C CC　　　　D PTA
19. 下列不属于旅客非自愿退票的原因是（　　）。
    A 台风天气　　　　　　　　　B 机场高速堵车
    C 航路管制　　　　　　　　　D 飞机发动机故障
20. 下列不属于互联网销售渠道的是（　　）。
    A GSA　　　　B B2B　　　　C GDS　　　　D OTA

（二）填空题

1. 航空承运人是指（　　）购买或租用民用飞机而从事提供航空服务的企业，按照其经营的航线是否超越一国国界可划分为（　　）和（　　）。
2. 航路是指经政府有关部门批准的、飞机能够在地面通信导航设施指导下沿具有一定（　　）、（　　）和（　　）在空中做航载飞行的（　　）。
3. 客票是（　　）和（　　）之间签署的运输契约，是旅客办理（　　）和（　　）的凭证。
4. 根据客票的质地不同，通常把客票分为（　　）和（　　）。
5. 国内客票"客票类别"栏中，经济舱婴儿票价代码为（　　），经济舱儿童票价代码为（　　）。
6. 旅客购买了国内客票，如果退票则需要提供（　　）和（　　）。
7. 民航特殊旅客是指在民航运输过程中需给予（　　）或由于其身体和精神状况需要给予（　　）或在一定条件下才能运输的旅客。
8. 病残旅客通常包括（　　）、精神病患者、肢体伤残的旅客、（　　）、（　　）、轮椅旅客和飞机上需要使用氧气设备的旅客。
9. 盲人旅客可分为（　　）和无成人陪伴的盲人旅客，其中无成人陪伴的盲人旅客又可细分为（　　）和（　　）。
10. 由于高空飞行中，空气中（　　）和（　　），因此对孕妇运输需要有一定限制条件。
11. 电子客票是普通纸质机票的（　　）。
12. 2000 年，中国（　　）推出了国内首张电子客票。
13. 根据引起退票的原因划分，可分为（　　）、（　　）和（　　）。
14. 民航电子客票变更是指旅客购买定期客票后出于个人原因或航空公司安排失误而要求变更（　　）、（　　）、（　　）、座位等级或更换乘机人。
15. 客票签转就是改变原有客票的（　　），按照签转的原因不同可分为（　　）和（　　）。
16. 民航国内客票销售渠道可以划分为（　　）、（　　）、（　　）和（　　）。

（三）判断题

1. 民航售票员职业定义是"专门从事民航客票销售、座位管理和市场营销的人员。"（　　）
2. 在编排航班号时，单数表示去程航班（由飞机基地出发的航班）、双数则为回程航班（即返回基地的航班）。（　　）
3. 客票可以根据提供者分为航空公司客票和代理人客票。（　　）
4. 开账与结算计划是由国际航空运输协会推出，其英文全称是 Billing and Settled Plan。（　　）

5. 如果客票全部未使用，则从填开客票之日起，一年内运输有效。（　　）
6. 在客票的"订座情况"栏中，RQ 代表利用空余座位。（　　）
7. 婴儿旅客票价是成人经济舱全价的 10%，其免费行李额为 10kg。（　　）
8. 客票为记名式，只限客票上所列姓名的旅客本人使用，不得转让和修改，否则客票无效，票款不退。（　　）
9. 婴儿旅客由于需要成人旅客陪伴，因此其客票和成人旅客联合在一起。（　　）
10. 在出票地要求退票，只限旅客在原购票地办理。（　　）
11. 重要旅客购票时，必须在其计算机订座记录的其他服务信息项目中注明其身份、职务和特殊服务要求。（　　）
12. 年事甚高且自理能力不足的旅客，可以视其为病残旅客。（　　）
13. 病残旅客乘机需要各级医疗机构开具的医疗证明或诊断证明书。（　　）
14. 担架旅客的订座不得迟于航班起飞前 72 小时。（　　）
15. 只要是儿童均可向航空公司申请无成人陪伴儿童服务，其代码为 UM。（　　）
16. 只要承运人同意，每个航班载运无成人陪伴儿童旅客的人数是不受限制的。（　　）

二、国内客票销售课堂实验

课堂实验1：
安排学生两人一组，一名学生向另一名学生复述民航售票员的基本要求，并总结注意事项。完成后两人交换角色。

课堂实验2：
安排学生三人一组进行角色扮演，一名学生扮演售票员、一名学生扮演前来购票的旅客，一名学生扮演评判员。分别虚拟售票处柜台、呼叫中心电话座席、互联网客户服务等场景进行模拟表演，由评判员进行记录和点评。一个场景结束再交换角色表演并记录。

课堂实验3：
给每个学生发放一张空白的纸质机票，请他们按照电子客票票面的内容，按照要求填写纸质机票信息。两两交换进行核对并打分。

课堂实验4：
制作各种类型旅客的卡片，如一家三口、重要旅客、情侣、无人陪伴儿童、盲人旅客、孕妇、携带婴儿旅客、军人旅客、罪犯旅客等，让学生抽取卡片并说明面对所抽取角色售票时的注意要点，教师进行点评，强化学生对特殊旅客购票要求的应对能力。

课堂实验5：
安排学生两人一组，一名学生向另一名学生说出一个国内航空公司的中文全称，另一名同学说出两字代码和数字结算号。完成后彼此交换角色。

课堂实验 6：

安排学生六人一组，一名学生扮演工作人员，其他五名学生扮演已购票但由于航班不正常而无法成行的旅客。设计各种原因，如航路管制、天气原因、飞机机械故障、旅客抢占航空器等情景，由扮演工作人员的学生通过电话安抚旅客。由老师点评并指导如何改进。

课堂实验 7：

安排学生两人一组，一名学生向另一名学生复述国内客票订座的一般规定，并总结注意事项。完成后彼此交换角色，复述国内客票使用的一般规定。

课堂实验 8：

在 PPT 上显示出一张国内电子客票，提问学生客票上的相关信息，以考查学生对国际客票信息识读能力。

课堂实验 9：

安排学生两人一组，一名学生向另一名学生复述一个拒绝运输旅客的类型，完成后彼此交换角色，并总结注意事项。

课堂实验 10：

制作各种类型的旅客购票的情景卡片，让学生随机抽取并当众读出相关信息，要求所有学生说出相应的客票销售注意事项。

第二节　民航国际客票销售职业技能训练

一、国际客票销售经典习题

（一）单项选择题

1. 格陵兰岛、百慕大群岛、西印度群岛及加勒比群岛属于国际航协（　　）航空区划。

   A　TC2　　　　B　TC1　　　　C　TC4　　　　D　TC2

2. 下列国家不属于南大西洋地区次分区的是（　　）。

   A　阿根廷　　　　　　　　　B　巴拉圭

   C　秘鲁　　　　　　　　　　D　巴西

3. 下列国家不属于南亚次大陆次分区的是（　　）。

   A　马尔代夫　　　　　　　　B　斯里兰卡

   C　阿富汗　　　　　　　　　D　缅甸

4. 判断一下国际航程类型属于单程的是（　　）。

   A　CAN – WUH – PEK – MOW

B CAN – HAN – SIN – CAN

  C SHA – HKG – TPE – NKG

  D URC – BKK – URC

5. 判断一下国际航程类型属于来回程的是（ ）。

  A CAN – WUH – PEK – AMS

  B PVG – HAN – SIN – PVG

  C SHA – HKG – TPE – NKG

  D KMG – BKK – KMG

6. 判断一下国际航程类型属于缺口程的是（ ）。

  A WUH – URC – MOW

  B PEK – BKK – SIN – PEK

  C WUX – HKG – MNL – NKG

  D URC – MOW – URC

7. 判断一下国际航程 RIO – MEX – NYC 的方向性代码是（ ）。

  A EH   B TS

  C PA   D WH

8. 判断一下国际航程 PEK – TYO – YVR 的方向性代码是（ ）。

  A AT   B TS

  C PA   D FE

9. 判断一下国际航程 MOW – PEK – HKG 的方向性代码是（ ）。

  A EH   B FE

  C RU   D TS

10. 判断一下国际航程 LED – SEL – TPE 的方向性代码是（ ）。

  A EH   B FE

  C RU   D TS

11. 判断一下国际航程 PAR – CAI – CPT 的方向性代码是（ ）。

  A EH   B AT

  C RU   D TS

12. 判断一下国际航程 FRA – WAS – SFO 的方向性代码是（ ）。

  A EH   B PA

  C AT   D WH

13. 判断一下国际航程 FRA – AF – WAS – AA – SFO – MX – MEX 的指定承运人是（ ）。

  A YY   B MX

  C AA   D AF

14. 判断一下国际航程 SEL – KE – TYO – NH – HKG – CX – SIN 的指定承运人是（　　）。
    A　KE   B　NH
    C　CX   D　YY

15. 根据本书中表 3 – 3 的进位规则，票价 EUR1204.1235 圆整为（　　）。
    A　EUR 1204.00   B　EUR 1204.13
    C　EUR 1205.00   D　EUR 1204.20

16. 根据本书中表 3 – 3 的进位规则，票价 JPY18204.1235 圆整为（　　）。
    A　JPY 18200   B　JPY 18300
    C　JPY 18205   D　JPY 18210

17. 根据本书中表 3 – 3 的进位规则，税费 GBP1204.1235 圆整为（　　）。
    A　GB P1204.00   B　GB P1204.20
    C　GB P1205.00   D　GB P1204.10

18. 根据本书中表 3 – 3 的进位规则，税费 AUD1204.1235 圆整为（　　）。
    A　AUD 1204.00   B　AUD 1205.00
    C　AUD 1204.20   D　AUD 1204.13

19. 根据指定航程条件判断下列哪一航程为非指定航程（　　）。

Area 1 – Specified Routings		
Between	And	Via
A point in Canada	Lima	1 Toronto – Mexico City 2 Toronto – Bogota

    A　YOW – YTO – MEX – LIN
    B　LIM – BOG – YTO
    C　LIM – YTO – BOG – YMQ
    D　YTO – LIM

20. 根据指定航程条件判断下列哪一航程为非指定航程（　　）。

Between Area 1 and 3 – Specified Routings		
Between	And	Via
Seattle , WA	Japan	Los Angeles/San Francisco

    A　TYO – SFO – LAX – SEA
    B　SEA – SFO – TYO
    C　SEA – LAX – OSA
    D　OSA – SFO – SEA

21. 根据指定航程条件判断下列哪一航程为非指定航程（   ）。

Area 1 – Specified Routings		
Between	And	Via
Asuncion	Bogota/Guayaquil/Mexico/Quito	BUE/RIO/SAO

    A ASU – BUE – MEX

    B MEX – RIO – SAO – ASU

    C BOG – SAO – ASU

    D AUS – MEX

22. 根据指定航程条件判断下列哪一航程为非指定航程（   ）。

Between Area 2 and 3 – Specified Routings		
Between	And	Via
Cairo	Tokyo	Bangkok – Marila

    A CAI – BKK – TYO

    B TYO – MNL – BKK – CAI

    C CAI – MNL – TYO

    D CAI – MNL – BKK – TYO

23. 当TPM值为5230，MPM值为5110时，EMS应表示为（   ）。

    A M   B 5M   C 2M   D 10M

24. 当TPM值为5230，MPM值为4110时，EMS应表示为（   ）。

    A M   B 25M   C 27M   D 以上均不对

25. 做BHC检查时，需要考虑的中间较高点类型是（   ）。

    A 中间点中间较高点   B 终点站中间较高点

    C 始发站中间较高点   D 任何类型的中间较高点

26. 当国际客票计算过程中，需要用P应表示的情况不包括（   ）。

    A BHC检查的附加值   B CTM检查的附加值

    C 收费中途分程点的附加值   D 以上答案均正确

（二）填空题

1. 斯堪的纳维亚国家包括（   ）、（   ）和（   ）。

2. 西海岸口岸城市特指（   ）、（   ）、（   ）、西雅图、瓦石和（   ）。

3. 国际航程根据有无中间转机点可分为（   ）和（   ）。

4. 始发国运价原则是指对于回到运输始发国的运价计算区应按（   ）的方向计算运价。

5. 普通运价缺口程根据缺口位置可以划分为（   ）、（   ）和（   ）。

6. 在PAT运价表示中，运价均以（   ）和（   ）形式呈现。

7. 公布制度运价是指全球范围内公布的两点之间的直达运价，包括（   ）和（   ）。

8. 实际里程在PAT手册中是按照（   ）和（   ）公布的，并且实际里程是（   ）方向性的。

9. 中间较高点检查可根据产生较高运价航段的位置分为（   ）、（   ）和（   ）。

10. 根据标准运输条件SC101的要求，在国际航空运输中，有成人陪伴儿童适用于成人适用运价的（   ）、无成人陪伴儿童适用于成人适用运价的（   ）。

11. 国际电子客票的（   ）栏目往往注明特殊票价的代码，以此判断该特殊票价的规则和代理佣金的额度。

12. 用信用卡支付国际机票票款的最大风险是（   ）拒绝或（   ）支付其消费金额。

13. 根据征收类型，国际客票涉及税费可分为（   ）、（   ）、（   ）和（   ）。

14. 在PAT手册中关于国际客票涉及税费的一栏内，其税费的具体金额均以（   ）的形式公布。

15. 特殊运价是指比普通运价有着（   ）和（   ）的促销运价。

16. 适用于公众的特殊运价可以划分为（   ）、（   ）、（   ）和（   ）。

（三）判断题

1. 国际航协航空区划中的欧洲次分区和地理上的欧洲是一致的。（   ）

2. 来回程是指旅行从始发站出发经某一点折返再回到始发站，并且全航程采用航空运输。（   ）

3. 如果有跨大洋航段，则选择跨大洋的承运人运价和运价规则适用于整个运价区间。（   ）

4. 对于整个航空都在欧洲境内的运价区间，选择第一个国家航段和实际承运里程最大的航段承运人，运价较高者作为指定承运人。（   ）

5. 在国际客票运价计算中，均需要转换为运输始发国当地货币再进行计算。（   ）

6. 中性货币单位的进位规则是小数点后保留两位，超出的位数直接舍掉。（   ）

7. 普通运价适用的运价规则是标准运输条件SC100。（   ）

8. 使用指定航程表时，经由点可以省略，但是不能增加。（   ）

9. 最大允许里程是指起止点之间的最短运营里程。（   ）

10. 起止点相同，航程的方向性代码不同，其最大允许里程不一定相同。（   ）

11. 额外里程优惠是指航程经过某些特定的路线或地点出现实际里程总和大于最大允许里程时，可按规定给予里程优惠。（   ）

12. 单程回拽检查是指在非直达航程中，对运价区间内具有从始发站至任一中途分

程点的运价，是否有高于该区间的始发站到终点站的直达运价的检查。（　　）

13. 来回程的去程和回程的运价和路线都必须相同。（　　）

14. 环程最低收费检查是指环程运价不得低于自始发站到该航程任意一个中途分程点（包括折返点）的直达来回程票价。（　　）

15. 一般正常票价的客票有效期为一年，特殊票价的客票有效期为一个月。（　　）

16. 竞价是通过批发商分销给销售代理人的在线网络价格。（　　）

二、国际客票销售计算题

计算题1：

Journey：KHI – PK – ZRH　　　　Fare Type：Y

    OW NUC　　　　　　RULEs

KHIZRH　1328.42　　　　　　　Y131

IROE　58.533837 H10, 0 PKR

计算题2：

Journey：IST – TK – MCT　　　　Fare Type：F

    OW NUC　　　　　　RULEs

ISTMCT　2714.27　　　　　　　Y118

IROE　0.994961 H1, 2 EUR

计算题3：

Journey：BKK – OZ – LAX　　　　Fare Type：C

    OW NUC　　　　　　RULEs

BKKLAX　OZ　890.97　　　　　P0100

BKKLAX　　　856.10　　　　　P0110

IROE　43.609515 H5, 0 THB

计算题4：

Journey：TYO – KE – SEL – OZ – BJS　　　Fare Type：Y

TPM　　　759　　　567

  OW NUC　　　RULEs　　　MPM

TYOSEL　652.18　　　E102　　　990

TYOBJS　870.71　　　E101　　　1575

SELBJS　469.25　　　E106　　　670

IROE　8.276900　　　H10, 0　　　CNY

  1192.0000　　　H100, 0　　　KRW

  120.131767　　H100, 0　　　JPY

计算题 5：

Journey: ZRH – LH – FRA – KE – SEL – JL – TYO   Fare Type: C

TPM	178	5360	759	
	OW NUC		RULEs	MPM
ZRHTYO	6359.12		P101	AP18268
ZRHTYO	3001.34		E105	TS7228
IROE	1.670919		H5, 2	CHF
	1192.0000		H100, 0	KRW
	120.131767		H100, 0	JPY

计算题 6：

Journey: GVA – SU – MOW – KE – SEL – JL – TYO   Fare Type: Y

TPM	2178	6360	759	
	OW NUC		RULEs	MPM
GVATYO	3359.12		T101	TS8268
GVATYO	2901.34		E105	EH9228
IROE	1.670919		H5, 2	CHF

计算题 7：

Journey: TYO – NH – X/HNL – AS – SEA   Fare Type: Y

TPM	3831	2678		
	OW NUC		RULEs	MPM
TYOSEA	2359.12		T101	AT11268
TYOSEA	1468.38		P101	PA5731
IROE	1.00000		N1, 2	USD
	120.131767		H100, 0	JPY

计算题 8：

Journey: MAD – IB – AMS – KL – X/TYO – JL – HKG   Fare Type: Y

TPM	909	6007	1822	
	OW NUC		RULEs	MPM
MADHKG	6156.30		P101	AP20779
MADKHG	3014.17		T103	TS10340
AMSHKG	6300.01		P106	AP21779
AMSHKG	3375.43		T106	TS11089
IROE	1.08786		N1, 2	EUR

计算题 9：

Journey: BKK – TG – DEL – AI – BOM – AI – DXB   Fare Type: Y

	TPM	2569	763	1203	
	OW NUC		RULEs		MPM
BKKDEL	1563.89		E101		EH3215
BKKDEL	TG 1583.89		E101		EH3215
BKKBOM	1687.12		E103		EH3215
BKKBOM	TG 1783.89		E103		EH3215
BKKDXB	1498.03		E106		EH3512
IROE	43.609515	H5, 0		THB	

计算题 10：

Journey：MRU – MK – X/SEZ – HM – SIN – TG – BKK   Fare Type：F

	TPM	1104	3378	897
	OW NUC		RULEs	MPM
MRUBKK	1086.37		E101	EH5247
MRUSEZ	1250.01		E102	EH3890
MRUSIN	1230.87		E103	EH4678
IROE	27.9923	H5, 0	MUR	

计算题 11：

Journey：PEK – CZ – SEL – OZ – X/HNL – OZ – LAX – AA – CHI   Fare Type：Y

	TPM	1762	3127	2104	1036
	OW NUC		RULEs		MPM
PEKCHI	5199.17		P102		PA6910
PEKLAX	5203.71		P101		PA6523
SELHNL	5233.35		P103		PA5118
SELLAX	5230.12		P100		PA5926
SELCHI	5232.21		P106		PA6032
IROE	8.277200	H10, 0	CNY		

计算题 12：

Journey：DAR – KL – AMS – IB – LON – LH – FRA – ET – ADD – ET – DAR   Fare Type：C

	TPM	4564	217	396	3324	1142
	RT NUC		RULEs		MPM	
DARAMS	3590.21		Y046		EH5478	
DARLON	3613.00		Y046		EH5594	
DARFRA	3581.21		Y046		EH5224	
IROE	1.00000	N1, 2	USD			

计算题 13：

Journey：NYC – BA – X/LON – BA – PAR – AF – FRA – LH – NYC　Fare Type：C

TPM	3458	216	275	3851
	RT NUC		RULEs	MPM
NYCLON	7456.00		E010	AT4649
NYCPAR	7231.11		E011	AT4360
NYCFRA	7346.00		E012	AT4621
IROE	1.00000	N1，2	USD	

计算题 14：

Journey：SFO – AA – X/HNL – NH – TYO – KE – X/SEL – KE – SFO　Fare Type：F

TPM	3518	2132	375	5396
	RT NUC		RULEs	MPM
SFOTYO	8162.00		P101	PA5312
SFOSEL	8216.11		P102	PA5419
SFOHNL	4512.00		P103	PA4311
TYOSFO	8312.10		P104	PA5526
HNLSEL	8225.23		P105	PA3685
IROE	1.00000	N1，2	USD	

计算题 15：

Journey：CAN – CZ – SIN – SQ – JKT – MH – CAN　Fare Type：Y

TPM	1569	563	1623
	RT NUC	RULEs	MPM
CANSIN	2563.12	E101	EH1856
CANJKT	2469.03	E102	EH1893
IROE	6.014580	H10，0	CNY

计算题 16：

Journey：CAN – CZ – HNL – AA – SFO – MX – MEX – MX – LIM – LN – CAN　Fare Type：Y

TPM	2569	1563	623	689	3690
	RT NUC		RULEs		MPM
CANSFO	5162.12		P101		PA3750
CANMEX	4969.03		P102		PA3896
CANLIM	5014.23		P103		PA3710
HNLMEX	5209.10		P104		PA3710
IROE	6.014580	H10，0	CNY		

计算题 17：

Journey：SIN – SQ – TYO – NH – MOW – SU – PEK – CA – SIN Fare Type：Y

	TPM	1569	3142	2853	1389	
	RT NUC		RULEs		MPM	
SINMOW	4213.05		T101		RU4563	
SINMOW	3956.12		F102		FE4359	
TYOMOW	4387.15		T102		RU3863	
TYOMOW	3986.10		F103		FE3692	
SINPEK	4398.10		E101		EH1563	
SINPEK	CA4002.13		E110		EH1563	
IROE	1.767877	H1，0		SGD		

第三节　民航客票销售系统职业技能训练

一、客票销售系统经典习题

（一）单项选择题

1. 下列指令能够用来查看终端 PID 号的指令是（　　）。
   A DA　　　　　　　　　　　　B SI
   C AI　　　　　　　　　　　　D $$OPEN

2. 若需要恢复临时退出，重新进入工作，则应输入的指令是（　　）。
   A SO　　　B AO　　　C AN　　　D AI

3. 以下哪个指令可以用来间接建立航段组（　　）。
   A SD　　　B SS　　　C SA　　　D SN

4. 以下哪个指令可以用来合并航段（　　）。
   A RT　　　B ES　　　C SP　　　D XE

5. 以下哪个指令可以用来显示航班的完整信息（　　）。
   A RTN　　　B DSG　　　C ASR　　　D ADM

6. 以下用于查询 1 月 2 日广州—三亚的南航的机票价格的指令为（　　）。
   A FD：CANSYX/12JAN/CZ　　　　B FD：CANSYX/02JAN/CZ
   C FD：CANXMN/CZ　　　　　　　D FD：CANXMN/02JAN/CA

7. 将当前显示的 Q 送回系统，放在此类 Q 的最后一个，并按顺序显示下一个 Q，选用（　　）指令。
   A QN：N　　　B QN：E　　　C QD　　　D QN：F

8. 以下用于查询 GE 所代表的国家名称的指令为（   ）。
   A CNTD：A/GE   B CNTD：M/GE
   C CNTD：C/GE   D CNTD：T/GE

9. 以下用于查询广州与东京的时差的指令是（   ）。
   A TIME：CAN/TYO   B CO：CAN/TYO
   C TIME：CAN   D FF：CAN/TYO

10. 在第 2 台打票机，用 CA 的票证单独打印第二位旅客携带的婴儿票，应使用的指令为（   ）。
    A DZ：P2，CA，INF   B DZ：2/P1，CA，INF
    C DZ：2/P2，CA，INF   D DZ：2/P2，CA

11. 如果旅客用人民币现金付款，付款方式组应输入（   ）。
    A F PCHECK，CNY   B F PCHECK/CNY
    C F PCASH，CNY   D F PCASH/CNY

12. 退出打票机的控制应使用的指令为（   ）。
    A EC   B XC   C TO   D XO

13. 下指令用于显示打票机状态的是（   ）。
    A EI   B DDI
    C DZ   D DI

14. 提取王洪旅客的电子客票记录，应使用的指令为（   ）。
    A DETR：NM/王洪   B DETR：CN/王洪
    C DETR：NI/王洪   D RTET：NM/王洪

15. 旅客付款后，将编号为 784 - 22896332 的电子客票解挂的指令为（   ）。
    A TSS：784 - 22896332/S   B TSS：TN/784 - 22896332/S
    C TSS：TN/784 - 22896332/B   D TSS：CN/784 - 22896332/B

（二）多项选择题

1. 出票后 PNR 中的哪些组项进入历史部分（   ）。
   A FC   B EI   C TC   D FN

2. 中国民航代理人系统的数据来源包括（   ）。
   A 中国民航航空公司系统   B 国外航空公司系统
   C 国外 GDS   D 静态航班数据 OAG

3. AV 显示结果如下，以下哪些信息表述是正确的（   ）。
   CA929 PEKSHA 0830 1030 744 0^ M E DS   FS AS CS DS YS SS BS *
   A 航班无经停   B 该航班可以销售电子客票
   C 该航班不能进行机上座位预订 D 机型是 B747 - 400 型

4. 以下指令必须在打票机的控制终端上执行的是（　　）。
   A TI   B TO   C XI   D DI
5. 以下必须在出票的当天执行的指令是（　　）。
   A ETRY   B TRFD   C VT   D ETRF
6. 通过 DAPI 指令填写表格，系统可以自动在 PNR 中生成以下哪些信息（　　）。
   A 护照等证件信息   B 旅客的居住地信息
   C 旅客的目的地地址   D 旅客的 VISA 卡信息
7. 打票机的基本类型有四种，其中用来出 BSP 票的有（　　）。
   A 第一种类型   B 第二种类型
   C 第三种类型   D 第四种类型
8. 如下关于电子客票的操作，哪些表述是正确的（　　）。
   A 每 ETRY 一次，系统就会重新分配一次票号
   B 作废客票之前必须先作废报销凭证
   C 电子客票一旦作废无法恢复
   D 客票状态为 SUSPENDED 时，值机、改签、作废三个操作将被禁止
9. 关于不同旅客 FN 的输入中的应注意事项，说法正确的是（　　）。
   A 婴儿客票代理费率为零
   B 儿童客票代理费率为零
   C 国际票里，FN 项中最多可以输三种税，超过三种税要在 FC 项中进行展开
   D FN 项 SCNY 是与结算有关的票价
10. 关于电子客票的改期，如下表述正确的是（　　）。
    A 所更改的航班在航段、航空公司和舱位上应保持一致
    B 改期之后，系统自动分配新的票号
    C 需要手工更改 SSR TKNE 项
    D PNR 封口后，PNR 内容发生变化，但票面信息不变
11. 关于电子客票的挂起操作，以下表述正确的是（　　）。
    A 挂起操作主要解决代理销售电子客票收款过程存在的风险
    B 电子客票的挂起和解除必须是同一个 AGENT
    C 如果票号中有一个航段是 USED FLOWN，则整个票号不能做挂起操作
    D 旅客已付票款，则不应该再对客票进行挂起操作
12. 电子票打印成功，PNR 记录中应加入（　　）。
    A TKT   B SSR TKNE   C RMK   D EI
13. 如下指令中，可以用来提取旅客列表的指令有（　　）。
    A ML   B AB   C RTC   D RTU

14. 以下关于 MARRIED SEGMENT 的表述，正确的是（　　）。
   A MARRIED SEGMENT 必须同时预订
   B MARRIED SEGMENT 必须同时取消
   C MARRIED SEGMENT 必须同时作废
   D 一个 PNR 中只能存在一个 MARRIED SEGMENT

15. 如下关于 PNR 的分离，表述正确的是（　　）。
   A PNR 的分离，每次只能分离出一名旅客
   B 对于一个 PNR 进行分离操作，会产生一个新的 PNR 编码
   C 可以用 XE 指令分离团体 PNR 中未输入姓名的旅客
   D 一个 PNR 最多只能分离一次

二、客票销售系统操作题

操作题 1：单程出票 PNR

旅客信息：				
成人姓名：guoyu　　身份证：450120197805120210				
婴儿姓名：qimiaojia　　出生日期：2013.6.16				
联系电话：13560358675				
出发日期	航段	舱位	票价	票价类别：
11 月 8 日	广州—北京	Y	1700.00	Y100
各项税费：				
代理费 3.00%，机场建设费 CN50.00 元，燃油附加费 YQ150.00 元				
付款方式：	人民币现金支付			
特殊服务：	为婴儿申请婴儿餐食			
其他：				

操作题 2：联程出票 PNR

旅客信息：				
成人姓名：zhangtian　　身份证：450120197805120210				
儿童姓名：caomozhe　　身份证：450120199905120214				
联系电话：13560358675				
出发日期	航段	舱位	票价	票价类别
6 月 16 日	广州—北京	Y	1700.00	Y100
6 月 26 日	北京—广州	Y		
各项税费				

(续)

	代理费3.00%，机场建设费CN50.00元，燃油附加费YQ150.00元
付款方式：	人民币现金支付
特殊服务：	
	其他：

操作题3：缺口程出票PNR

旅客信息：				
成人姓名：chenjiayin 身份证：450120197805120210				
成人姓名：wuhaiyan 身份证：450120197610220216				
联系电话：13560358675				
出发日期	航段	舱位	票价	票价类别：
6月16日	广州—北京	Y	1700.00	Y100
6月26日	上海—广州	Y	1298.00	Y100
各项税费：				
代理费3.00%，机场建设费CN50.00元，燃油附加费YQ150.00元				
付款方式：	人民币现金支付			
特殊服务：	为一名旅客申请素食			
其他：				
客票不得签转：KEPIAOBUDEQIANZHUAN				

操作题4：VIP旅客出票PNR

旅客信息：				
姓名：mengzhaoqun 身份证：450120197805120210				
联系电话：13560358675				
出发日期	航段	舱位	票价	票价类别：
6月16日	广州—北京	F	5100.00	F100
6月26日	沈阳—广州	F	6900.00	F100
各项税费：				
代理费3.00%，机场建设费CN50.00元，燃油附加费YQ150.00元				
付款方式：	人民币现金支付			
特殊服务：	申请亚洲素食			
其他：				
旅客身份：guang dong sheng shengzhang				

操作题 5：团体旅客出票 PNR

旅客信息：				
团名：GOODDAY		团体总人数：12 人		
成人姓名：wangxiao		身份证：450120197805120210		
成人姓名：panxiaoying		身份证：450120197605180212		
联系电话：13560358675				
出发日期	航段	舱位	票价	票价类别：
11 月 8 日	广州—北京	K	980.00	Y65
各项税费：				
代理费 3.00%，机场建设费 CN50.00 元，燃油附加费 YQ150.00 元				
付款方式：		人民币现金支付		
特殊服务：		为一名旅客申请素食，为另一名旅客申请糖尿病人餐食		
其他：				
取消旅客 WANGJUN 的订座，分离出旅客 WANGLIANG				

第四节 参考答案

一、国内客票销售经典习题参考答案

（一）单项选择题：1. D 2. D 3. A 4. B 5. A 6. C 7. B 8. C 9. B 10. C 11. B 12. D 13. C 14. D 15. C 16. A 17. B 18. C 19. B 20. A

（二）填空题：1.（为了取得报酬）（国际承运人）（国内承运人）2.（高度）（宽度）（方向）（空域）3.（旅客）（航空公司）（乘机手续）（托运行李）4.（纸质客票）（电子客票）5.（YIN）（YCH）6.（购票时使用的身份证）（已打印的行程单）7.（特殊礼遇）（特殊照料）8.（身体患病的旅客）（失明旅客）（担架旅客）9.（有成人陪伴的盲人旅客）（有导盲犬引路的盲人旅客）（无成人陪伴和无导盲犬引路的盲人旅客）10.（氧气成分相对减少）（气压降低）11.（电子影像）12.（南方航空公司）13.（自愿退票）（非自愿退票）（旅客因病退票）14.（乘机日期）（航班）（航程）15.（承运人）（旅客自愿签转）（旅客非自愿签转）16.（售票处）（呼叫中心）（互联网）（移动终端）

（三）判断题：1. T 2. T 3. F 4. F 5. T 6. F 7. F 8. T 9. F 10. T 11. F 12. T 13. F 14. F 15. F 16. F

二、国际客票销售经典习题参考答案

(一) 单项选择题：1. B 2. C 3. D 4. A 5. D 6. C 7. D 8. C 9. B 10. D 11. A 12. C 13. D 14. B 15. C 16. B 17. D 18. C 19. C 20. A 21. B 22. D 23. B 24. D 25. C 26. C

(二) 填空题：1.（丹麦）（挪威）（瑞典）2.（洛杉矶）（波特兰）（旧金山）（温哥华）3.（直达航程）（非直达航程）4.（从始发国出发）5.（始发国单缺口）（折返过单缺口）（双缺口）6.（始发国当地货币）（中性货币单位）7.（普通运价）（特殊运价）8.（始发站）（终点站）（没有）9.（始发站中间较高点）（中间点中间较高点）（终点站中间较高点）10.（75%）（100%）11.（旅游代码）12.（信用卡持卡人）（没有能力）13.（离境税）（到达税）（销售税）（出票税）14.（当地货币）15.（更多约束限制）（更低公布价格）16.（迟订座票价）（提前购买旅游票价）（购买旅游票价）（游览票价）

(三) 判断题：1. F 2. T 3. T 4. F 5. F 6. T 7. F 8. T 9. F 10. T 11. T 12. T 13. F 14. T 15. F 16. T

三、客票销售系统经典习题参考答案

(一) 单项选择题：1. A 2. D 3. A 4. B 5. B 6. B 7. C 8. C 9. A 10. C 11. C 12. B 13. D 14. A 15. C

(二) 多项选择题：1. ABC 2. ABCD 3. ABD 4. ABC 5. AC 6. ABCD 7. BD 8. BCD 9. ACD 10. AC 11. ABCD 12. ABC 13. AB 14. ABC 15. BCD

第六章 解析真情服务理论和弘扬当代民航精神

第一节 民航真情服务底线思维的重要现实意义

一、民航运输场景的服务痛点

民航真情服务聚焦的是民航服务领域的质量问题，服务是民航行业各单位、各组织、各部门、各团队完成各岗位工作职责后系统性输出的最终结果，飞行安全、航班正常、品质服务是具体特征。但航班延误问题给人们带来了困扰。朱镕基在某年 4 月份访问西欧前，早晨到机场后才知道飞机不能按时起飞，原因是飞机油泵管坏了，需要更换，因此要晚点到下午 2:30 才能起飞。但是到 2:30 时飞机仍未能准时起飞，机长跟他解释说，这次延误的原因是给飞机装行李的临时工不懂装载业务，行李摆放得不平衡，后来是机长带头上机才把行李摆放好的。朱总理说机长身先士卒，很感谢机长。可是摆放行李的工作，是否有制度，是否该有人监督呢？怎么能让临时工随便摆放？如果有制度却没有严格执行，就要从内部去找原因。这是朱镕基总理在全国民航工作会议上讲的经历，他的这篇讲话的题目就是《"正点"是民航服务质量的中心》。

除了航班延误，还有一件服务的"意外"让朱总理又一次"挂不住脸"。当时，他在上海机场迎接一位外国总统，但在外国总统的专机抵达停机坪停稳之后，接机的客梯车却出现了故障，使这位外国总统无法下飞机，在飞机上等了很久。对此，朱镕基讲："民航的一切作为，代表着国家的形象、民族的精神。外国人是从我们的民航、民航人员看这个国家的素质和精神状态的。你们是中华人民共和国的代表。要用这种感情来改善你们的服务态度。一个国家的民航服务水平很低，飞机老不正点，如果连这个都抓不上来，这个国家是没有前途的。应该有民族自尊心，中华民族是一个伟大的民族，这一点应该从民航的工作人员中体现出来。应该从民航的身上体现出社会主义的优越性。我们应该提到这个高度来检查我们的工作，改进我们的工作。"从党和国家的高度看，产品质量，以及服务质量方面的问题，已经不再仅关系到经济发展和企业效益，也关系到国家形象，关系到民族自尊，关系到社会主义制度的优越性。从这个意义上说，服务水平不仅是民航行业的事情，也是国家和民族的大事情。

二、真情服务为何成为民航发展的底线之一

民航是由航空公司、机场、政府机构、保障单位等组成的环环相扣、精密复杂而有效运行的现代服务性组织系统。民航系统中的各组成成员有的直接面向旅客提供运输服务,如航空公司和机场等;有的在幕后间接保障旅客出行,如空中管制、航空油料、民航信息、政府机构等。民航系统中的各个组成部分通过有效合作和业务协同保障整个民航系统安全、平稳、高效的运行。

服务是民航系统所有组成部分的共同业务属性,服务精神是民航发展必需的软实力。民航服务的方法、方式、途径、外在形式虽然千差万别,但其服务本质特征是一致的。注重服务质量、以真情对待旅客,这是新时代民航强国建设的应有之义。真情服务的本质是以真诚的情感服务,是真实诚恳、真心实意、坦诚相待的服务,是以发自心底的情感感动旅客而最终获得旅客认可的服务。

真情服务的底线思维是新时代民航强国建设顶层设计的有机组成部分,也是建设内容的关键。真情服务作为"飞行安全、廉政安全、真情服务"3个底线之一,绝对不能孤立地看待、思考和研究。这3个底线是民航行业回应新时代党和国家、人民群众的合理诉求,谋划民航强国建设伟大事业未来发展的基本遵循路径。其中,飞行安全的底线是前提、是基础,廉政安全的底线是政治保障、是发展基石,真情服务的底线是发展的关键指标、是建设的最终目标。正如中国民用航空局的一位领导所说:"飞行安全也好,廉政安全也罢,归根结底都是实现真情服务的基础和前提。真情服务是民航作为服务行业的本质要求,是全心全意为人民服务宗旨的根本体现,是坚持飞行安全、廉政安全的出发点和终极目标"。

三、真情服务是新时代民航高质量发展的关键

在21世纪,民航服务一贯是高质量服务的代名词,民航服务也一直是各行各业纷纷效法、学习的榜样、标杆。随着国民经济的持续高速发展,航空公司加速引进飞机、新开航线,我国民航旅客运输量快速增加,并于2005年实现旅客运输量1.38亿人次,成为仅次于美国的世界民航大国。2017年,我国航空公司旅客运输量达到5.52亿人次,同比增长13%。也正是因为跨越式地推进了民航大众化,民航服务相较于运输量明显发展滞后,民航服务质量也走下了"优质的神坛"。航班正常、票务服务、行李运输、特殊服务、餐食质量这5个方面,已经逐渐成为制约民航服务旅客满意度的短板。中国民用航空局以真情服务为主题,以提升旅客获得感为目标的民航服务质量提升工作也主要聚焦在上述5个方面。以航班正常问题为例,近几年,航班延误一直都是广大旅客反映最强烈、投诉最集中、媒体最关注的首要问题。虽然从根本上来说这是行业快速发展与

空域资源不足的矛盾带来的后果,但民航从业人员还是要认真研究如何进一步挖潜,在保证飞行安全的前提下,进一步提升航班正常率,努力做好航班延误时的服务工作,让旅客切实感受到民航行业在狠抓服务质量改善和航班运行正常方面的提高和进步。同时,民航"真情服务"也是践行当代民航人"发展为了人民"思想共识的具体行动,是落实"一二三三四"民航工作总体思路的最终目标。如果没有"发展为了人民"的正确发展思想、理念这个"一",后面"二三三四"的推动、坚守、构建、补齐得再好也等于"0"。人民是构建民航真情服务底线思维的出发点和落脚点。习近平同志指出:"中国梦归根到底是人民梦""人民对美好生活的向往,就是我们的奋斗目标"。民航"发展为了人民"的理念乃是中国梦在民航行业的具象,建设新时代民航强国就是践行"发展为了人民"的理念,就是满足人民对美好生活的向往,就是服务于"中国梦""人民梦"的早日实现。民航发展的主体是人民——民航干部、职工,民航发展的客体更是人民——广大人民群众。因此,真情服务不应局限于对广大人民群众的真情,其内涵也应包括对民航干部、职工的真情。做好真情服务,信任是基础,监督是必要手段,真情服务最终要让数十万民航人和数亿民航旅客都能感受到满满的民航真情。

四、真情服务为民航高质量发展指明方向

当前,我国民航发展面临着国内外形势发生深刻而复杂变化的局面。在国内,我国经济发展呈现速度换挡、结构优化、动力转换等新特点,消费结构升级成为我国经济增长的新动力,个性化、多样化消费渐成主流,人民对航空运输产品服务创新、结构优化的要求更加迫切,对安全性、便捷性、质量性等提出了更高要求。

虽然,世界经济在深度调整中曲折复苏,但国际金融危机深层次影响依然存在,全球经济贸易增长乏力,地区保护主义抬头,地缘政治关系复杂变化,全球范围内的民航运输竞争和博弈更加激烈,安全压力依然突出。

在我国民航发展步入新时代的当下,我国东西部民航发展区域不平衡,区域空域资源、枢纽机场时刻供给不充分,民航服务质量与人民期望之间不匹配,民航对经济发展战略作用发挥尚不显著,运输航空和通用航空发展的不均衡等问题客观存在,并且将在相当长一段时间内持续存在。因此,人民日益增长的安全、便捷、有质量的航空出行需求同不平衡、不充分的航空运输资源供给之间的矛盾必将成为新时代民航发展的主要矛盾。这要求我们必须正视新时代民航发展实践所表现出来的新趋势、新特点、新需求,修正新环境下民航发展主体和客体之间的相互关系和合理位置,以务求取得让人民群众满意的民航发展成效作为我们开展各项工作的出发点和落脚点。如期实现新时代民航强国战略目标就是对民航行业"发展为了人民"的最生动、最具体、最圆满的诠释。

民航"发展为了人民"与践行"真情服务"是辩证统一的,前者是因、后者是果,前者是思想、后者是行动,前者是意义、后者是目标。在新时代民航发展中,务必要树

立"发展为人民"的理念，把握好"把方便留给旅客，把困难留给自己"的原则，把人民的利益放在心中，把人民的满意作为民航服务工作的标准，把如何让人民群众获得出行的最大便利作为民航服务工作的出发点。要通过民航真情服务，不断提高民航行业整体服务水平，让人民在航空出行中真实感受到民航优质、愉悦的服务。

民航是现代化综合交通运输体系的重要组成部分，民航服务质量有着重要的示范性作用。民航行业只有把真情服务作为一项民生工程来做，努力用真情打造民航服务品牌，方能真正扛起我国交通运输业的服务标杆这面大旗，才能真正让人民群众安心、放心、舒心地出行。提升民航运输服务质量，是民航改革发展的核心任务，也是民航供给侧结构性改革的主战场。民航行业要加强制度构建、形成联动合力、优化运营流程、提高保障能力，有效拓展关键资源，不断克服困难，最大限度提升运行质量、最大限度确保航班正常，让人民群众有更强的获得感。通过加强民航系统严格行业管理，强化科技支撑，加强产品创新，提升服务质量，不断满足多层次、个性化航空服务需求，让人民群众更加满意。

第二节　基于民航运输场景的真情服务理论框架

一、辩证唯物视角的真情服务解析

真情是指事情的真相、实情，其中"真"是指真实、真相、真诚，与"假"相对，客观本体、自然本性、返璞归真，"真"是客观的、绝对的、形象的；"情"是指性情、情感、情怀，主观感受、人性本体、吾心归情，"情"是主观的、相对的、抽象的。真情是以客观之维度展现主观、以绝对之尺度呈现相对、以形象之揣度凸现抽象，又是以自然返璞来诠释人心吾情。真情是一种发自内心的、融合自然万物的感情、感觉，真情可以为其付出者和接收者带来至真幸福感和至高愉悦感。

服务是指为他人做事，并使他人从中受益的一种有偿或无偿的活动。服务不以实物形式而以提供劳动的形式满足他人的某种需要。服务是一个熟悉的陌生词。说到熟悉，服务渗透到每个人的吃、穿、住、行、用、游各个环节并且无时无刻不存在着；提及陌生，服务因其无形、主观、场景等因素很难与产品区分，因此出现了产品服务和服务产品。产品是指能够供给市场，被人们使用和消费并能满足人们某种需求的任何东西，包括有形的物品、无形的服务、组织、观念及其组合。究其实质，认为可以从3个层面理解和具象服务：第一，服务是供给方满足需求方需求的过程，任何服务均存在供给和需求双方，服务适用于经济学的供求关系理论；第二，服务是供给方和需求方互动交流的过程，服务客观供给质量和服务主观满足程度会因供需互动交流的差异性普遍存在过程损耗，这需要来自服务供给和需求双方之外的第三方以中立视角对其效果、质量做出判断;第三,服务是创造价值和交换价值的过程,供给方从服务中获得劳动报酬,需求方从服务中获得需要满足,服务适用于经济学的交换价值原理。

何谓"真情服务"?它辩证地将服务的客观与主观、绝对与相对、形象与抽象进行了有机统一。服务需要借助工具、环境、人员等外部因素,这都是客观、绝对、形象的,这属于"真"的层面;同时服务还需要辨识需求、赋予情怀、传递情感,这属于"情"的层面。

二、民航真情服务的具体特征诠释

真情服务具体到民航领域,应具备如下3个特征。

首先,民航服务的供给方和需求方是真实、客观的。例如,二十世纪我国民航业受制于机队规模、机场数量、风控能力等诸多因素,民航行业能向服务需求方供给的航空运输服务数量十分有限,提供更多的航线、航班、座位是当时的"真情服务"。进入二十一世纪,民航持续加速在航空运输服务数量供给方面的扩容,民航客货周转量以两位数增长,越来越多的人民群众愿意并且可以承受选择航空服务作为其出行方式,对于需求方而言,民航行业实现了在数量层面的"真情服务"。随着人民群众能够飞、飞得起的需求被陆续满足,飞得准时、飞得舒适的需求逐渐萌生并成为新的主要服务需求。对于供给方而能言,能提供准时、便捷、舒适、有品质的航空服务已经成为现今和未来"真情服务"的方向。民航服务供给和需求双方遵循着需求产生—供给满足—新需求产生—新供给满足……不断循环和迭代的动态发展过程。

其次,民航服务的供给方和需求方又是自然、主观的。近些年,民航行业开始正视需求方在基本满足了服务"数量"层面诉求后对服务"质量"层面的新需求,以航空公司和机场为代表的服务供给方始终高度重视服务质量的提升,但作为服务需求方的旅客并不满意,民航旅客反馈出来的民航服务水平也差强人意,具体表现为各类投诉事件层出不穷、旅客与民航冲突事件频发、航班延误问题日益凸显等。民航行业在提升服务质量方面不可谓不努力,旅客服务体验也有所改善。问题的症结在于民航服务互动交流过程环节的"错位"和"失位"。因此,民航行业亟须通过直接获取需求方在接收服务过程中的真实主观体验数据,来挖掘自身服务需要提升的"正位",并竭尽全力做到"补位"。

最后,民航服务的供给方和需求方之间的交换行为是合理的。这一点是被我们忽视,但又极为重要的。民航服务质量的提升必然要求更高的服务成本作为支撑,其中包括来自软硬件设备设施的升级、服务人员的高技能养成等诸多方面的成本。供给方有动力和理由努力输出具备全流程、多元化、个性化和高质量的航空服务,但需求方也必须接受为其能得到升级服务增加的合理成本分摊而支付的溢价。任何只期待、要求接受高质量服务而拒绝为之付费的非经济行为都是无法持续的。作为供给方的民航行业必须正视和接受推进"真情服务"无法脱离需求方,而必须能够运用交换价值、客观理性的经济思维去支配其服务消费行为这一基本事实。

第三节 弘扬和践行当代民航精神应关注"4个关系"

弘扬和践行"忠诚担当、严谨科学、团结协作、敬业奉献"的当代民航精神是中国民航广大干部、职工的心声。"当代民航精神"的弘扬和践行工作对于进一步加强行业文化建设、增强干部队伍建设、促进民航强国建设具有十分重要的意义,为民航"十三五"规划目标的达成提供了思想保证。同时,弘扬和践行当代民航精神是一项根本性、引领性、长远性的工作,绝不能一蹴而就、只说不做,更不能只弘扬不践行。基于对此项工作的认知和理解,我们应从关注以下"4个关系"着眼,用当代民航精神重塑中国民航人的政治品格、专业精神、工作作风、职业操守。

一、正确认识行业精神与行业文化的相互关系

行业精神是一个行业基于自身特定的性质、任务、宗旨、时代要求和发展方向,为谋求生存与发展而在长期生产经营实践基础上,经精心提炼和培育而逐步形成的,并为整个员工群体认同的正向心理定式、价值取向和主导意识。行业文化是指行业内企业和员工共同遵守的行业道德规范。行业文化建设的核心就是要建设由行业核心价值观、行业使命、共同愿景、行业精神和职业道德等要素构成的行业核心价值体系。其中,行业精神是行业核心价值体系的精髓,是行业文化的灵魂。行业文化与行业精神的关系,不仅仅是简单的包含和被包含的关系,而是土壤与鲜花的关系,行业文化是孕育鲜花的土壤,行业精神是根植土壤的鲜花,只有在肥沃的行业文化土壤里,才能栽培和繁育出绚丽多彩的行业精神之花。因此,我们在重视弘扬和践行当代民航精神工作的同时,还应关注中国民航行业优秀企业文化的引导和养成。

二、正确认识行业精神与行业使命、愿景的联动关系

行业使命是指行业内企业在社会经济发展中所应担当的角色和责任。行业愿景是行业内企业员工共同持有的未来景象,是行业内企业的远大理想。民航的核心价值体系是行业发展的重要基础和精神家园,是一个内涵丰富、意蕴深厚的有机整体。其中,行业使命在行业核心价值体系中起到的是统领作用,解决服务方向和肩负责任的问题;行业愿景在行业核心价值体系中起到的是驱动作用,解决价值取向和奋斗目标的问题;行业精神作为行业全体职工思想意志和精神风貌的总结和概括,是中国民航人履行行业使

命、实现行业愿景的强大源动力，其内容必须彰显行业使命的要求，契合行业愿景的方向。因此，我们在重视弘扬和践行当代民航精神工作的同时，还应关注中国民航行业企业使命的明确和行业愿景的清晰。

三、正确认识行业精神形成与内外部影响因素的关系

影响行业文化的外部因素主要包括民族文化、制度文化、外来文化和地域文化等。在弘扬和践行当代民航精神的工作中，我们要客观地意识到，行业精神作为行业文化的精髓，其必然会受到民族文化、制度文化等外部因素的影响。切实做到符合社会主义核心价值观的要求，体现时代发展的新趋势将是我们始终坚持的原则。除此之外，行业精神源于企业一线的工作实践，源于员工们先进的群体意识，更源于领导人卓越的管理意识。行业精神集中反映了行业企业领导人的事业追求、理想目标和主导意识，这也正是行业精神形成的内部影响因素。因此，我们在重视弘扬和践行当代民航精神工作的同时，还应关注民族精神和时代精神在当代民航精神中的生动体现，这是民航广大从业者在社会主义核心价值体系的引导下共同创造的精神财富。

四、正确认识行业精神与行业价值体系的关系

明确弘扬和践行当代民航精神工作在构建民航行业价值体系的先导作用。我们要以弘扬和践行当代民航精神工作为契机，进一步重视和抓紧对中国民航核心价值观、行业使命、共同愿景、职业道德等方面的研究和总结工作，力争尽快构建起符合中国民航行业特点，兼具时代性、前瞻性、务实性、系统性、可行性的中国民航行业价值体系。笔者认为，在此过程中，要注意民航行业与其他交通运输行业的核心价值体系互相之间的匹配性和承接性，将行业特色鲜明、标准要求领先的中国民航行业价值体系建设成中国交通运输产业核心价值体系建设的重要参考依据和核心组成部分。因此，我们在重视弘扬和践行当代民航精神工作的同时，还应关注行业精神与行业价值体系的逻辑关系，将行业精神不仅置于民航行业，更置于大交通的范畴，来引领当代交通精神的提炼和培育。

在狭小的驾驶室里，飞行员专注地盯着仪表，他们要确保飞机上每一名旅客的安全；在干系重大的停机坪上，机务人员严谨地进行排故，他们要确保飞机上每一个部件的适航；在严密的指挥室中，管制员用心地注视屏幕，他们要确保航路上每一架飞机的位置正确；在鼎沸的出发厅里，值机员高效地办理手续，他们要使前来的每一位旅客满意；在拥挤的安检通道里，安检员尽责地核查细节，他们要排除上机的每一处可能的风险……在这里，在那里，在每个工作岗位上，无数中国民航人用自己的辛勤劳动维护和保障着中国民航安全、有序、高效地为社会服务。当代民航精神就孕育在这些看似普通

但绝不平凡的中国民航人的劳动中，从中提炼和培育的当代民航精神是对老一辈中国民航人的致敬，是对这一批中国民航人的鼓舞，更是对新一代中国民航人的激励。弘扬当代民航精神、践行当代民航精神，这条路负重致远，民航强国之路更是任重道远。

第四节 行业发展需要弘扬和践行当代民航精神

思想决定方向，方向决定道路，道路决定命运。一切伟大的事业，总是在承前启后、继往开来中不断推进。国家如此，行业亦然。2012年，《国务院关于促进民航行业发展的若干意见》明确指出："民航行业是我国经济社会发展重要的战略产业"。如何更好地发挥民航行业的战略作用，做到延续辉煌、不辱使命、不负期望？关键在于思想；关键在于以何种精神凝聚当代民航人再创佳绩、达成使命、实现期望所必需的思想共识。这是当代民航人必须要直面并务必用实际行动圆满回答的新时代命题。新时代要求当代民航人以新精神开启新事业。

一、民航砥砺奋进发展实践孕育当代民航精神

作为经济社会发展的重要战略产业，民航行业坚持安全第一，稳中求进，深化改革，各项工作取得了优异成绩，为社会经济发展保驾护航。

当代民航人砥砺奋进，推动民航发展实践，在"十二五"和"十三五"期间取得了瞩目的成绩。

一是民航发展质量稳步提升。我国民航安全形势平稳，截至2016年，未发生运输航空重大安全事故，运输航空百万小时重大事故率10年滚动值为0.016，远低于同期世界平均水平的0.217，安全水平世界领先。在坚持"安全第一"的基础上，我国民航的发展质量再攀新高峰，航班客座率、载运率和飞机日利用率持续处于历史较高水平，2016年分别达到82.6%、72.7%和9.41%。与此同时，民航发展更加注重绿色环保，节能减排效果显著。2016年，我国民航吨公里油耗为0.293升，较行业节能减排目标基年的2005年油耗下降了13.82%，机场每客能耗较"十二五"末均值下降8.4%。二氧化碳排放量在"十二五"期间平均下降4.2%。

二是保障能力不断增强。我国民航坚持外延式和内涵式发展并重，着力提升空域资源、空管运行、机场保障、运行控制、人力资源五大核心保障能力的内涵建设、提质增效，努力使保障能力达到行业持续快速增长的客观要求。截至2016年年底，我国共有运输航空公司59家、通用航空企业320家，民航运输飞机期末在册架数2950架、通用航空企业在册航空器2096架，颁证运输机场218个，定期航班航线3794条，定期航班国内通航城市214个（不含香港、澳门、台湾），国内航空公司分别开通了38个、10

个和48个由内地城市往返香港、澳门和台湾地区的定期航班。2016年，民航行业完成运输总周转量962.51亿吨公里；完成旅客运输量48796万人次，货邮运输量668.0万吨；机场完成旅客吞吐量10.16亿人次，货邮吞吐量1510.40万吨，起降架次923.8万架次；年旅客吞吐量超过1000万人次的机场数量达28个。我国民航行业较好地完成了以整体综合保障能力支撑行业规模的持续增长的目标。

三是战略地位日益凸显。民航是我国综合交通运输体系的重要有机组成部分，其地位和作用随着人民群众消费升级时代的到来呈现不断提升的趋势，尤其是在旅客运输方面更为明显。2015年，民航旅客运输周转量在综合交通运输旅客运输周转量中所占比重达到了24.2%。民航行业在自身加大固定资产投资带动区域经济发展的同时，更加重视行业发展与区域经济深度融合，临空经济成为推动地区转变发展方式的新亮点。2016年，民航行业企事业单位累计实现营业收入6393亿元、利润总额568.4亿元、应交税金296.5亿元。民航战略地位不断提高，对我国经济社会发展的贡献不断加大，对相关产业和地方经济的带动作用和引导效果不断增强。

四是国际影响力逐步扩大。民航是国际性极强的行业。截至2016年年底，我国已与120个其他国家或地区签订双边航空运输协定。我国航空公司国际定期航班通航56个国家的145个城市，国际航线739条，国内航空公司在我国国际航空客运市场的份额大幅提升。我国继续高票当选国际民航组织一类理事国，我国候选人首次当选国际民航组织秘书长。我国民航国际影响力的增强也是我国长期支持多边贸易体制，促进自由贸易区建设，推动建设开放型世界经济的成果。

五是行业管理能力不断提高。民航持续安全理念不断深化，安全工作法治化进程不断深入，民航价格改革稳妥推进，市场管理手段不断丰富，行业财经政策逐步完善。适航审定能力实现突破，三大审定中心相继运行，颁发ARJ21国产支线客机获得型号合格证，C919飞机型号合格审定工作有序推进。中国民用航空局与美国联邦航空局签署《适航实施程序》，从而实现中美两国民用航空产品的全面对等互认。我国民航提供高水平、高效率的行业管理能力是推动行业持续发展的核心保障。

除此之外，民航砥砺奋进发展实践还具体表现在以下几个方面。民航为百姓便捷出行，不断夯实民航强国基础，点连成线，线织成面，编织起保障亿万群众生活的幸福空中网；民航为推动"一带一路"建设，当好"先行军"，构建"空中丝路"，在经贸往来和文化交流中积极发挥桥梁、纽带的作用；民航积极响应国家建设世界级城市群的规划，主动作为，着力打造京津冀、长三角和珠三角3个世界级机场群，以机场群建设服务城市群建设。

当代民航人亟须找到全新的理论支撑和精神支柱，并以新时代理论和新时代精神，扎实、全面、科学地推进和实践建设新时代民航强国的伟大事业。当代民航精神必将从民航强国建设的实践中孕育产生，并为即将开展的新时代民航强国实践提供不可或缺的重要思想保障。

2016年4月8日,中国民用航空局的一位领导在南海永暑礁新建机场校验试飞总结表彰座谈会上的讲话中提出将"忠诚担当的政治品格、严谨科学的专业精神、团结协作的工作作风、敬业奉献的职业操守"作为当代民航精神,分别从政治品格、专业精神、工作作风、职业操守4个方面指明了当代民航人在精神层面应该追求的具体目标。当代民航精神是中国民用航空局顺应建设民航强国实践在新时代所必需的新要求,在总结新中国民航发展多年经验和教训的基础上,汇聚了集体智慧的极具方向性、思想性、指导性的行业文化成果。当代民航精神是用以总结、培育、形成符合建设新时代民航强国新要求的,并能启迪和激发当代民航人投身于民航发展事业的优秀行业思想、先进行业文化的工作方法和行动指南。

二、民航发展新时代亟须行业思想认知新高度

回顾"十二五"及"十三五"期间民航行业的发展实践,当代民航人在面对国内外环境的复杂变化和各种风险挑战的情况下,取得了全行业确保航空运输持续安全、发展质量稳步提升、保障能力不断增强、战略地位日益凸显、国际影响力逐步扩大、行业管理能力显著提高的可喜成绩。展望民航行业"十三五"的发展蓝图,中国民用航空局提出按照建设民航强国战略"两步走"的推进方案,以在2020年将我国初步建成民航强国为既定目标,在准确把握行业发展的阶段性特征、缜密研析行业发展的内外部环境的基础上,提出了极具全局性、战略性、前瞻性的"一二三三四"民航工作总体思路。即牢固树立"发展为了人民"的理念,推动运输航空和通用航空"两翼齐飞",坚守"飞行安全、廉政安全、真情服务"三条底线,构建机场网、航线网、运行信息监控网"三张网络",补齐空域资源、民航服务、适航审定能力、应急处置"四个短板"。如何将中国民用航空局的新思路在民航发展进入新时代的背景下转化为当代民航人的工作新目标、行动新举措?这要求当代民航人的思想认知必须提升到新高度,尤其是要牢固树立起"发展为了人民"的思想共识。

思想认识的深度决定工作开展的程度,实现民航强国任重道远。民航行业所承担的艰巨时代任务必然要求当代民航人在思想认知层面有更高的觉悟和更深的意识。纵观中国民航砥砺前行、勇于发展的历程,各种成功经验和失败教训让我们越发清晰地认识到和越发急切地感受到牢固树立"发展为了人民"的思想共识对于建设新时代民航强国这一伟大事业的重要性和紧迫性。作为新时代民航强国伟大事业建设者的全体民航干部、职工,急需补齐和增强在政治品格、专业精神、工作作风、职业操守方面的短板和内功,为即将在建设新时代民航强国道路上经历的披荆斩棘、攻坚克难的伟大实践,打下并夯实坚不可摧、毫不动摇的思想基础。

第五节　夯实以当代民航精神为内核的民航行业文化新基础

　　问题是时代的声音。当今世界，国际力量对比发生新的变化，我国在日益走近世界舞台中心的同时也面临着许多严峻的挑战。国家如此，行业亦然。如何应对国际环境的深刻复杂变化，在激烈的国际竞争中赢得主动权？今日之中国民航正处于由民航大国发展成为民航强国这一具有历史性、划时代意义的伟大事业建设的关键阶段。民航改革真正步入深水区，民航发展进入新常态，各种矛盾叠加，风险隐患集聚，发展不平衡、不充分、不协调、不可持续问题比较突出。如何更好地把握行业发展机遇，破解行业发展难题，厚植行业发展优势？这是当代民航人在建设新时代民航强国实践中需要回答的新命题。

　　"世异则事异，事异则备变。"在谋划和推进新时代民航强国建设的各项工作中，我们必须深入分析和准确判断当前世情、国情、行情，分析和判断的"指南针""方向盘"就是当代民航人与时俱进的思想共识。思想共识不可无中生有，更不可信手拈来，而是需要以能够充分彰显社会主义核心价值观的行业文化为土壤，才能从中孕育，才能做到不忘初心、方得始终。文化是什么？文化就是要相信自己的口号。当代民航精神就是当代民航人建设新时代民航强国伟大事业提出的口号，是当代民航精神层面的最强音。我们务必以当代民航精神之旗帜引领、培育当代民航文化之征程，务必将当代民航精神之口号变成当代民航文化之信仰。这是当代民航人的责任之所在，也是将新时代民航强国伟大事业向前推进的内生动力之源泉。

　　事非经过不知难，攻坚克难谱新篇。在建设新时代民航强国伟大事业的征途上，当代民航精神的弘扬和践行工作对于进一步促进新时代民航强国发展建设、增强全体民航干部、职工的凝聚力和执行力、加强当代民航文化培育和形成，均具有极其重要的现实意义。弘扬和践行当代民航精神是民航未来发展规划乃至新时代民航强国战略目标如期达成所不可或缺的关键思想新保障和重要文化新基石。

一、铸就忠诚担当的政治品格，增强政治责任感

　　"人之忠也，犹鱼之有渊。"民航行业作为高技术要求和高服务需求的行业，有着独特且鲜明的行业特点，具体表现在安全水平要求高、专业技能标准高、服务需求规格高、国际交流频度高等方面。与其他行业相比，民航行业的特点决定了其对民航从业者有着更高的政治要求，这是党和国家对当代民航行业人的基本要求。因此，忠诚担当的政治品格绝不只是评判民航领导干部的底线，更是对每一名民航从业者的统一标准和必然要求。作为当代民航人，必须要铸就忠诚担当的政治品格，增强政治责任感。

忠诚担当是当代民航精神要求的政治品格，也是当代民航文化的政治基础。忠诚担当首先要做到对党绝对忠诚。要牢固树立"四个意识"，特别是核心意识和看齐意识，坚定理想信念，在大是大非面前头脑清醒，旗帜鲜明，具体表现为当代民航人在思想上、政治上、工作上、行动上坚如磐石、毫不动摇。民航承担着国家领导人的专、包机保障工作，维护着国家的核心利益。在这方面，当代民航人忠诚担当的政治品格是具体的，是看得见、摸得着的。忠诚担当其次要做到对人民绝对忠诚。要牢固树立发展为了人民的理念，要时刻秉持并持续强化民航"发展为了人民"的理念，不断加深对人民群众的感情，把人民群众的期盼作为民航各项工作开展的方向。民航始终在抗震救灾、维和行动、海外撤侨等关乎人民群众生命财产安全的最危急时刻，当仁不让、义无反顾地冲向第一线，维护着人民的核心利益，展现着对人民的忠诚之心。在这方面，当代民航人忠诚担当的政治品格是生动的，是能被真切感受得到的。忠诚担当最后要做到对民航事业绝对忠诚。党中央要求民航行业要把稳中求进的工作总基调贯彻到各个方面。稳定是发展的基石，行稳是致远的前提。具体到当代民航工作，确保民航安全就是最大的"行稳"，只有在确保民航安全的基础上，才能真正谋求民航行业的高质量发展，才能扎实推进由民航大国向民航强国迈进的伟大事业。在这方面，当代民航人忠诚担当的政治品格是明确的，是能经得起时间检验和实践证明的。

忠诚担当充分体现了当代民航人围绕中心、服务大局的高度政治责任感和时代使命感，展现了当代民航人在关键时刻能挺身而出、拼搏奉献，为党分忧、为民解困的时代传承、崇高境界和庄严承诺。我们必须坚持不懈、毫不动摇地把确保民航安全在内的各项工作职责扛在肩上。全体民航干部、职工要敢于面对各种现实矛盾，要做到矛盾面前不躲闪、挑战面前不畏惧、困难面前不退缩，关键时刻和危急关头能豁得出去、顶得上来，增强和保持当代民航人的政治责任感，最终能经受住各种考验，将忠诚担当的政治品格书写到当代民航文化的新时代丰碑上。

二、塑造严谨科学的专业精神，寻求行业归属感

"天下将兴，其积必有源。"当今时代，日新月异，要做到紧跟时代进步，行业发展必有其正确之法，而法则源自寻觅之人以严谨科学之态度对事物客观发展规律持之以恒的追求。民航行业是一个专业性极强的行业，也是高技术密集的行业。做好新时代民航工作必然要求其从业者具备扎实的专业素养。这种专业素养远不止"狭义"的提升各种专业技术技能，而更应是"广义"的在全行业倡导塑造崇尚严谨科学的专业精神的文化氛围。严谨科学的专业精神，其含义不仅包括了当代民航人做好本职工作所必须具备的专业技术技能，也包括了当代民航人为建设新时代民航强国所必备的学习科学、尊重科学、严谨细致、精益求精的工作态度。

在提升安全监管能力方面，以严谨科学的专业精神创新安全管理体制、机制和方

式、方法；深化安全管理体系建设，推进安全绩效监管试点，积极探索和试行基于安全绩效的安全监管模式；建立科学合理、简明有效、分类分级的民航安全保障衡量体系。在提升枢纽机场集散功能方面，以严谨科学的专业精神推动国家综合机场体系建设，力争早日建成功能健全、相互协调、相互支撑的运输机场网络，以及覆盖面广、衔接度高、通达性强的航空网络。在提升运行信息监控能力方面，以严谨科学的专业精神建立健全民航运行信息资源管理机制，加快形成信息开放、资源共享、协同决策的运行信息监控网络。在提升空域资源保障能力方面，以严谨科学的专业精神推动国家空管调整改革，深化军民航联合运行，扩大民航可用空域资源，提高民航空域使用效率。在提升民航服务品质方面，以严谨科学的专业精神完善民航服务管理体系，持续改进服务质量，打造民航"真情服务"品牌，增进旅客对民航真情服务的获得感。在提升适航审定能力方面，以严谨科学的专业精神健全适航审定体系，全面提升适航审定能力，满足我国民航和国产民机发展需求。在提升应急处置能力方面，以严谨科学的专业精神健全规章制度、强化工作机制，全面提高民航应对各类突发事件的能力。在提升通用航空服务能力方面，以严谨科学的专业精神制定通用航空发展政策，建成功能齐全、服务规范、类型广泛的通用航空服务体系。在提升民航行政管理能力方面，以严谨科学的专业精神持续推进政府职能转变，进一步简政放权，在促进行业发展中更好地发挥政府作用。在提升民航科教支持能力方面，以严谨科学的专业精神深化民航科技教育改革，为行业持续发展提供科技和智力支撑。

"严谨科学"是开展进一步深化民航改革工作的"金钥匙"，是建设新时代民航强国伟大事业的"百宝囊"，充分体现了当代民航人围绕行业的科学发展、持续安全发展的路径和方法选择，展现了当代民航人运用自己的聪明才智完成新时代民航强国战略目标的正确实践道路。全体民航干部、职工要善于运用严谨科学的专业精神，在民航这个高技术、高专业、高要求的行业，以攻坚克难、勇往直前的大无畏精神，寻找和探求当代民航人的行业归属感，实现建设新时代民航强国的目标，以实实在在的行业发展成就将严谨科学的专业精神书写到当代民航文化的新时代丰碑上。

三、形成团结协作的工作作风，启迪事业认同感

端起历史规律的望远镜，打开发展规律的探照灯。在建设新时代民航强国的现阶段，我们面临着许多深层次的矛盾，安全保障资源不足、发展结构不平衡、发展方式比较粗放等问题还没有得到根本改善，制约民航发展和民航强国实现的体制机制障碍仍然存在。众所周知，民航行业是一个涵盖了航空公司、民航机场、空中管理、服务保障、运行监管等多个子系统的复杂系统。这是由民航的行业特性所必然决定的。相比其他运输方式，民航行业的最高安全水平正是得益于和源自其系统的复杂性。民航系统不会因为其某一个子系统的某一点疏漏而导致不可挽回的全系统性的不安全后果。

民航系统的复杂性是民航行业安全保障的需要，但同时也对其自身运行、管理提出了更高要求和更多挑战。民航行业向来注重各子系统、各单位、各部门之间的团结协作，这是民航能够保持安全高效顺畅运行的基础要求。当代民航人正在如火如荼地进行着建设新时代民航强国的伟大事业，必须仰仗民航各子系统、各单位、各部门内部的上下协调、牢固树立本位职责的思想认识，以及它们之间"打破边界齐心协力、目标统一协同奋进"的工作作风方能顺利开展。"内部团结、外部协作"要求当代民航人拧成"一股绳"，以团结协作的工作作风投身到建设新时代民航强国伟大事业的实践中去。这样，就没有克服不了的困难，再艰巨的任务也能被出色地完成。

团结协作的工作作风不仅要体现在思想认识的协同上，更要体现在建设新时代民航强国的行动中。当代民航人唯有秉持团结协作的精神才能实现进一步深化民航改革工作的既定目标。没有团结协作，就无法建成提升安全保障能力、巩固民航发展安全基础的安全管理系统；没有团结协作，就无法制定促进行业调整结构、提质增效、转型升级的政策措施；没有团结协作，就无法推出提高政府行政效率、增强行业监管能力的体制机制；没有团结协作，就无法构建激发市场活力、规范市场行为的法规体系；没有团结协作，就无法实现民航治理体系和治理能力的现代化。

团结协作简明扼要地阐释了建设新时代民航强国伟大事业的工作方针。民航各子系统、各单位、各部门必须要共同努力打造团结协作的工作作风，坚决打破系统、单位、部门的本位思想和"一亩三分地"思维，既要做到守土有责，还要秉承大局意识、树立全局思想。建设新时代民航强国，就要在继续推动民航发展的基础上，着力解决好发展不平衡、不充分的问题，大力提升民航发展质量和效益，更好地满足人民在航空出行的安全、便捷、品质等方面日益增长的需求，更好地推动民航的全面发展与进步。完成这一艰巨任务需要涉及方方面面，需要民航各子系统、各单位、各部门的团结协作、密切协助、协同发力、共同推进，努力在关键领域和重点环节实现改革新突破，形成重点牵引、全面推进的改革整体效应。全体民航干部、职工要保持团结协作的工作作风，在民航这个由多个子系统构成的复杂系统中，勇于打破本位主义、摒弃局部最优思想，启迪和召唤当代民航人的事业认同感。最终以团结协作的"一盘棋"思想、"一股绳"意识，实现新时代民航强国战略，在具有复杂性的民航发展过程中谱写出彰显和谐、合作、协同精神的新篇章，将团结协作的工作作风书写到当代民航文化的新时代丰碑上。

四、坚守敬业奉献的职业操守，增加职业荣誉感

"长风破浪会有时，直挂云帆济沧海。"建设新时代民航强国伟大事业、服务两个一百年目标的时代重托和历史使命被托付给我们这一代民航人。当代民航人如何做到不负重托、不辱使命？唯有爱岗敬业、甘于奉献，才能担负起祖国的重托，才能对得起时代要求和使命，才能经得起时间检验和历史考验。民航行业虽然由航空公司、民航机

场、空中管理、服务保障、运行监管等相对独立的各子系统、各单位、各部门构成，但"全国民航是一家"的情结始终魂牵梦绕在当代民航人的内心深处。这是新中国历代民航人的历史传承和精神延续。

当代民航人具有强烈的职业荣誉感和自豪感，具有爱岗敬业、甘于奉献的优秀品质。这种品质是其可以肩负起祖国重托的宝贵精神财富，是激励当代民航人为实现新时代民航强国伟大事业而奋斗的强大精神动力之源。随着持续安全战略、大众化战略、全球化战略的实施初见成效，尤其是大众化战略，让越来越多的人民群众体验到建设民航强国伟大事业的初步效果，让更多人民群众有机会体验和共享当代民航发展的累累硕果，这也让人民群众对新时代民航强国的实践成果有了更多的诉求和更高的期待。当代民航人从广大人民群众对民航服务的满满获得感中，收获了爱岗敬业的自豪感和乐于奉献的满足感。当代民航人有机会亲自经历并投身于建设新时代民航强国这一划时代的伟大事业中，奋斗本身就是当代民航人能真正体会到的获得感。这更激发了当代民航人加倍努力，为人民群众提供更加安全、便捷、有品质的民航运输服务的决心、信心和恒心。

敬业奉献是对民航行业以实际行动践行"发展为了人民"理念的庄重誓言。它充分体现了当代民航人紧紧围绕进一步提升广大人民群众的对民航发展的获得感要求的积极响应，展现了当代民航人在越是压力大、困难多的条件下，越能爱岗敬业、甘于奉献的优秀品质。全体民航干部、职工要勇于克服困难，做到知难而上、迎难而进，高举敬业奉献的大旗，心无杂念、持之以恒地投入建设新时代民航强国伟大事业的各项工作中，增加和获取当代民航人的职业荣誉感，最终以敬业奉献汇聚民航职业的感召力和凝聚力，全身心地扑在建设新时代民航强国的现实工作中，将敬业奉献的职业操守书写到当代民航文化的新时代丰碑上。

不言而喻，夯实以当代民航精神为理论内核的民航行业文化新基础是弘扬和践行当代民航精神所不可或缺的关键有机组成部分。

附录 A 国内主要城市三字代码

机场	三字码	机场	三字码	机场	三字码	机场	三字码	机场	三字码
华东地区		中南地区		榆林	UYN	伊宁	YIN	港澳台地区	
安庆	AQG	北海	BHY	西南地区		华北地区		澳门	MFM
蚌埠	BFU	长沙	HHA	成都	CTU	北京首都	PEK	台北	TPE
常州	CZX	常德	CGD	重庆	CKG	北京大兴	PKX	香港	HKG
福州	FOC	恩施	ENH	达县	DAX	长治	CIH		
阜阳	FUG	广州	CAN	大理	DLU	赤峰	CIF		
赣州	KOW	桂林	KWL	迪庆	DIG	大同	DAT		
杭州	HGH	海口	HAK	广汉	GHN	海拉尔	HLD		
合肥	HFE	衡阳	HNY	广元	GYS	呼和浩特	HET		
黄山	TXN	柳州	LZH	贵阳	KWE	秦皇岛	SHP		
黄岩	HYN	洛阳	LYA	昆明	KMG	石家庄	SJW		
济南	TNA	梅县	MXZ	拉萨	LXA	太原	TYN		
晋江	JJN	南宁	NNG	丽江	LJG	天津	TSN		
景德镇	JDZ	南阳	NNY	泸州	LZC	通辽	TGO		
九江	JIU	三亚	SYX	芒市	LUM	乌兰浩特	HLH		
连云港	LYG	沙市	SHS	绵阳	MIG	锡林浩特	XIL		
临沂	LYI	汕头	SWA	南充	NAO	包头	BAV		
南昌	KHN	深圳	SZX	思茅	SYM	东北地区			
南京	NKG	武汉	WUH	铜仁	TEN	鞍山	AOG		
南通	NTG	襄樊	XFN	万县	WXN	长春	CGQ		
宁波	NGB	宜昌	YIH	西昌	XIC	朝阳	CHG		
青岛	TAO	永州	YGZ	西双版纳	JHG	大连	DLC		
衢州	JUZ	湛江	ZHA	宜宾	YBP	丹东	DDG		
上海虹桥	SHA	张家界	DYG	昭通	ZAT	哈尔滨	HRB		
上海浦东	PVG	郑州	CGO	遵义	ZYI	黑河	HEK		
苏州	SZV	珠海	ZUH	宝山	BSD	佳木斯	JMU		
威海	WEH	西北地区		新疆地区		锦州	JNZ		
潍坊	WEF	安康	AKA	阿克苏	AKU	牡丹江	MDG		
温州	WNZ	敦煌	DNH	阿勒泰	AAT	齐齐哈尔	NDG		
无锡	WUX	格尔木	GOQ	哈密	HMI	沈阳	SHE		
芜湖	WHU	汉中	HZG	和田	HTN	通化	TNH		
武夷山	WUS	嘉峪关	JGN	喀什	KHG	延吉	YNJ		
厦门	XMN	兰州	LHW	克拉玛依	KRY				
徐州	XUZ	庆阳	IQN	库车	KCA				
烟台	YNT	西安	XIY	库尔勒	KRL				
盐城	YNZ	西宁	XNN	且末	IQM				
义乌	YIW	延安	ENY	塔城	TCG				
舟山	HSN	银川	INC	乌鲁木齐	URC				

附录 B 国际主要城市三字代码

城市全称	三字代码	中文	国家或地区
ABU DHABI	AUH	阿布扎比	阿拉伯联合酋长国
ADDIS ABABA	ADD	亚的斯雅贝巴	埃塞俄比亚
ADELAIDE	ADL	阿德莱德	澳大利亚
ALMA ATA	ALA	阿拉木图	哈萨克斯坦
AMMAN	AMM	安曼	约旦
AMSTERDAM	AMS	阿姆斯特丹	荷兰
ANCHORAGE	ANC	安克雷奇	美国
ANKARA	ANK	安卡拉	土耳其
ATHENS	ATH	雅典	希腊
ATLANTA	ATL	亚特兰大	美国
AUCKLAND	AKL	奥克兰	新西兰
BAGHDAD	BGW	巴格达	伊拉克
BAHRAIN	BAH	巴林	巴林
BANDUNG	BDO	万隆	印度尼西亚
BANGKOK	BKK	曼谷	泰国
BANGUI	BGF	班吉	中非
BARCELONA	BCN	巴塞罗那	西班牙
BARI	BRI	巴里	意大利
BEIRUT	BEY	贝鲁特	黎巴嫩
BELGRADE	BEG	贝尔格莱德	南斯拉夫
BELIZE	BZE	伯利兹城	伯利兹（拉美）
BERLIN	BER	柏林	德国
BERMUDA	BDA	百慕大	西印度洋岛
BISSAU	OXB	比绍	几内亚比绍
BOGOTA	BOG	波哥大	哥伦比亚
BOMBAY	BOM	孟买	印度
BONN	BNJ	波恩	德国
BOSTON	BOS	波士顿	美国
BRAZZAVILLE	BZV	布拉柴维尔	刚果（布）
BRISBANE	BNZ	布里斯班	澳大利亚
BRUSSELS	BRU	布鲁塞尔	比利时

续表

城市全称	三字代码	中文	国家或地区
BUCHAREST	BUH	布加勒斯特	罗马尼亚
BUDAPEST	BUD	布达佩斯	匈牙利
BUENOS AIRES	BUE	布宜诺斯艾利斯	阿根廷
CAIRO	CAI	开罗	埃及
CALCUTTA	CCU	加尔各答	印度
CAPE TOWN	CPT	开普敦	南非
CANBERRA	CBR	堪培拉	澳大利亚
CARCAS	CCS	加拉加斯	委内瑞拉
CHIANG MAI	CNX	清迈	泰国
COLOGNE	CGN	科隆	德国
CHCAGO	CHI	芝加哥	美国
COLOMBO	CMB	科伦坡	科伦坡
COPENHAGEN	CPH	哥本哈根	丹麦
DALLAS	DFW	达拉斯	美国
DAMASCUS	DAM	大马士革	叙利亚
DARESSALAAM	DAR	达累斯萨拉姆	坦桑尼亚
DARWIN	DRW	达尔文	澳大利亚
DENVER	DEN	丹佛	美国
DETROIT	DTT	底特律	美国
DHAKA	DAC	达卡	孟加拉国
DJIBOUTI	JIB	吉布提市	吉布提
DUBAI	DXB	迪拜	阿拉伯联合酋长国
DUBLIN	DUB	都柏林	爱尔兰
DUSSELDORF	DUS	杜塞尔多夫	德国
EDINBURGH	EDI	爱丁堡	英国
FLORENCE	FLR	佛罗伦萨	意大利
FRANKFURT	FRA	法兰克福	德国
FUKUOKA	FUK	福冈	日本
GENEVA	GVA	日内瓦	瑞士
GLASGOW	GLA	格拉斯哥	英国
GUAM	GUM	关岛	太平洋马里亚纳群岛中最大的一个岛,属美国管辖
HAMBURG	HAM	汉堡	德国
HANOI	HAN	河内	越南
HAVANA	HAV	哈瓦那	古巴
HELSINKI	HEL	赫尔辛基	芬兰

续表

城市全称	三字代码	中文	国家或地区
HO CHI MINH	SGN	胡志明市	越南
HONGKONG	HKG	香港	中国
HONOLULU	HNL	檀香山	美国（夏威夷）
HOUSTON	HOU	休斯敦	美国
IRKUTSK	IKT	伊尔库茨克	俄罗斯
ISLAMABAD	ISB	伊斯兰堡	巴基斯坦
ISTANBUL	IST	伊斯坦布尔	土耳其
JAKARTA	JKT	雅加达	印度尼西亚
JEDDAH	JED	吉达	沙特阿拉伯
JOHANNESBURG	JNB	约翰内斯堡	南非
KABUL	KBL	喀布尔	阿富汗
KARACHI	KHI	卡拉奇	巴基斯坦
KATHMANDU	KTM	加德满都	尼泊尔
KIEV	IEV	基辅	乌克兰共和国
KINGSTON	KIN	金斯敦	牙买加
KINSHASA	FIH	金沙萨	刚果（金）
KUALA LUMPUR	KUL	吉隆坡	马来西亚
KUWAIT	KWI	科威特	科威特
LAGOS	LOS	拉各斯	尼日利亚
LAPAZ	LPB	拉巴斯	玻利维亚
LEEDS	LBA	利兹	英国
LIMA	LIM	利马	秘鲁
LINCOLN	LNK	林肯	美国
LISBON	LIS	里斯本	葡萄牙
LIVERPOOL	LPL	利物浦	英国
LOME	LFW	洛美	多哥
LONDON	LON	伦敦	英国
LOS ANGELES	LAX	洛杉矶	美国
LUANDA	LAD	卢安达	安哥拉
LYON	LYS	里昂	法国
MACAU	MFM	澳门	中国
MADRAS	MAA	马德拉斯	印度
MADRID	MAD	马德里	西班牙
MALTA	MLA	马耳他	马耳他
MANCHESTER	MAN	曼彻斯特	英国
MANHATTAN	MHK	曼哈顿	美国

续表

城市全称	三字代码	中文	国家或地区
MANILA	MNL	马尼拉	菲律宾
MAPUTO	MPM	马普托	莫桑比克
MARSEILLE	MRS	马赛	法国
MELBOURNE	MEL	墨尔本	澳大利亚
MEXICO CITY	MEX	墨西哥城	墨西哥
MIAMI	MIA	迈阿密	美国
MILAN	MIL	米兰	意大利
MONTEVIDEO	MVD	蒙得维的亚	乌拉圭
MONTREAL	YUL	蒙特利尔	加拿大
MOSCOW	MOW	莫斯科	俄罗斯
MUNICH	MUC	慕尼黑	德国
NADI	NAN	楠迪	斐济
NAGASAKI	NGS	长崎	日本
NAGOYA	NGO	名古屋	日本
NAIROBI	NBO	内罗毕	肯尼亚
NEW ORLEANS	MSY	新奥尔良	美国
NEW YORK	NYC	纽约	美国
NICE	NCE	尼斯	法国
NOVOSIBIRSK	OVS	新西伯利亚	俄罗斯
NUREMBERG	NUE	纽伦堡	德国
OAKLAND	OAK	奥克兰	美国
OKINAWA	OKA	冲绳	日本
OSAKA	OSA	大阪	日本
OSLO	OSL	奥斯陆	挪威
OTTAWA	YOW	渥太华	加拿大
PANAMA CITY	PTY	巴拿马城	巴拿马
PARIS	PAR	巴黎	法国
PENANG	PEN	槟城	马来西亚
PHILADELPHIA	PHL	费城	美国
PITTSBURGH	PIT	匹兹堡	美国
PORT MORESBY	POM	莫尔兹比港	巴布亚新几内亚
PRAGUE	PRG	布拉格	捷克
PYONGYANG	FNJ	平壤	朝鲜
QUTTU	UIO	基多	厄瓜多尔
YANGON	RGN	仰光	缅甸
REYKJAVIK	REK	雷克雅未克	冰岛

续表

城市全称	三字代码	中文	国家或地区
RIO DE JANEIRO	RIO	里约热内卢	巴西
RIYADH	RUH	利雅得	沙特阿拉伯
ROME	ROM	罗马	意大利
ROTTERDAM	RTM	鹿特丹	荷兰
ST LOUIS	STL	圣路易斯	美国
STPETERS BURC	LED	圣彼得堡	俄罗斯
SAIPAN	SPN	塞班	北马里亚纳群岛（塞班是首府，隶属于美国）
SANAA	SAH	萨那	也门
SAN FRANCISCO	SFO	旧金山	美国
SANTIAGO	SCL	圣地亚哥	智利
SANTIAGO	SCU	圣地亚哥	古巴
SAO PAULO	SAO	圣保罗	巴西
SAPPORO	SPK	札幌	日本
SEATTLE	SEA	西雅图	美国
SEOUL	SEL	首尔	韩国
SHARJAH	SHJ	沙迦	阿拉伯联合酋长国
SYDNEY	SYD	悉尼	澳大利亚
SINGAPORE	SIN	新加坡	新加坡
SOFIA	SOF	索非亚	保加利亚
STOCKHOLM	STO	斯德哥尔摩	瑞典
SUVA	SUV	苏瓦	斐济
TAIPEI	TPE	台北	中国台湾
TEHRAN	THR	德黑兰	伊朗
TEL AVIV	TLY	特拉维夫	以色列
TIRANA	TIA	地拉那	阿尔巴尼亚
TOKYO	TYO	东京	日本
TORONTO	YYZ	多伦多	加拿大
TUNS	TUN	突尼斯	突尼斯
TURIN	TRN	都灵	意大利
VANCOUVER	YVR	温哥华	加拿大
VENICE	VCE	威尼斯	意大利
VIENNA	VIE	维也纳	奥地利
VIENTLANE	VIN	万象	老挝
WARSAW	WAW	华沙	波兰
WASHINGTON	WAS	华盛顿	美国

附录 B 国际主要城市三字代码

续表

城市全称	三字代码	中文	国家或地区
WELLINGTON	WLG	惠灵顿	新西兰
WINNNIPEG	YWG	温尼伯	加拿大
YAOUNDE	YAO	雅温得	喀麦隆
ZURICH	ZRH	苏黎世	瑞士

附录 C 国外主要航空公司的两字代码及名称

两字代码	公司名称（英文）	公司名称（中文）	所属国家
AA	American Airlines	美国航空公司	美国
AC	Air Canada	加拿大航空公司	加拿大
AF	Air France	法国航空公司	法国
AI	Air India	印度航空公司	印度
AY	Finn Air	芬兰航空公司	芬兰
AZ	Alitalia	意大利航空公司	意大利
A7	Air Plus Comet	西班牙红风筝航空公司	西班牙
BA	British Airways	英国航空公司	英国
BI	Royal Brunei Airlines	文莱皇家航空公司	文莱
CO	Continental Airlines Inc.	大陆航空公司	美国
EK	Emirates Airlines	阿联酋国际航空公司	阿拉伯联合酋长国
ET	Ethiopian Airlines	埃塞俄比亚航空公司	埃塞俄比亚
E5	Samara Airlines	萨马拉航空公司	俄罗斯
FD	Thai Airaisa	泰国亚洲航空公司	泰国
FG	Ariana Afghan Airlines	阿富汗阿里亚纳航空公司	阿富汗
GA	Garuda Indonesia	印度尼西亚鹰航空公司	印度尼西亚
HY	Uzbekistan Airways	乌兹别克斯坦航空公司	乌兹别克斯坦
H8	Khabarovsk Aviation	哈巴罗夫斯克航空公司	俄罗斯
IR	Iran Air	伊朗航空	伊朗
JL	Japan Airlines	日本航空公司	日本
JS	Air Koryo	高丽航空公司	朝鲜
J2	Azerbaijan Airlines	阿塞拜疆航空公司	阿塞拜疆
KE	Korean Air	大韩航空	韩国
KL	KLM Royal Dutch Airlines	荷兰皇家航空公司	荷兰
KQ	Kenya Airways	肯尼亚航空公司	肯尼亚
LH	Lufthansa German Airlines	德国汉莎航空公司	德国
LY	El Al Israel Airlines Ltd.	以色列航空公司	以色列
MH	Malaysian Airlines	马来西亚航空公司	马来西亚
MI	Singapore Silk Air	新加坡胜安航空公司	新加坡
MS	Egypt Air	埃及航空公司	埃及

续表

两字代码	公司名称（英文）	公司名称（中文）	所属国家
MO	Aero – Mongolia	蒙古国航空公司	蒙古国
NH	All Nippon Airways	全日空公司	日本
NW	Northwest Airlines, INC.	美国西北航空公司	美国
OM	MIAT Mongolian Airlines	蒙古民用航空公司	蒙古国
OS	Austrian Airlines AG	奥地利航空公司	奥地利
OZ	Asiana Airlines	韩亚航空公司	韩国
PG	Bangkok Airlines	曼谷航空	泰国
PK	Pakistan International Airlines	巴基斯坦国际航空公司	巴基斯坦
PR	Philippine Airlines	菲律宾航空公司	菲律宾
QF	Qantas Airways	澳洲航空公司	澳大利亚
QH	Altyn Air	吉尔吉斯斯坦黄金航空公司	吉尔吉斯斯坦
QR	Qatar Airlines	卡塔尔航空公司	卡塔尔
QV	Lao Aviation	老挝航空公司	老挝
RA	Nepal Airlines	尼泊尔航空公司	尼泊尔
R8	Kyrgyzstan Airlines	吉尔吉斯斯坦航空公司	吉尔吉斯斯坦
SK	Scandinavian Airlines Systems	北欧航空公司	瑞典
SQ	Singapore Airlines	新加坡航空公司	新加坡
SU	Aeroflot Russian International Airlines	俄罗斯国际航空公司	俄罗斯
S7	Siberia Airlines	俄罗斯西伯利亚航空公司	俄罗斯
TG	Thai Airways International	泰国国际航空公司	泰国
TK	Turkish Airlines	土耳其航空公司	土耳其
T5	Turkmenistan Airlines	土库曼斯坦航空公司	土库曼斯坦
UA	United Airlines	美国联合航空公司	美国
UL	Srilankan Airlines	斯里兰卡航空公司	斯里兰卡
UM	Air Zimbabwe	津巴布韦航空公司	津巴布韦
UX	Air Europa Lineas Aeras	西班牙欧洲航空公司	西班牙
VN	Vietnam Airlines	越南航空公司	越南
VS	Virgin Atlantic Airways	维珍航空公司	英国
VV	Areosvit Airlines	空中世界航空公司	乌克兰
2P	Air Philippines	菲鹰航空公司	菲律宾
7J	Tajikistan Airlines	塔吉克斯坦航空公司	塔吉克斯坦

附录 D 常见机型代码表

机型代码	机型全称	机型代码	机型全称
B787	波音 BOEING787	TU5	图 154 Tupolve154
B777	波音 BOEING777	SH6	肖特 360 Shorts360
B767	波音 BOEING767	DH4	冲 4 Dash4
B757	波音 BOEING757	DH8	冲 8 Dash8
B747	波音 BOEING747	146	BAE146
B737	波音 BOEING737	YK2	雅克 42 Yak42
B727	波音 BOEING727	SF3	萨伯 100 Saab AF340
B707	波音 BOEING707	ILW	伊尔 Ilyushin IL86
M82	麦克唐奈 道格拉斯 McDnnell Douglas MD82	FK1	福克 100 Fokker FK100
M11	麦克唐奈 道格拉斯 McDnnell Douglas MD11	AN4	安 24 Antonov24
M90	麦克唐奈 道格拉斯 McDnnell Douglas MD90	DHC	双水獭 Twin Otter
A300	空中客车 AIRBUS A300	YN7	运 - 7 Y - 7
A310	空中客车 AIRBUS A310	CRJ	庞巴迪 CRJ200
A319	空中客车 AIRBUS A319	ERJ	庞巴迪 EMB145
A320	空中客车 AIRBUS A320	DON	多尼尔 DORNIER32
A330	空中客车 AIRBUS A330		
A340	空中客车 AIRBUS A340		

附录 E 国际航协汇率兑换表

IATA Rates of Exchange (IROE)

NOTE:
The ROE used to convert NUC into the currency of the country of commencement of transportation shall be that in effect on the date of ticket issuance.

	To calculate fares, rates or charges in currencies listed below:				Multiply NUC fare rate/ charge by the following rate of exchange:	And round up the resulting amount to the next higher unit as listed below:			
	Country (+ local currency acceptance limited)	Currency Name	ISO Codes		From NUC	Rounding Units			
			Alpha	Numeric		Local Curr. Fares	Other Charges	Decimal Units	Notes
	Afghanistan	US Dollar	USD	840	1.000000	1	0.1	2	5
+	Afghanistan	Afghani	AFN	971	49.500000	1	1	0	2, 8
	Albania	euro	EUR	978	0.742833	1	0.01	2	
+	Albania	Lek	ALL	008	NA	1	1	0	22
+	Algeria	Algerian Dinar	DZD	012	70.440200	10	1	0	
	American Samoa	US Dollar	USD	840	1.000000	1	0.1	2	5
	Angola	US Dollar	USD	840	1.000000	1	0.1	2	5
+	Angola	Kwanza	AOA	973	74.967200	1	1	2	2, 8
	Anguilla	US Dollar	USD	840	1.000000	1	0.1	2	5
	Anguilla	East Caribbean Dollar	XCD	951	2.700000	1	0.1	2	2,5
	Antigua Barbuda	US Dollar	USD	840	1.000000	1	0.1	2	5
	Antigua Barbuda	East Caribbean Dollar	XCD	951	2.700000	1	0.1	2	2
	Argentina	US Dollar	USD	840	1.000000	1	0.1	2	5
+	Argentina	Argentine Peso	ARS	032	3.074730	1	0.1	2	1, 2, 5, 8
	Armenia	US Dollar	USD	840	1.000000	1	0.1	2	5
+	Armenia	Armenian Dram	AMD	051	345.215000	1	1	0	2, 8
	Aruba	Aruban Guilder	AWG	533	1.790000	1	1	0	
	Australia	Australian Dollar	AUD	036	1.191448	1	0.1	2	8, 17
	Austria	euro	EUR	978	0.742833	1	0.01	2	8
	Azerbaijan	US Dollar	USD	840	1.000000	1	0.1	2	5
+	Azerbaijan	Azerbaijanian Manat	AZN	944	0.859050	0.1	0.1	2	2, 8
	Bahamas	US Dollar	USD	840	1.000000	1	0.1	2	5
	Bahamas	Bahamian Dollar	BSD	044	NA	1	0.1	2	2
	Bahrain	Bahraini Dinar	BHD	048	0.376100	1	0.1	3	
	Bangladesh	US Dollar	USD	840	1.000000	1	0.1	2	5
+	Bangladesh	Taka	BDT	050	69.033000	1	1	0	2,19
	Barbados	US Dollar	USD	840	1.000000	1	0.1	2	5
+	Barbados	Barbados Dollar	BBD	052	NA	1	0.1	2	2
	Belarus	US Dollar	USD	840	1.000000	1	0.1	2	5
+	Belarus	Belarussian Ruble	BYR	974	2145.105000	10	10	0	2, 4, 8
	Belgium	euro	EUR	978	0.742833	1	0.01	2	8
	Belize	US Dollar	USD	840	1.000000	1	0.1	2	5
+	Belize	Belize Dollar	BZD	084	2.000000	1	0.1	2	2
	Benin	CFA Franc	XOF	952	487.266189	100	100	0	
	Bermuda	US Dollar	USD	840	1.000000	1	0.1	2	5
	Bermuda	Bermudian Dollar	BMD	060	1.000000	1	0.1	2	2,5
	Bhutan	Ngultrum	BTN	064	40.704000	1	1	0	
	Bolivia	US Dollar	USD	840	1.000000	1	0.1	2	5
+	Bolivia	Boliviano	BOB	068	7.995000	1	1	0	1, 2, 8
	Bosnia and Herzegovina	euro	EUR	978	0.742833	1	0.01	2	
+	Bosnia and Herzegovina	Convertible Mark	BAM	977	NA	1	1	0	22
	Botswana	Pula	BWP	072	6.226715	1	0.1	2	

IATA Rates of Exchange (IROE)

Country (+ local currency acceptance limited)	Currency Name	ISO Codes Alpha	ISO Codes Numeric	Multiply NUC fare rate/charge by the following rate of exchange: From NUC	Rounding Units Local Curr. Fares	Rounding Units Other Charges	Decimal Units	Notes
Brazil	US Dollar	USD	840	1.000000	1	0.1	2	5
+ Brazil	Brazilian Real	BRL	986	1.940450	0.01	0.01	2	1,2,3,8,14
Brunei Darussalam	Brunei Dollar	BND	096	1.533310	1	1	0	
Bulgaria	euro	EUR	978	0.742833	1	0.01	2	
+ Bulgaria	Lev	BGN	975	NA	0.01	0.01	2	8, 22
Burkina Faso	CFA Franc	XOF	952	487.266189	100	100	0	
Burundi	US Dollar	USD	840	1.000000	1	0.1	2	5
+ Burundi	Burundi Franc	BIF	108	1064.612000	10	5	0	2, 16
Cambodia	US Dollar	USD	840	1.000000	1	0.1	2	5
+ Cambodia	Riel	KHR	116	NA	10	10	0	2
Cameroon	CFA Franc	XAF	950	487.266189	100	100	0	
Canada	Canadian Dollar	CAD	124	1.061550	1	0.1	2	8, 12
Cape Verde Islands	euro	EUR	978	0.742833	1	0.01	2	
+ Cape Verde Islands	Cape Verde Escudo	CVE	132	81.908427	100	100	0	2, 8
Cayman Islands	US Dollar	USD	840	1.000000	1	0.1	2	5
Cayman Islands	Cayman Islands Dollar	KYD	136	0.820000	0.1	0.1	2	2, 5
Central African Rep.	CFA Franc	XAF	950	487.266189	100	100	0	
Chad	CFA Franc	XAF	950	487.266189	100	100	0	
Chile	US Dollar	USD	840	1.000000	1	0.1	2	5
+ Chile	Chilean Peso	CLP	152	526.265000	1	1	0	2
China excluding Hong Kong SAR and Macao SAR	Yuan Renminbi	CNY	156	7.645920	10	1	0	
Chinese Taipei	New Taiwan Dollar	TWD	901	33.023700	1	1	0	
Colombia	US Dollar	USD	840	1.000000	1	0.1	2	5
+ Colombia	Colombian Peso	COP	170	1887.940000	100	100	0	1, 2, 8, 21
Comoros (Isl. Rep. of)	Comoro Franc	KMF	174	365.449642	100	50	0	
Congo (Brazzaville)	CFA Franc	XAF	950	487.266189	100	100	0	
Congo (Kinshasa)	US Dollar	USD	840	1.000000	1	0.1	2	5,
+ Congo (Kinshasa)	Franc Congolais	CDF	976	NA	1	0.05	3	2, 8
Cook Islands	New Zealand Dollar	NZD	554	1.332492	1	0.1	2	8
Costa Rica	US Dollar	USD	840	1.000000	1	0.1	2	5
Costa Rica	Costa Rican Colon	CRC	188	NA	1	1	0	2, 5
Côte d'Ivoire	CFA Franc	XOF	952	487.266189	100	100	0	
Croatia	euro	EUR	978	0.742833	1	0.01	2	
+ Croatia	Kuna	HRK	191	NA	1	1	0	5, 8, 22
Cuba	US Dollar	USD	840	1.000000	1	0.1	2	5
+ Cuba	Cuban Peso	CUP	192	1.000000	1	0.1	2	2
Cyprus	Cyprus Pound	CYP	196	0.433210	1	0.5	2	8
Czech Republic	Czech Koruna	CZK	203	21.091200	1	1	0	8
Denmark	Danish Krone	DKK	208	5.532020	5	1	0	8
Djibouti	Djibouti Franc	DJF	262	175.750000	100	100	0	
Dominica	US Dollar	USD	840	1.000000	1	0.1	2	5
Dominica	East Caribbean Dollar	XCD	951	2.700000	1	0.1	2	2
Dominican Republic	US Dollar	USD	840	1.000000	1	0.1	2	5
Dominican Republic	Dominican Peso	DOP	214	NA	1	1	0	2, 8
Ecuador	US Dollar	USD	840	1.000000	1	0.1	2	5
+ Egypt (Arab Rep. of)	Egyptian Pound	EGP	818	5.698070	1	1	2	
El Salvador	US Dollar	USD	840	1.000000	1	0.1	2	5, 15
+ El Salvador	El Salvador Colon	SVC	222	NA	1	1	2	2, 8, 15

IATA Rates of Exchange (IROE)

To calculate fares, rates or charges in currencies listed below:				Multiply NUC fare rate/ charge by the following rate of exchange:	And round up the resulting amount to the next higher unit as listed below:			
Country (+ local currency acceptance limited)	Currency Name	ISO Codes		From NUC	Rounding Units			
		Alpha	Numeric		Local Curr. Fares	Other Charges	Decimal Units	Notes
Equatorial Guinea	CFA Franc	XAF	950	487.266189	100	100	0	
Eritrea	US Dollar	USD	840	1.000000	1	0.1	2	5
+ Eritrea	Nakfa	ERN	232	15.750000	1	1	0	2, 8
Estonia	Kroon	EEK	233	11.622803	5	1	0	8
Ethiopia	US Dollar	USD	840	1.000000	1	0.1	2	5
+ Ethiopia	Ethiopian Birr	ETB	230	9.025800	1	1	0	2, 8
Falkland Islands	Falkland Pound	FKP	238	0.503812	1	0.1	2	5
Faroe Isl.	Danish Krone	DKK	208	5.532020	5	1	0	8
Fiji Islands	Fiji Dollar	FJD	242	1.606014	1	0.1	2	8
Finland	euro	EUR	978	0.742833	1	0.01	2	8
France	euro	EUR	978	0.742833	1	0.01	2	8
French Guiana	euro	EUR	978	0.742833	1	0.01	2	8
French Polynesia	CFP Franc	XPF	953	88.643467	100	10	0	
Gabon	CFA Franc	XAF	950	487.266189	100	100	0	
Gambia	US Dollar	USD	840	1.000000	1	0.1	2	5
+ Gambia	Dalasi	GMD	270	NA	1	0.1	2	2, 8
Georgia	US Dollar	USD	840	1.000000	1	0.1	2	5
+ Georgia	Lari	GEL	981	1.676940	1	0.1	2	2, 8
Germany	euro	EUR	978	0.742833	1	0.01	2	8
Ghana	US Dollar	USD	840	1.000000	1	0.1	2	5
+ Ghana	Cedi	GHC	288	9276.757000	1	0.1	2	2, 8
Gibraltar	Gibraltar Pound	GIP	292	0.503812	1	0.1	2	5
Greece	euro	EUR	978	0.742833	1	0.01	2	8
Greenland	Danish Krone	DKK	208	5.532020	5	1	0	8
Grenada	US Dollar	USD	840	1.000000	1	0.1	2	5
Grenada	East Caribbean Dollar	XCD	951	2.700000	1	0.1	2	2
Guadeloupe	euro	EUR	978	0.742833	1	0.01	2	8
Guam	US Dollar	USD	840	1.000000	1	0.1	2	5
Guatemala	US Dollar	USD	840	1.000000	1	0.1	2	5
Guatemala	Quetzal	GTQ	320	NA	1	0.1	2	2, 8
Guinea	US Dollar	USD	840	1.000000	1	0.1	2	5
+ Guinea	Guinea Franc	GNF	324	3450.600000	100	100	0	2, 8
Guinea Bissau	CFA Franc	XOF	952	487.266189	100	100	0	
Guyana	US Dollar	USD	840	1.000000	1	0.1	2	5
+ Guyana	Guyana Dollar	GYD	328	NA	1	1	0	2
Haiti	US Dollar	USD	840	1.000000	1	0.1	2	5
Haiti	Gourde	HTG	332	NA	1	0.5	2	2
Honduras	US Dollar	USD	840	1.000000	1	0.1	2	5
Honduras	Lempira	HNL	340	NA	1	0.2	2	2
Hong Kong SAR, China	Hong Kong SAR Dollar	HKD	344	7.810630	10	1	0	8
+ Hungary	Forint	HUF	348	187.381000	100	100	0	8
Iceland	Iceland Krona	ISK	352	63.200000	100	10	0	8
+ India	Indian Rupee	INR	356	40.704000	5	1	0	8, 10
Indonesia	US Dollar	USD	840	1.000000	1	0.1	2	5
Indonesia	Rupiah	IDR	360	8891.000000	1000	100	0	1, 2, 8
+ Iran (Islamic Rep. of)	Iranian Rial	IRR	364	9255.600000	1000	1000	0	19
Iraq	US Dollar	USD	840	1.000000	1	0.1	2	5
+ Iraq	Iraqi Dinar	IQD	368	1259.204000	0.1	0.05	3	2

IATA Rates of Exchange (IROE)

	To calculate fares, rates or charges in currencies listed below:				Multiply NUC fare rate/ charge by the following rate of exchange:	And round up the resulting amount to the next higher unit as listed below:			
	Country (+ local currency acceptance limited)	Currency Name	ISO Codes		From NUC	Rounding Units			
			Alpha	Numeric		Local Curr. Fares	Other Charges	Decimal Units	Notes
	Ireland	euro	EUR	978	0.742833	1	0.01	2	8
	Israel	US Dollar	USD	840	1.000000	1	0.1	2	5, 10
	Israel	New Israeli Sheqel	ILS	376	NA	1	1	0	2, 5, 8
	Italy	euro	EUR	978	0.742833	1	0.01	2	8
	Jamaica	US Dollar	USD	840	1.000000	1	0.1	2	5
+	Jamaica	Jamaican Dollar	JMD	388	NA	1	1	0	2
	Japan	Yen	JPY	392	121.551000	100	10	0	7, 8
	Jordan	Jordanian Dinar	JOD	400	0.708440	0.1	0.05	3	
+	Kazakhstan	Kazakhstan Tenge	KZT	398	121.246000	1	1	0	8
	Kenya	US Dollar	USD	840	1.000000	1	0.1	2	5
+	Kenya	Kenyan Shilling	KES	404	66.629000	5	5	0	2
	Kiribati	Australian Dollar	AUD	036	1.191448	1	0.1	2	
+	Korea (Dem. Peoples Rep. of)	North Korean Won	KPW	408	141.970000	1	1	0	
-	Korea(Rep.of)	Won	KRW	410	927.950000	100	100	0	8
	Kuwait	Kuwaiti Dinar	KWD	414	0.288116	1	0.05	3	
	Kyrgyzstan	US Dollar	USD	840	1.000000	1	0.1	2	5
	Kyrgyzstan	Som	KGS	417	38.010000	1	0.1	2	2, 8
	Laos (People's Dem. Rep.)	US Dollar	USD	840	1.000000	1	0.1	2	5
-	Laos (People's Dem. Rep.)	Kip	LAK	418	9588.600000	10	10	0	2
	Latvia	Latvian Lats	LVL	428	0.522066	1	0.1	2	8
	Lebanon	US Dollar	USD	840	1.000000	1	0.1	2	5
-	Lebanon	Lebanese Pound	LBP	422	NA	100	100	0	2, 8
	Lesotho	Loti	LSL	426	7.202010	10	1	0	6
	Liberia	US Dollar	USD	840	1.000000	1	0.1	2	5
-	Liberia	Liberian Dollar	LRD	430	NA	1	0.1	2	2, 5
-	Libya (S.P.L.A.J.)	Libyan Dinar	LYD	434	1.264980	0.1	0.05	3	19
	Liechtenstein	Same as Switzerland	CHF	756	1.224220	1	0.5	2	8
	Lithuania	Litas	LTL	440	2.564852	1	1	0	5,8
	Luxembourg	euro	EUR	978	0.742833	1	0.01	2	8
	Macao SAR, China	Pataca	MOP	446	8.044949	10	1	0	
	Macedonia (FYROM)	euro	EUR	978	0.742833	1	0.01	2	
-	Macedonia (FYROM)	Macedonian Denar	MKD	807	45.452700	1	1	0	5, 8, 22
	Madagascar	US Dollar	USD	840	1.000000	1	0.1	2	5
+	Madagascar	Ariary	MGA	969	1846.400000	100	100	0	2
	Malawi	US Dollar	USD	840	1.000000	1	0.1	2	5
	Malawi	Kwacha	MWK	454	140.413560	1	0.1	2	2, 8
	Malaysia	Malaysian Ringgit	MYR	458	3.422400	1	1	0	8
	Maldives Isl.	US Dollar	USD	840	1.000000	1	0.1	2	5
	Maldives Isl.	Rufiyaa	MVR	462	NA	1	1	0	2
	Mali	CFA Franc	XOF	952	487.266189	100	100	0	
	Malta	Maltese Lira	MTL	470	0.318909	1	0.1	2	5
	Marshall Isl.	US Dollar	USD	840	1.000000	1	0.1	2	5
	Martinique	euro	EUR	978	0.742833	1	0.01	2	8
+	Mauritania	Ouguiya	MRO	478	261.000000	20	10	0	
+	Mauritius	Mauritius Rupee	MUR	480	31.430000	5	1	0	
	Mayotte	euro	EUR	978	0.742833	1	0.01	2	8
	Mexico	US Dollar	USD	840	1.000000	1	0.1	2	5
	Mexico	Mexican Peso	MXN	484	10.841090	1	0.01	2	2, 8
	Micronesia	US Dollar	USD	840	1.000000	1	0.1	2	5

IATA Rates of Exchange (IROE)

To calculate fares, rates or charges in currencies listed below:				Multiply NUC fare rate/ charge by the following rate of exchange:	And round up the resulting amount to the next higher unit as listed below:			
Country (+ local currency acceptance limited)	Currency Name	ISO Codes		From NUC	Rounding Units			
		Alpha	Numeric		Local Curr. Fares	Other Charges	Decimal Units	Notes
	Moldova	euro	EUR	978	0.742833	1	0.01	2	
+	Moldova	Moldovan Leu	MDL	498	12.139000	1	1	0	8, 22
	Monaco	euro	EUR	978	0.742833	1	0.01	2	8
	Mongolia	US Dollar	USD	840	1.000000	1	0.1	2	5
	Mongolia	Tugrik	MNT	496	NA	-	-	2	2
	Montenegro	euro	EUR	978	0.742833	1	0.1	2	5
	Montserrat	US Dollar	USD	840	1.000000	1	0.1	2	5
	Montserrat	East Caribbean Dollar	XCD	951	2.700000	1	0.1	2	2,5
+	Morocco	Moroccan Dirham	MAD	504	8.314230	5	1	0	8
+	Mozambique	Metical	MZN	943	26.004000	10	1	0	8
+	Myanmar	Kyat	MMK	104	6.420000	1	1	0	
	Namibia	Namibia Dollar	NAD	516	7.202010	10	1	0	6, 8
	Nauru	Australian Dollar	AUD	036	1.191448	1	0.1	2	
	Nepal	US Dollar	USD	840	1.000000	1	0.1	2	5
+	Nepal	Nepalese Rupee	NPR	524	65.126400	1	1	0	2
	Netherlands	euro	EUR	978	0.742833	1	0.01	2	8, 11
	Netherlands Antilles	Neth. Antillian Guilder	ANG	532	1.790000	1	1	0	
	New Caledonia	CFP Franc	XPF	953	88.643467	100	10	0	
	New Zealand	New Zealand Dollar	NZD	554	1.332492	1	0.1	2	8, 18
	Nicaragua	US Dollar	USD	840	1.000000	1	0.1	2	5
+	Nicaragua	Cordoba Oro	NIO	558	18.280000	1	1	0	1, 2
	Niger	CFA Franc	XOF	952	487.266189	100	100	0	
	Nigeria	US Dollar	USD	840	1.000000	1	0.1	2	5
+	Nigeria	Naira	NGN	566	127.521000	1	1	0	2
	Niue	New Zealand Dollar	NZD	554	1.332492	1	0.1	2	
	Norfolk Isl.	Australian Dollar	AUD	036	1.191448	1	0.1	2	
	North Mariana Isl.	US Dollar	USD	840	1.000000	1	0.1	2	5
	Norway	Norwegian Krone	NOK	578	6.009620	5	1	0	8
	Oman	Rial Omani	OMR	512	0.384500	1	0.1	3	
+	Pakistan	Pakistan Rupee	PKR	586	60.714000	10	1	0	9
	Palau	US Dollar	USD	840	1.000000	1	0.1	2	5
	Palestinian Territory, Occupied	US Dollar	USD	840	1.000000	1	0.1	2	5
	Panama	US Dollar	USD	840	1.000000	1	0.1	2	5
	Panama	Balboa	PAB	590	1.000000	1	0.1	2	
	Papua New Guinea	Kina	PGK	598	2.968958	1	0.1	2	
	Paraguay	US Dollar	USD	840	1.000000	1	0.1	2	5
+	Paraguay	Guarani	PYG	600	NA	100	100	0	2, 20
	Peru	US Dollar	USD	840	1.000000	1	0.1	2	5
+	Peru	Nuevo Sol	PEN	604	3.171350	0.1	0.1	2	2, 8
	Philippines	US Dollar	USD	840	1.000000	1	0.1	2	5
+	Philippines	Philippine Peso	PHP	608	NA	1	1	0	2, 8
+	Poland	Zloty	PLN	985	2.839920	1	0.01	2	8
	Portugal incl Azores, Madeira	euro	EUR	978	0.742833	1	0.01	2	8
	Puerto Rico	US Dollar	USD	840	1.000000	1	0.1	2	5
	Qatar	Qatari Rial	QAR	634	3.640000	10	10	0	
	Reunion Isl.	euro	EUR	978	0.742833	1	0.01	2	8
	Romania	euro	EUR	978	0.742833	1	0.01	2	
+	Romania	New Leu	RON	946	2.427880	1	1	2	8, 22
	Russia	euro	EUR	978	0.742833	1	0.01	2	8,22

IATA Rates of Exchange (IROE)

	To calculate fares, rates or charges in currencies listed below:				Multiply NUC fare rate/ charge by the following rate of exchange:	And round up the resulting amount to the next higher unit as listed below:			
	Country (+ local currency acceptance limited)	Currency Name	ISO Codes		From NUC	Rounding Units			
			Alpha	Numeric		Local Curr. Fares	Other Charges	Decimal Units	Notes
+	Russia	Russian Ruble	RUB	643	25.880040	5	1	0	8, 22
	Rwanda	US Dollar	USD	840	1.000000	1	0.1	2	5, 13
+	Rwanda	Rwanda Franc	RWF	646	NA	10	5	0	2, 13
	Saint Kitts, Nevis	US Dollar	USD	840	1.000000	1	0.1	2	5
	Saint Kitts, Nevis	East Caribbean Dollar	XCD	951	2.700000	1	0.1	2	2
	Saint Lucia	US Dollar	USD	840	1.000000	1	0.1	2	5
	Saint Lucia	East Caribbean Dollar	XCD	951	2.700000	1	0.1	2	2
	St. Pierre Miquelon	euro	EUR	978	0.742833	1	0.01	2	8
	St. Vincent and the Grenadines	US Dollar	USD	840	1.000000	1	0.1	2	5
	St. Vincent and the Grenadines	East Caribbean Dollar	XCD	951	2.700000	1	0.1	2	2
	Samoa	Tala	WST	882	2.557613	1	0.1	2	8
	Sao Tome and Principe	US Dollar	USD	840	1.000000	1	0.1	2	5
+	Sao Tome and Principe	Dobra	STD	678	NA	100	100	0	2, 8
	Saudi Arabia	Saudi Riyal	SAR	682	3.750660	1	1	0	
	Senegal	CFA Franc	XOF	952	487.266189	100	100	0	
	Serbia	euro	EUR	978	0.742833	1	0.01	2	
+	Serbia	Serbian Dinar	RSD	941	60.508710	1	1	0	5, 8, 22
	Seychelles	Seychelles Rupee	SCR	690	6.184490	1	1	2	
	Sierra Leone	US Dollar	USD	840	1.000000	1	0.1	2	5
+	Sierra Leone	Leone	SLL	694	NA	1	0.1	2	2, 8
	Singapore	Singapore Dollar	SGD	702	1.533310	1	1	0	8
+	Slovakia	Slovak Koruna	SKK	703	25.363500	1	1	0	
	Slovenia	euro	EUR	978	0.742833	1	0.01	2	
	Solomon Islands	Solomon Island Dollar	SBD	090	7.115773	1	0.1	2	
	Somalia	US Dollar	USD	840	1.000000	1	0.1	2	5
+	Somalia	Somali Shilling	SOS	706	1356.600000	1	1	0	1, 2
	South Africa	Rand	ZAR	710	7.202010	10	1	0	6, 8
	Spain incl. Canary Islands	euro	EUR	978	0.742833	1	0.01	2	8
+	Sri Lanka	Sri Lanka Rupee	LKR	144	110.797000	100	1	0	
+	Sudan	Sudanese Pound	SDG	938	2.040000	1	1	2	19
	Suriname	US Dollar	USD	840	1.000000	1	0.1	2	5
+	Suriname	Surinam Dollar	SRD	968	2.770000	1	1	2	2
	Swaziland	Lilangeni	SZL	748	7.202010	10	1	0	6
	Sweden	Swedish Krona	SEK	752	6.931420	5	1	0	8
	Switzerland	Swiss Franc	CHF	756	1.224220	1	0.5	2	8
+	Syria	Syrian Pound	SYP	760	50.990000	1	1	0	19
	Tajikistan	US Dollar	USD	840	1.000000	1	0.1	2	5
+	Tajikistan	Somoni	TJS	972	3.430000	1	0.1	2	2, 8
	Tanzania	US Dollar	USD	840	1.000000	1	0.1	2	5
+	Tanzania	Tanzania Shilling	TZS	834	1260.700000	10	10	0	2
	Thailand	Baht	THB	764	32.783000	5	5	0	8
	Timor Leste	US Dollar	USD	840	1.000000	1	0.1	2	5
	Togo	CFA Franc	XOF	952	487.266189	100	100	0	
+	Tonga Isl.	Pa'anga	TOP	776	1.971544	1	0.1	2	8
	Trinidad and Tobago	US Dollar	USD	840	1.000000	1	0.1	2	5
+	Trinidad and Tobago	Trinidad & Tobago Dollar	TTD	780	NA	1	0.1	2	2
+	Tunisia	Tunisian Dinar	TND	788	1.300030	1	0.5	3	
	Turkey	euro	EUR	978	0.742833	1	0.01	2	8

附录 E 国际航协汇率兑换表

IATA Rates of Exchange (IROE)

Country (+ local currency acceptance limited)	Currency Name	ISO Codes Alpha	ISO Codes Numeric	Multiply NUC fare rate/ charge by the following rate of exchange: From NUC	Rounding Units Local Curr. Fares	Rounding Units Other Charges	Rounding Units Decimal Units	Notes
+ Turkey	New Turkish Lira	TRY	949	1.325090	1	0.01	2	8, 22
Turkmenistan	US Dollar	USD	840	1.000000	1	0.1	2	5
+ Turkmenistan	Turkmenistan Manat	TMM	795	5200.000000	1	0.1	2	2, 8
Turks and Caicos Isl.	US Dollar	USD	840	1.000000	1	0.1	2	5
Tuvalu	Australian Dollar	AUD	036	1.191448	1	0.1	2	
Uganda	US Dollar	USD	840	1.000000	1	0.1	2	5
+ Uganda	Uganda Shilling	UGX	800	1675.001000	1	1	0	2, 8
Ukraine	US Dollar	USD	840	1.000000	1	0.1	2	5
+ Ukraine	Hryvnia	UAH	980	5.028250	1	0.1	2	2, 8
United Arab Emirates	UAE Dirham	AED	784	3.672730	10	10	0	
United Kingdom	Pound Sterling	GBP	826	0.503812	1	0.1	2	5, 8
United States of America / UST	US Dollar	USD	840	1.000000	1	0.1	2	4
Uruguay	US Dollar	USD	840	1.000000	1	0.1	2	5
+ Uruguay	Peso Uruguayo	UYU	858	23.920000	1	1	0	1, 2, 5, 8
Uzbekistan	US Dollar	USD	840	1.000000	1	0.1	2	5
+ Uzbekistan	Uzbekistan Sum	UZS	860	1260.654000	1	1	0	2, 8
Vanuatu	Vatu	VUV	548	103.519000	100	10	0	
Venezuela	US Dollar	USD	840	1.000000	1	0.1	2	5
Venezuela	Bolivar	VEB	862	2150.000000	10	10	0	2, 5, 8
Viet Nam	US Dollar	USD	840	1.000000	1	0.1	2	5
+ Viet Nam	Dong	VND	704	16099.100000	1000	1000	0	2
Virgin Islands (British)	US Dollar	USD	840	1.000000	1	0.1	2	5
Virgin Islands (US)	US Dollar	USD	840	1.000000	1	0.1	2	4, 5
Wallis and Futuna Isl.	CFP Franc	XPF	953	88.643467	100	10	0	
Yemen	Yemeni Rial	YER	886	198.000000	1	1	0	19
Zambia	US Dollar	USD	840	1.000000	1	0.1	2	5, 9
+ Zambia	Kwacha	ZMK	894	NA	5	5	0	2, 8
Zimbabwe	US Dollar	USD	840	1.000000	1	0.1	2	5
+ Zimbabwe	Zimbabwe Dollar	ZWD	716	NA	1	1	2	2

NOTES

1. For information apply to the nearest office of an issuing or participating airline.

2. International fares, fares related charges and excess baggage charges will be quoted in US Dollars. The conversion rate shown herein is to be used solely to convert local currency domestic fares to US Dollars, permitting the combination of domestic fares and international fares on the same ticket.

3. No rounding is involved; all decimals beyond two shall be ignored.

4. Rounding of fares and other charges shall be to the nearest rounding unit except US Tax charges shall be rounded to the nearest 0.01.

5. Rounding of fares and other charges shall be to the nearest rounding unit.

For Example if rounding unit is 1:
Between: 0.01 and 0.49 round down
0.50 and 0.99 round up

6. Rounding of other charges shall be accomplished by dropping amounts less than 50 cents/lisenti and increasing amounts of 50 cents/lisenti or more.

7. Changes to promotional fares in Japanese Yen shall be calculated to JPY 1 and rounded up to JPY 1,000.

8. Refer to PAT General Rules book section 11.10 for sources for bankers rates of exchange.

9. Tickets issued outside Pakistan for journeys commencing in Pakistan may not be issued to Pakistani nationals whose stay abroad has been less than 10 months, unless approved by the Pakistani State Bank.

10. When purchasing a ticket in India, non-residents need prior approval from Reserve Bank or must produce a bank certificate evidencing the exchange of foreign currency.

11. Netherlands security charge and Passenger Service Charge shall not be rounded.

12.
(a) Rounding of local currency fares shall be accomplished by dropping amounts less than 50 cents and increasing amounts of 50 cents or more. Round trip fares in Canadian/US currency shall not exceed twice the one-way fare.
(b) Other charges - Canadian Tax Charges rounded to the nearest 0.01.

13. Notwithstanding the '+'sign, Rwanda francs may be accepted only in accordance with the instructions issued by the 'Ministere des Finances' to the agents of Rwanda and the carriers operating to or from Rwanda. All fares from Rwanda shall be published in a basic currency.

14. The sale in Brazilian currency is prohibited for tickets which permit a stopover in Brazil on the outbound journey, once the passenger has left Brazil. This prohibition shall not apply to the sale of transportation to be performed solely within the area comprised of Argentina / Brazil / Chile / Paraguay and Uruguay.

15. El Salvador VAT shall not be rounded.

16. Notwithstanding the dagger sign, Burundese francs may be accepted only in accordance with the instructions issued by the 'Ministere des Finances' of the Kingdom of Burundi to the agents and the carriers operating to or from Burundi. All fares from Burundi shall be published in a basic currency.

17. Other Charges - Australian Tax Charges when collected in Australia, round to the nearest 0.01.

18. Other Charges - New Zealand Tax Charges when collected in New Zealand, round to the nearest 0.01.

19. Exchange rate set by Government.

20. Other Charges - Paraguay IVA tax rounded to nearest PYG1.

21. Other Charges - Colombian VAT shall be rounded to the nearest COP 10

22. International fares, fares related charges and excess baggage charges will be quoted in euro (EUR). The conversion rate shown herein is to be used solely to convert local currency domestic fares to euro, permitting the combination of domestic fares and international fares on the same ticket

附录 F 超里程优惠条件

2.4.3.1. Area 1 EMA

Between	And	Via	TPM Deduction
Buenos Aires/ Montevideo	Canada/ Mexico/ USA	Rio de Janeiro-Sao Paulo with no stopover at either point	510
Buenos Aires/ Montevideo	Caracas	Wholly within South America	400

2.4.3.2. Area 2 EMA

2.4.3.2.1. Between Europe and the Middle East

Between	And	Via	TPM Deduction
Europe	Iran (except Tehran)	Tehran	100
Budapest	Middle East	a point in Europe other than in Hungary	100

2.4.3.3. Area 3 EMA

Between	And	Via	TPM Deduction
Osaka/ Tokyo	Denpasar Bali	via Jakarta with no stopover; no additional intermediate points between Jakarta and Denpasar Bali	70
Area 3 (except when travel is wholly within Afghanistan, Bangladesh, Bhutan, Maldives, Pakistan, India, Nepal and Sri Lanka)	A point in Area 3	via both Mumbai and Delhi, or via both Islamabad and Karachi	700
Area 3 (except when travel is wholly within Afghanistan, Bangladesh, Bhutan, Maldives, Pakistan, India, Nepal and Sri Lanka)	Mumbai	Delhi	700
Area 3 (except when travel is wholly within Afghanistan, Bangladesh, Bhutan, Maldives, Pakistan, India, Nepal and Sri Lanka)	Delhi	Mumbai	700
Area 3 (except when travel is wholly within Afghanistan, Bangladesh, Bhutan, Maldives, Pakistan, India, Nepal and Sri Lanka)	Karachi	Islamabad	700

Between	And	Via	TPM Deduction
Area 3 (except when travel is wholly within Afghanistan, Bangladesh, Bhutan, Maldives, Pakistan, India, Nepal and Sri Lanka)	Islamabad	Karachi	700

2.4.3.4. Area 12 via the Atlantic EMA

Between	And	Via	TPM Deduction
Alberta/ British Columbia/ Yukon	Europe	via St. Johns - Halifax - Montreal - Ottawa - Toronto	400
Canada/ Mexico/ USA	South Africa	Tel Aviv	660
Cancun	Europe	Mexico City	550
Merida	Europe	Mexico City	150
Mid Atlantic Points except Bahamas/ Bermuda	Fuerteventura/ Gran Canaria/ Lanzarote/ San Sebastian de la Gomera / Santa Cruz de la Palma/ Tenerife/ Valverde	via Europe other than Fuerteventura/ Gran Canaria/ Lanzarote/ San Sebastian de la Gomera/ Santa Cruz de la Palma/ Tenerife/ Valverde	1300
New Brunswick/ Newfoundland/ Nova Scotia/ Prince Edward Island	Europe	via Boston - Montreal - Ottawa - Toronto	1500
New Brunswick/ Nova Scotia/ Prince Edward Island	Israel	via Halifax - Montreal - Toronto	500
Newfoundland	Israel	via St. Johns - Halifax - Montreal - Toronto	1600
Newfoundland	Europe	via Halifax	700

2.4.3.5. Area 23 EMA

Between	And	Via	TPM Deduction
Europe	Australia	Harare-Johannesburg	518
Europe	South Asian Subcontinent	via both Mumbai and Delhi	700
Europe	Mumbai	Delhi	700
Europe	Delhi	Mumbai	700
Middle East	TC3 (except South West Pacific)	via both Mumbai and Delhi, or via both Islamabad and Karachi	700
Middle East	Mumbai	Delhi	700
Middle East	Delhi	Mumbai	700
Middle East	Karachi	Islamabad	700
Middle East	Islamabad	Karachi	700

2.4.3.6. Area 31 via the Pacific EMA

Between	And	Via	TPM Deduction
USA (except Hawaii)/ Canada	Area 3	Hawaii - for North/ Central Pacific fares only	800

参 考 文 献

[1] 张辉. 民航国际旅客运价教程. 北京：中国民航出版社，2006.
[2] 王娟娟. 民航国内客票销售. 北京：中国民航出版社，2006.
[3] 万青. 航空运输地理. 北京：中国民航出版社，2006.
[4] 綦琦. 值机业务与行李运输实务. 北京：国防工业出版社，2012.
[5] 马广岭. 民航旅客运输. 北京：国防工业出版社，2011.

参考文献

[1] 张某. 民事问题案例分析. 北京: 中国民主出版社, 2006.
[2] 王明钊. 民商问答案例精选. 北京: 中国民航出版社, 2006.
[3] 李芳. 案例选编. 北京: 中国民族出版社, 2006.
[4] 陈某. 刑事法律与案件选编. 北京: 国防工业出版社, 2012.
[5] 孙某某. 民商法案例汇编. 北京: 国防工业出版社, 2011.